|高职高专新商科系列教材|

旅游服务心理学

肖怡然　主编

清华大学出版社
北京

内容简介

本书以高等职业教育的人才培养目标为依据,在理论知识学习的基础上,强化实践操作能力,结合中国的社会文化背景和当前旅游消费、旅游服务中的热点问题,从旅游者心理、旅游服务心理、旅游工作者心理和热点问题研讨四个方面,系统地介绍了国内外旅游服务心理学的基本研究架构。本书注重理论与实践相结合,配有大量典型案例,帮助读者更好地理解相关内容。

本书可作为高等职业院校旅游大类专业的基础课程教材,也可作为旅游企业的培训教材和旅游业从业者自主学习的参考书。

本书封面贴有清华大学出版社防伪标签,无标签者不得销售。
版权所有,侵权必究。举报:010-62782989,beiqinquan@tup.tsinghua.edu.cn。

图书在版编目(CIP)数据

旅游服务心理学 / 肖怡然主编. —北京:清华大学出版社,2023.10(2025.1重印)
高职高专新商科系列教材
ISBN 978-7-302-64780-5

Ⅰ.①旅… Ⅱ.①肖… Ⅲ.①旅游心理学—高等职业教育—教材 Ⅳ.①F590-05

中国国家版本馆 CIP 数据核字(2023)第 195172 号

责任编辑:强 溦
封面设计:傅瑞学
责任校对:刘 静
责任印制:宋 林

出版发行:清华大学出版社
    网　　址:https://www.tup.com.cn,https://www.wqxuetang.com
    地　　址:北京清华大学学研大厦 A 座　　邮　　编:100084
    社 总 机:010-83470000　　邮　　购:010-62786544
    投稿与读者服务:010-62776969,c-service@tup.tsinghua.edu.cn
    质量反馈:010-62772015,zhiliang@tup.tsinghua.edu.cn
    课件下载:https://www.tup.com.cn,010-83470410
印 装 者:三河市龙大印装有限公司
经　　销:全国新华书店
开　　本:185mm×260mm　　印　张:14.5　　字　数:330 千字
版　　次:2023 年 11 月第 1 版　　印　次:2025 年 1 月第 2 次印刷
定　　价:49.00 元

产品编号:097873-01

前言

随着经济的快速发展和大众生活水平的提高,旅游已成为人们生活的重要组成部分,旅游者日趋成熟,他们不仅重视旅游目的地、旅游设施设备,而且越来越重视服务质量和旅游体验。因此,旅游从业人员必须了解旅游者的心理和行为特征,规范服务、改善管理,更好地满足他们的需求。要做好这项工作,加强对旅游服务心理的研究和相关管理人才的培养显得尤为重要。

近年来,国内外学者针对旅游者的消费行为及其基本规律进行了诸多开拓性的研究,旅游服务行业在旅游服务的规范性和管理的创新方面也有了很大的突破。本书根据高等职业教育在理论基础知识学习的基础上强化实践操作能力的原则,以及旅游教育和旅游行业的实际需要,结合我国社会文化背景和当前旅游消费、旅游服务中的热点问题,从旅游者心理、旅游服务心理、旅游工作者心理和热点问题研讨四个方面,系统地介绍了国内外旅游服务心理学的基本研究进展,剖析了旅游者的知觉、动机、态度、满意度等心理特征对旅游行为的影响和对旅游服务的要求,为旅游企业制定管理制度提供理论依据和实践指导,为旅游从业人员提供操作指导。具体有以下特色。

(1) 突出素质教育与课程思政。党的二十大报告指出:"育人的根本在于立德。全面贯彻党的教育方针,落实立德树人根本任务,培养德智体美劳全面发展的社会主义建设者和接班人。坚持以人民为中心发展教育,加快建设高质量教育体系,发展素质教育,促进教育公平。"本书立足旅游行业从业人员的综合素质和职业道德的培养,帮助读者提升职业形象和服务态度,通过心理学知识的传授和案例分析,引导读者在实践中树立正确的价值观和职业道德,培养学生的社会责任感和使命感。

(2) 注重理论与实践结合。本书不仅提供了旅游服务心理学的理论基础,还将理论与实际操作相结合,为读者提供实践指导。通过将心理学原理应用于旅游服务行业的实际情境,读者可以深入理解心理学在旅游服务中的作用,从而提高服务质量和满足客户需求。

(3) 适用范围广。本书适用于高等院校旅游管理、酒店管理、会展管理等专业的师生。作为教学用书,它提供了全面的内容和易于理解的表达方式,帮助学生建立起与旅游服务相关的心理学知识体系。同时,本书也适用于旅游行业从业人员进行自学,帮助他们提升职业能力和服务水平。

本书共十章:第一章为旅游心理学基础,主要介绍了旅游心理学的基本问题和研究方法等知识;第二章为影响旅游者心理的个体因素,主要介绍了旅游者的知觉、需要与动机、个性心理特征、情绪与情感、态度对旅游者心理的影响;第三章为影响旅游者心理的社会因素,引入了心理圈层、家庭旅游、文化环境和新媒体环境下的旅游心理;第四章为游览活动服务心理,探讨了游览活动心理需求、导游服务心理、游览活动中的其他心理;第五章为酒店服务心理,主要介绍了酒店服务心理的总体特征,并对酒店几个核心部门的服务心理分别进行了论述,提出了针对性的服务策略;第六章为旅游交通服务心理,分析了旅游交通服务的心理需求和针对性措施;第七章为旅游购物服务心理,主要介绍了旅游购物的心理需求及针对性策略;第八章为旅游工作者心理特点和心理健康,从旅游企业管理的角度分析旅游工作者的心理需求并提出管理建议;第九章为旅游企业管理心理,主要介绍了旅游企业管理概述、职业心理素质的要求和管理问题;第十章为旅游消费热点问题及服务要点,主要介绍了互联网时代旅游消费、自助旅游消费、亲子旅游消费和出入境旅游消费等旅游消费热点和趋势,以及相关的服务要点。

  本书由肖怡然担任主编,在编写过程中得到了全国各院校教师的大力支持,具体编写分工如下:肖怡然负责编写第一章、第二章、第九章;乔祯负责编写第三章、第八章;彭雅负责编写第四章、第五章;张钧嘉负责编写第六章、第七章;张艳萍负责编写第十章。

  本书在编写过程中参考并借鉴了大量国内外学者的相关著作、论文及研究成果,谨向所有相关作者表示诚挚的谢意。由于编者水平有限,本书难免存在疏漏或不足之处,敬请专家和读者不吝赐教。

编 者

2023 年 8 月

第一篇　旅游者心理

第一章　旅游心理学基础 ··· 3
第一节　旅游心理学的基本问题 ·· 4
第二节　旅游心理学的研究方法 ·· 7
知识归纳 ·· 11
典型案例 ·· 11
知识测试 ·· 12
实操拓展 ·· 12

第二章　影响旅游者心理的个体因素 ·· 13
第一节　旅游者的知觉 ··· 14
第二节　旅游者的需要与动机 ··· 24
第三节　旅游者的个性心理特征 ··· 32
第四节　旅游者的情绪与情感 ··· 41
第五节　旅游者的态度 ··· 45
知识归纳 ·· 49
典型案例 ·· 50
知识测试 ·· 50
实操拓展 ·· 52

第三章　影响旅游者心理的社会因素 ·· 53
第一节　社会环境与旅游者心理 ··· 55
第二节　心理圈层理论与旅游者心理 ······································ 57
第三节　家庭与旅游者心理 ·· 58
第四节　文化与旅游者心理 ·· 61
第五节　新媒体与旅游者心理 ··· 64
知识归纳 ·· 66
典型案例 ·· 67
知识测试 ·· 68
实操拓展 ·· 69

第二篇　旅游服务心理

第四章　游览活动服务心理 ………………………………………………… 73
第一节　游览活动服务心理概述 ………………………………………… 74
第二节　游览活动中的导游服务心理 …………………………………… 79
第三节　游览活动中的其他服务心理 …………………………………… 85
知识归纳 …………………………………………………………………… 92
典型案例 …………………………………………………………………… 92
知识测试 …………………………………………………………………… 93
实操拓展 …………………………………………………………………… 93

第五章　酒店服务心理 ……………………………………………………… 94
第一节　酒店服务心理概述 ……………………………………………… 95
第二节　前厅服务心理 …………………………………………………… 97
第三节　客房服务心理 …………………………………………………… 104
第四节　餐饮服务心理 …………………………………………………… 110
知识归纳 …………………………………………………………………… 114
典型案例 …………………………………………………………………… 115
知识测试 …………………………………………………………………… 115
实操拓展 …………………………………………………………………… 116

第六章　旅游交通服务心理 ………………………………………………… 117
第一节　旅游交通服务概述 ……………………………………………… 118
第二节　旅游交通服务心理需求 ………………………………………… 121
第三节　旅游交通服务策略 ……………………………………………… 125
知识归纳 …………………………………………………………………… 126
典型案例 …………………………………………………………………… 127
知识测试 …………………………………………………………………… 127
实操拓展 …………………………………………………………………… 129

第七章　旅游购物服务心理 ………………………………………………… 130
第一节　旅游购物服务概述 ……………………………………………… 131
第二节　旅游购物服务心理需求 ………………………………………… 132
第三节　旅游购物服务策略 ……………………………………………… 136
知识归纳 …………………………………………………………………… 138
典型案例 …………………………………………………………………… 139
知识测试 …………………………………………………………………… 140

实操拓展·· 141

第三篇　旅游工作者心理

第八章　旅游工作者心理特点和心理健康·· 145
　　第一节　旅游工作者心理特点··· 146
　　第二节　旅游工作者工作压力和职业倦怠··· 149
　　第三节　旅游工作者心理健康与保健·· 158
　　知识归纳·· 167
　　典型案例·· 168
　　知识测试·· 170
　　实操拓展·· 171

第九章　旅游企业管理心理·· 174
　　第一节　旅游工作与旅游企业管理概述·· 175
　　第二节　旅游企业职业心理素质与工作能力··· 178
　　第三节　旅游企业员工激励··· 180
　　知识归纳·· 185
　　典型案例·· 186
　　知识测试·· 186
　　实操拓展·· 187

第四篇　热点问题研讨

第十章　旅游消费热点问题及服务要点··· 191
　　第一节　互联网时代的旅游消费心理与服务要点·· 193
　　第二节　自助旅游消费心理与服务要点·· 198
　　第三节　亲子旅游消费心理与服务要点·· 202
　　第四节　自驾游消费心理与服务要点·· 206
　　第五节　出入境旅游消费心理与服务要点··· 212
　　知识归纳·· 216
　　典型案例·· 216
　　知识测试·· 219
　　实操拓展·· 220

参考文献··· 221

第一篇

旅游者心理

第一篇

杜甫青少年

旅游心理学基础

第一章
Diyizhang

知识目标
1. 掌握旅游的概念、特征，了解心理学的概念及旅游与心理学的关系。
2. 掌握旅游心理学的概念、学科特征。
3. 掌握旅游心理学的研究对象。
4. 了解旅游心理学的研究意义。
5. 掌握旅游心理学的研究方法。

能力目标
1. 掌握旅游心理学的研究方法，为基础调研做好准备。
2. 能设计访谈提纲和问卷，获取基础数据。

课程思政
1. 树立正确的"三观"，塑造良好的人格，增强职业认同感、职业道德感。
2. 明确以服务对象的需要为中心，切实做到爱岗敬业、践行工匠精神。
3. 理解心理和行为的关系，正确认识各种行为。
4. 具备理论联系实际的能力。

思维导图

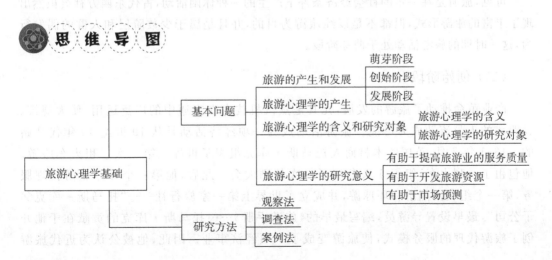

第一节 旅游心理学的基本问题

一、旅游的产生和发展

旅游活动是一项古老的人类活动,是人类社会特有的一种社会现象。它产生于文明社会诞生之初,旅游活动的历史与人类的文明史同样源远流长。随着人类社会的进步,旅游逐渐成为人们社会生活中的一项重要内容,成为人们物质生活和精神生活的需要,旅游业也逐渐发展成为各国的重要产业。从旅游活动的历史来看,世界旅游活动经历了三个发展阶段。

(一)萌芽阶段

旅游活动是社会生产力发展到一定阶段的产物,伴随着商品及商品交换的产生而诞生。第三次社会大分工的出现,使商业正式从农业、牧业、手工业中分离出来。随着商品交换的地域范围逐渐扩大,产生了外出交换商品和旅行经商的需要,原始社会末期,商人的外出经商行为带动了旅游活动。到了奴隶社会,商品交换的范围进一步扩大,推动了奴隶社会的旅游活动发展。在中国、古埃及、古巴比伦、古印度、古希腊和古罗马等文明古国,商务旅行、宗教旅行、求学旅行和消遣旅行等纷纷出现,极大丰富了人类社会的旅游活动。封建社会时期,随着生产力的进一步提高,交通工具的发展、道路状况的改善、社会有闲阶层的出现,都为旅游的产生提供了必要的条件。东西方的封建社会历史都记载了人类的旅游活动。在东方,如秦始皇统一六国后对国家领土巡游式的政治旅游,汉代张骞出使西域的外交旅游,司马迁、徐霞客追溯历史、探究奥秘的科学考察旅游。在西方,如马可·波罗首创的商务旅游,哥伦布发起的探险旅游等。

可见,旅游是在一定的社会经济条件下产生的一种休闲活动,古代东西方社会虽然出现了丰富的旅游形式,但都不是以纯旅游为目的,并且是属于少数阶层和人群的偶发行为,这一时期的旅游活动处于萌芽阶段。

(二)创始阶段

产业革命推动了旅游的发展,尤其是蒸汽机技术在交通中的广泛运用,使大规模、长距离的人员流动成为可能。旅游活动成为一项经济活动是从 19 世纪 40 年代开始的。1841 年 7 月,英国的木材商人托马斯·库克组织了世界上第一次包租火车旅游。他包租了一列火车,组织 5 人参加了一次禁酒大会。此后,他第一个开办旅游代理服务,第一个组织出国游和环球游,并成立了世界上第一家旅行社——"托马斯·库克父子公司",最早设置导游员,编写最早的《旅游手册》……托马斯·库克的贡献在于他开创了旅游代理的服务模式,使旅游变成了一项经济事业。因此,他被公认为近代旅游业的创始人。

19世纪后半期,欧洲各地相继成立了旅游代理组织。如1857年英国的"登山俱乐部"、1885年的"帐篷俱乐部";1890年法国、德国的观光俱乐部;20世纪初,美国的"运通公司"、比利时的"铁路卧车公司"和"托马斯·库克父子公司"。这三家公司成为世界三大旅游代理公司,商业性旅游从此出现,带动了旅游景点和相关设施的建设,推动了旅游活动商品化的进程。但从旅游业的规模和地位来看,这一阶段旅游业的收入在国民经济中所占比重很小,旅游活动仍未普及,处于创始阶段。

（三）发展阶段

第二次世界大战后,旅游业进入了迅速发展的阶段。首先,由于经济、科技、文化、交通迅速发展,劳动生产力得到提高,人们的收入与闲暇时间明显增多,旅游日益成为人们的精神需求。其次,旅游业被称为"无烟工业"和"朝阳产业",各国政府逐渐重视并把旅游业提升到了产业地位。最后,现代化大工业生产使得人们身心疲惫,生活环境污染严重,使人产生外出旅游、恢复身心健康的需要。20世纪50年代后,旅游开始大众化。旅游活动的参与者,不再只是少数富裕人士,而是扩展到广大的工薪阶层。

中国是世界上最早出现旅游活动的国家之一。在长达两千多年的封建社会,中国经济发达、政治稳定,为旅游的发展提供了社会经济条件。近代中国的旅游是指1840年鸦片战争以后到中华人民共和国成立以前这段时期的旅游。这个时期中国社会的国家性质由独立的封建国家沦为半殖民地半封建国家。这个时期旅游业的特点为：一是由于西方文化影响中国人的旅游观念,受"西化"影响的一部分人开始加入旅游行列中;二是随着现代化交通的发展,旅游的空间形式也得到了进一步拓展,参加旅游的人数越来越多,去的地方越来越远,国际旅游活动开始出现;三是为了适应这种旅游形式的发展,为旅游者服务的民间旅游组织逐渐发展成为一个独立的行业。这个时期的中国旅游业处于萌芽状态,还没有形成一个独立的产业。现代中国的旅游是指中华人民共和国成立以后的旅游。中华人民共和国成立以后,中国旅游业得到了很大发展。尤其是改革开放以来,中国的经济发展取得了举世瞩目的成就,人民的收入和生活水平发生了翻天覆地的变化。我国实行每周40小时工作制、双休日制度、"黄金周"休假制度,这为国内旅游业的发展提供了经济保障和时间条件。同时,我国的国际旅游市场也得到了进一步开拓。

二、旅游心理学的产生

旅游活动是一种综合性的活动,包括身心的活动和变化,自旅游活动产生之日,人们就注意到旅游领域中存在的心理现象。《论语·雍也篇》中的"智者乐水,仁者乐山"其实就折射了旅游者的心理动机。现代旅游业的发展对国民经济做出了重大贡献,促使人们总结旅游心理规律,加强对旅游心理活动理论的研究,旅游心理学应运而生。从实践角度看,旅游业的经营者、服务者如何为旅游者提供吃、住、行、游、购、娱等优质服务,满足旅游者的生理和心理上的需求,才能盈利;旅游者如何选择经营者的优质服务而获得生理上和

心理上的满足,都是需要研究的问题。

旅游心理学属于应用心理学的分支,产生于20世纪80年代。1981年,由佛罗里达中心大学旅游研究所所长小爱德华·J.梅奥和商业管理学院副院长兰斯·P.贾维斯编著的《旅游心理学》,第一次从心理学角度分析研究旅游者的旅游行为,揭开了旅游心理学研究的序幕。我国旅游心理学研究开始于20世纪80年代,随着旅游业的蓬勃发展,多旅游心理学专著和教材出版。

三、旅游心理学的含义和研究对象

作为一门独立的学科,心理学只有短短100多年的历史,但它已有独特的研究对象和广泛的应用范围。心理学分为理论心理学和应用心理学两大研究领域,旅游心理学属于应用心理学领域,是普通心理学的基本原理在旅游领域的应用,但不是心理学原理在旅游活动中的简单套用,它具有特定的研究对象。

(一)旅游心理学的含义

旅游心理学既研究旅游主体的心理活动的规律,又研究旅游活动中人的行为规律。因此,旅游心理学是研究旅游活动中人们(旅游者、旅游从业人员)的心理活动和行为规律的学科。

(二)旅游心理学的研究对象

从旅游心理学的概念来讲,旅游心理学研究范围主要是旅游者心理、旅游服务心理和旅游企业管理心理,研究内容是旅游活动中人们的心理活动和行为规律。

心理活动包括心理过程和人格两大部分。研究旅游者心理,主要是为了研究旅游者的心理活动和旅游者的个体心理特征对旅游活动的影响。关注诸如旅游知觉、旅游需要和动机、态度与旅游行为、个性与旅游行为、旅游者的情绪情感等心理现象。旅游行为规律研究主要包括旅游服务心理和旅游企业管理心理研究。

▶ 小知识

如何评价"云旅游"等新的旅游模式以及旅游业线上化趋势

近年来,我国旅游业开始寻求积极调整,寻找内在动力,深耕国内产品,提升服务品质,"云旅游"获得了巨大的发展空间,中国旅游业线上化发展稳步推进。从武汉的樱花,到故宫的建筑,旅游直播成为留在家中的人们"抵达"全世界的全新方式。2020年3月,中国旅游研究院发布"在线旅游资产指数"(travel property index,TPI),为中国在线旅游资产的可积累、可衡量、可增值提供了系统化参考坐标,成为旅游业发展的关键指标,也加速了旅游业的线上化发展进程。

四、旅游心理学的研究意义

（一）有助于提高旅游业的服务质量

提高旅游业的服务质量需要考虑很多因素，让旅游者高兴而来，满意而归，最大限度地满足旅游者的需要是关键因素。旅游者的需要一般不是低层次的需要，而是为了获得尊重、沟通或自我实现的高级需要。因此，旅游者更注重的是主观体验和精神享受。了解旅游者的心理特征，有针对性地开发旅游产品，提供优质旅游服务，是研究旅游心理学的现实意义。现代旅游业除了注重旅游硬件建设外，更注重旅游服务的软件升级。例如，"哈罗哈"精神——微笑服务、个性服务、超前服务等。谁能赢得旅游者的心，谁就能赢得最大的市场份额。

（二）有助于开发旅游资源

旅游资源是指旅游吸引物和旅游产品的总和。它经历潜在旅游资源—现实旅游资源—旅游产品开发的过程。旅游业的实践证明，旅游资源开发成功与否，首先看其是否对旅游者形成吸引力，能否满足旅游者的心理需求。旅游吸引力主要有四个方面的内容：①美感，旅游资源应当为旅游者提供物质上和精神上的享受；②愉悦，旅游资源应当能使旅游者产生精神上的愉快和感官上的舒适；③娱乐，旅游资源应当具有休闲、度假、疗养等功能，使旅游者获得乐趣，身心健康；④满足，旅游资源要能满足不同旅游者的不同心理需要，且经营者要能依据这种心理需要将其开发和组合成旅游产品，与相关的旅游活动形成合力，产生一定的效益。旅游心理学对旅游者心理和行为特征的研究，为开发旅游资源提供了心理学方面的理论依据。

（三）有助于市场预测

旅游市场预测是指在旅游市场调查的基础上，系统地分析与研究旅游市场的历史与现状，提出对旅游市场未来发展的性质、规模和结构的设想。旅游心理学研究旅游者的心理和行为规律，能帮助旅游从业者预测旅游者的心理和行为发展与变化的趋势，并帮助其开展有针对性的旅游服务，满足旅游者的需要。

第二节 旅游心理学的研究方法

旅游心理学作为应用心理学的分支学科，其研究方法主要是以心理学研究方法为基础进行有选择、有变化地使用而形成的。常用的研究方法有观察法、调查法、案例法。

一、观察法

观察法又称现场观察法,是在不施加人为影响的自然状态下,对被观察对象的心理和行为进行现场观察、收集资料、分析处理、得出结论的研究方法。它既是一种研究方法,也是一种日常行为,只不过这种行为成为人们有目的、有意识、有计划的活动时,就变成了科学研究方法。如爱好建筑的旅游者在观光旅游时,总是关注亭台楼阁的风格、材质等建筑元素;而旅游从业者在服务工作中观察旅游者的情绪、表情和言行,判断服务工作的优缺点,以待改进。在旅游心理学的研究中,观察法可以收集的信息和资料有:旅游者对旅游活动的内容、方式及旅游路线的选择,旅游者在旅游活动中的行为表现,旅游者的体态语言等。

(一)观察法的类型

观察法可以分为参与型观察与非参与型观察两种形式。

1. 参与型观察

在参与型观察中,观察者和被观察者一起参与旅游活动,观察者在密切的相互接触和直接体验中倾听和观察被观察者的言行。这种观察情境比较自然,观察者不仅对旅游活动的主体及其行为有比较具体的感性认识,而且可以深入其内部,了解他们对自己行为意义的解释,并直接感受到被观察者的思想感情和行为动机。这种观察具有开放、灵活的特点,允许观察者根据研究问题和情境的需要不断调整观察目标、内容和范围。观察者和被观察者之间的关系比较灵活,不是一方主动、一方被动的固定关系,研究的过程也不完全先入为主地由某种外在的、机械的模式所决定,而是融入了参与双方的决策、选择和互动。参与型观察也有其不足之处,即观察者在观察的过程中,参与得越深,体验得越多,其主观情感,看问题的角度、思考的模式等方面受到被观察者的影响就越大,在看待、分析和解释人们行为时丧失客观性的可能也就越大。

2. 非参与型观察

非参与型观察不要求观察者直接进入被观察者的日常活动。观察者通常置身于被观察者的世界之外,作为旁观者了解事情的发展动态。在条件允许的情况下,观察者可以使用录像机对现场进行录像。非参与型观察的长处是观察者可以保持一定距离地对被观察者进行比较客观的观察,操作起来比较容易。但其缺点是当被观察者知道自己在被观察时,往往会有更多失真的表现;观察者较难深入了解研究对象,不能像参与型观察那样遇到疑问时立刻向被观察者发问;可能受到一些具体条件的限制,如因观察距离较远,观察者看不到或听不到正在发生的事情。

(二)观察法的优缺点

观察法的结果比较真实可信,有利于收集生动翔实的材料。但是,观察法不能人为引发,只能被动等待,由于时间、文化等因素,有些方面不能全面观察,甚至不能观察(隐私)。作为收集一手材料的方法来讲,观察法是简便易行、较为客观的方法。

二、调查法

调查法是向被调查者提出拟定的一系列问题,请其回答,从反馈的材料中得出结论的研究方法,主要有访谈法和问卷调查法两种形式。

(一)访谈法

访谈法是研究者通过与研究对象的交谈,收集有关对方心理与行为资料的研究方法。它是心理学研究中运用最广泛的研究方法之一,研究者常常运用访谈法了解研究对象的兴趣、爱好、态度、需要、感受和意见等,从而对其心理特征和行为特征进行描述。

1. 访谈法的类型

访谈法可以分为结构型访谈法和非结构型访谈法。

(1) 结构型访谈法。这种访谈法又称为标准化访谈法或控制式访谈法。其特征是预先对要提出的问题、提问的方式和回答的方式等做出严格的规定;在访谈过程中,研究者与研究对象都必须在规定的基础上进行交流与沟通。

(2) 非结构型访谈法。这种访谈法是预先不严格规定要提出的问题、提问的方式和回答的方式等,由研究者与研究对象就某些问题自由交谈,研究对象可以随便提出自己的问题与意见,而不管研究者要问的是什么。

2. 访谈法的实施条件

心理学的研究实践表明,访谈是谈话人之间的一种社会过程和社会沟通的产物。谈话双方的态度、期望、动机、知觉、价值观和行为方式等会发生相互作用,从而影响访谈的情境与信息传递的性质等,最终影响访谈效果。任何一个成功的访谈都应该具备三个方面的条件。

(1) 资料的可及性。研究者要收集的资料是研究对象完全能够得到并愿意提供的,否则就是问道于盲,无法实现预期的研究目的。一般情况下,接受访谈的研究对象的知识、经验、记忆、情绪等主体特征,都可能影响资料的可及性。

(2) 研究对象的认知。接受访谈的研究对象对自己在访谈中的角色、访谈要求、问题意义等的理解与认知,都对访谈效果有非常直接的影响。

(3) 研究对象的动机。接受访谈的研究对象的谈话动机、价值观和访谈目的与其需要的一致程度等因素,会对访谈效果造成影响。研究者应努力调整研究对象的动机,使其符合访谈目的的要求。影响研究对象动机的因素有很多,如竞争意识、行为规范、情绪情感等。此外,研究对象不愿意表现出无知,担心访谈后果,对研究者的喜欢或厌恶,都可能导致他们产生不同的谈话动机。

3. 访谈法的优缺点

(1) 访谈法的优点如下。

① 访谈法的适用面比较广。它既可以用于不同的课题,又可以用于各种类型的研究对象,从儿童到老年人,甚至那些无法接受其他研究方法的人,都能够被纳入访谈法研究的范围。在实际研究过程中,很多研究内容无法量化,而访谈可以最大限度地排除阻碍,获

取一手信息。

② 访谈法比较机动灵活。访谈过程中,双方都可以随时改变沟通方式,有利于研究者了解新的或者更深层次的信息,进一步拓宽或深入研究课题,甚至找到更有意义的新课题。

③ 访谈法能够同时收集多种资料。研究者可以在一次访谈中,非常有效地收集人们的态度、知觉、意见、动机、情绪、气质、性格等各方面的资料,并且可以随时观察研究对象的行为表现。

(2) 访谈法的缺点。访谈结果的分析与处理相当复杂,尤其是进行量化处理非常困难;进行访谈的研究者的心理与行为特征会影响研究对象的反应,即使事先进行了严格训练,也很难保证不影响最终的研究结果。此外,访谈工作花费的时间与精力都比较多,代价比较高。

在旅游心理学研究中,访谈法可以单独使用,也可以与其他研究方法结合在一起使用。访谈法不仅是研究旅游心理问题的方法,也应该是旅游从业者的工作方法。旅游心理学研究者与旅游从业者都可以使用访谈法,比较全面深入地了解旅游者的心理和行为特征,如旅游者的期望、态度、偏好、需要、价值观念,旅游方式、旅游目的等,为做好旅游开发、管理、服务等工作提供有益的参考。

(二) 问卷调查法

问卷调查法是研究者使用预先设计好的一系列问题的问卷,向特定的研究对象征询答案,进行分析处理,得出结论的研究方法。问卷调查法的核心是问卷的设计。问卷分为封闭型问卷和开放型问卷。在封闭型问卷中,不仅有要求被调查者回答的问题,而且有供其选择的答案,举例如下。

您愿意乘(　　)去旅游?
A. 豪华大巴　　B. 旅游列车　　C. 飞机　　D. 自行车

开放型问卷则只有问题而没有供选择的现成答案,要求被调查者酌情回答,举例如下。

您这次旅行的主要目的是什么?

答:＿＿＿＿＿＿＿＿＿＿＿＿＿＿＿＿＿＿＿＿＿＿＿＿＿＿＿＿＿

在旅游心理学的研究中,封闭型问卷和开放型问卷各有所长,也各有局限。封闭型问卷容易将答案进行量化处理,也便于统计分析,但由于受答案固定化的限制,不能充分地反映被调查者对问题的思考深度。开放型问卷具有封闭型问卷所不具有的优点,能更多地反映出被调查者的思想深度和答案之外的多种看法,但研究对象也可能提供一些与研究无关的信息。此外,开放型问卷对资料的量化统计分析也有一定困难。在研究中要对研究专题所需材料的范围、研究人员的水平和能力等各种因素综合考虑后加以选用。问卷调查法采取匿名回答的方式,结果较真实,团体问卷调查法效率较高,是一种常用的调查方法。

三、案例法

案例法又称案例分析法,是研究者深入相关单位,对研究对象进行全面的较长时间的观察、调查、了解,研究其心理发展的全过程,分析整理、抽象概括出有价值的理论的研究方法。在教学领域,案例法成为课堂教学中理论与实际相结合的常用手段。案例法有深入、全面的优点,是学生学习旅游心理学的好帮手。但案例研究成果是否具有普遍意义、推广价值,是需要案例法使用者把握的重点。研究者深入旅游业,对旅游企业、旅游者以及旅游工作人员进行全面的较长时间的连续观察、调查、了解,研究其心理,在掌握各方面情况的基础上进行分析整理,就是在运用案例法。比如,通过研究一个旅行社的历史来了解其管理方法及成效,就是一种应用案例法的研究。

在使用案例法的研究中,研究者应对一个人、一个事件、一个社会集团或一个社区进行深入全面的研究。它的特点是焦点特别集中,对现象的了解特别深入、详细。案例法通过对事物进行深入的洞察,能够获得非常丰富、生动、具体、详细的资料,能够较好地反映出事物或事件发生、发展及变化的过程,而且能为总体研究提供理论假设。因此,这种方法在旅游心理学的发展中发挥着重要作用。

案例法具有深入、全面的长处,其不足之处在于如何发掘案例研究所具有的概括意义比较困难。一般来说,研究者很难将案例研究中所得到的结果进行推广,除了对所研究的对象进行详细全面的描述外,研究者更多的是努力从所研究的具体案例中抽出一些有价值的命题,或提出一些具有更深理论意义的研究题目,为后续研究提供一些有价值的思路和方向。

旅游心理学的研究方法还有很多,各种方法都有其优缺点。在学习和研究旅游心理学的过程中,根据具体对象采用一种或综合的方法,是掌握本学科知识的有力工具。

知识归纳

本章通过阐述旅游活动和旅游心理学产生的历史过程,揭示了旅游心理学产生的历史必然性。旅游心理学产生时间虽短,但它作为应用心理学的分支学科,有其特定的研究对象:旅游活动中人们的心理活动和行为规律。具体来讲,本章从四个方面进行阐述,包括旅游者心理、旅游服务心理、旅游企业管理心理以及旅游服务心理热点问题探析。研究旅游心理学有助于提高服务质量、开发旅游资源、进行市场预测、提高旅游从业人员的素质,这是学习和研究旅游心理学的四个意义。初学者应使用科学的方法去学习和研究旅游心理学,本章主要介绍了观察法、调查法(访谈法、问卷调查法)和案例法。

典型案例

据21财闻汇报道,《2019"十一"黄金周消费数据报告》显示,线上消费新方式:囤点白酒,300多万人抢购60万瓶茅台;螃蟹受宠,三天卖出4万只阳澄湖大闸蟹。饿了么数据显示,在外旅游的人们,流行"到你的城市吃你叫的外卖"。国庆前三天,全国重点城市中,兰州、南昌、成都、贵阳、青岛的酒店外卖订单同比增速居全国前五。1日至3日,上海的生煎、武汉的热干面、西安的肉夹馍销量最高。有1万多人在上海的徐家汇点生煎,有3 000多人在杭州的断桥边点了片儿川,有5 000多人在西安的大雁塔下点了肉夹馍。

(资料来源:新浪财经官方微博.我来到你的城市,点份你吃过的外卖[EB/OL].[2019-10-06].https://weibo.com/1638782947/IafwdegMd.)

【讨论】

(1) 如何看待上述旅游消费现象?

(2) 这种现象体现了旅游消费的什么特征?

知识测试

一、单项选择题

1. 心理学分为理论心理学和应用心理学两大研究领域,旅游心理学属于(　　)领域。
   A. 理论心理学　　B. 应用心理学　　C. 混合心理学　　D. 综合心理学
2. 旅游心理学研究旅游者的心理和(　　)。
   A. 动机　　　　　B. 想法　　　　　C. 行为规律　　　D. 趋向
3. 从实践的角度来说,研究旅游心理的意义主要在于其有助于提高旅游服务质量、开发新的旅游资源和(　　)。
   A. 探索心理学研究领域　　　　　　B. 提高旅游收入
   C. 做好市场预测　　　　　　　　　D. 做好市场宣传
4. 旅游心理学研究方法主要有访谈法、(　　)和案例法。
   A. 调查法　　　　B. 自然实验法　　C. 直接参与法　　D. 社会实验法
5. 当研究的心理现象不能直接观察时,通过收集有关资料,间接了解被试者的心理活动,这种方法叫(　　)。
   A. 观察法　　　　B. 自然实验法　　C. 调查法　　　　D. 经验总结法

二、多项选择题

1. 旅游业号称(　　)。
   A. 无烟产业　　　B. 朝阳产业　　　C. 国营产业　　　D. 民营产业
2. 研究旅游者心理,主要是研究旅游者的(　　)。
   A. 心理活动　　　B. 偏好　　　　　C. 个体心理特征　D. 消费习惯

三、简答题

1. 简述旅游心理学的概念和主要研究对象。
2. 简述旅游心理学的研究方法。

实操拓展

选择一种旅游心理学研究方法,调查你所在的学校不同年龄阶段人员的旅游消费需求。

影响旅游者心理的个体因素

第二章 Dierzhang

知识目标

1. 掌握旅游者知觉的概念、特征。
2. 掌握旅游者知觉的影响因素及旅游知觉与旅游者行为的关系。
3. 掌握旅游者的需要、概念、特征。
4. 理解旅游动机产生的条件及其对旅游决策和行为的影响。
5. 掌握气质、性格、能力的概念和特征。
6. 理解不同气质、性格和能力对旅游行为的影响。
7. 掌握情绪情感的概念及影响旅游者情绪情感的因素。
8. 掌握情绪情感对旅游者行为的影响及调节旅游者情绪情感的手段与方法。
9. 掌握态度的概念、构成、特征、影响因素、形成过程。
10. 理解旅游态度和旅游行为的关系,掌握改变旅游者态度的方法。

能力目标

1. 熟悉影响旅游者心理的个体因素,掌握相关心理学原理,理解这些原理如何影响旅游者的心理和行为,掌握消费者心理和行为规律。
2. 能够分析实际案例中旅游者知觉、需要和动机、情绪情感和态度对旅游行为的具体影响。

课程思政

1. 树立正确的人生观与价值观,塑造良好的人格,增强职业认同感、职业道德。
2. 明确影响服务对象的个体因素,提升旅游职业人专业能力和个人修养,以服务对象的需要为中心,切实做到爱岗敬业、践行工匠精神。
3. 理解自己的心理变化和心理对行为的影响,提升自我认知和人际关系融洽程度。
4. 具备理论联系实际的能力。
5. 具有分析和解决问题的能力。
6. 具有团队协作能力。

思维导图

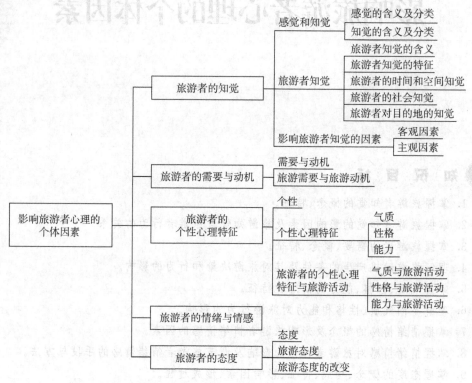

第一节 旅游者的知觉

旅游知觉是每个旅游者必然发生的心理现象。旅游者作为一个决策者,在面对纷繁多样的可供旅游的国家、地区、景点时,必须对面前的诸多选择按照心目中的要求进行主观评价并做出选择。旅游者的主观判断与评价取决于许多因素,如目的地的距离、交通状况、景区特点、已有的经验等,但其中一个重要因素是旅游者对每个选择满足其要求程度的感知。实践表明,旅游者的旅游决策、对旅游景点的印象、具体的旅游活动,以及旅游需求满足与否的评价等,都与旅游者的知觉有密切的关系。旅游者的知觉是影响旅游者行为的重要心理因素。

一、感觉和知觉

(一)感觉的含义及分类

感觉是人脑对直接作用于感觉器官的客观事物的个别属性的反映。感觉不仅反映外界事物的个别属性,也反映人体本身的活动。感觉是人的认识过程的初始阶段,是人认识客观世界的开端,也是意识形成和发展的基本成分。感觉也是一切比较高级、比较复杂的心理现象的基础,也就是说人类认识世界是从感觉开始的。

感觉大体上可分为两类:外部感觉和内部感觉。外部感觉主要是指接受外部刺激、反映外界事物个别属性的感觉,具体包括视觉、听觉、味觉、嗅觉、肤觉。内部感觉是指接受人体本身的刺激,反映机体的位置、运动和内部器官不同状态的感觉,具体包括位置觉(平衡感)、运动觉和机体觉。

(二)知觉的含义及分类

知觉是人对客观事物整体性的反映,感觉是知觉的基础,知觉以感觉为前提。根据反映的事物特征,知觉可分为:空间知觉、时间知觉、运动知觉。根据某个感觉器官在反映活动中所引起的优势作用,知觉可分为:视知觉、听知觉、触知觉、嗅知觉。

二、旅游者知觉

(一)旅游者知觉的含义

旅游者知觉是指直接作用于旅游者感觉器官的旅游刺激物的各种属性的整体反映。包括一般旅游者知觉和复杂旅游者知觉。前者主要是旅游视觉、听觉、嗅觉、味觉,后者是指旅游空间知觉、旅游时间知觉。

"白宫红殿湛蓝天,盖世高原气万千。竺法渐传三界远,盛音近绕佛堂前。"这首诗歌描写的就是坐落在拉萨玛布日山(又名红山)上的布达拉宫。这首诗体现了"直接作用于旅游者感觉器官的旅游刺激物的各种属性的整体反映"。

(二)旅游者知觉的特征

旅游者知觉过程是一个连续过滤外界刺激的过程,是个体通过外部刺激产生一系列知觉,然后选择性注意、利用各种知识和经验进行解释和理解,并将多种知觉综合的过程。旅游者知觉具有以下特征。

1. 旅游者知觉的选择性

人对外界事物的刺激会有选择地进行加工。旅游者知觉选择性的表现形式主要有三种:选择性注意、选择性曲解、选择性保留。消费者在理解刺激他们的环境时会潜意识地呈现选择性。个体会不由自主地注意一些事情,忽略或回避另一些事情。

图2-1是来自丹麦心理学家爱德加·鲁宾的经典知觉图形——鲁宾的面孔。你可能看到了一个花瓶,也可能看到了两张人脸,也可能是花瓶和人脸在不断切换。选择不同的对象作为背景,不同的人会看到不同的图像,这便是知觉的选择性在起作用。比如说,在景点购物的消费者,置身于繁华的购物街,周边有成百上千的商品和络绎不绝的其他旅游者,他们在街上行走、游览,会看到琳琅满目的商品,会听到商人的叫卖,会闻到各式食品或熏香的气味,感受到其他各类刺激。在这些来自四面八方的刺激中,他可能会径直走向

门口并无拉客叫卖的商店,挑选他喜欢的商品,然后离开。那么我们可以推断他可能是一个经常外出旅行的人,商业性的景象和声音在他这里只是背景,他能很好地把控周围世界的信息,有选择性地进行消费。这便是在旅游过程中知觉的选择性起了作用。

图 2-1　鲁宾的面孔

而旅游者会选择什么样的刺激,做出什么样的消费决策主要取决于刺激本身以外的两种因素。一是消费者过去的经历,美好的经历可能会促使消费者再次消费,甚至会让其在旅游过程中选择性忽略一些不太好的地方;第二是旅游者当时的动机,一个消费倾向明确的旅游者会出于自身的强烈需求和周围环境的影响在动机的驱使下完成一系列消费行为。

2. 旅游者知觉的整体性

旅游知觉的整体性也称为组织性,指人们根据自己的知识经验把直接作用于感官的不完备的刺激整合成完备而统一的整体,以便全面、整体地把握该事物。知觉的整体性理论在心理学上统称格式塔心理学。旅游者知觉的整体性有四个定律:接近律、相似律、连续律和闭合律。这四个定律在不同的情况下发生作用,帮助人们完整地知觉实物。

(1) 接近律。接近律又称接近原理(principle of proximity),是指在感知各种刺激时,彼此相互接近的刺激物比彼此相隔较远的刺激物更容易组合在一起,构成知觉的对象,如图 2-2 所示。旅游实践中,人们常把地理位置接近的旅游目的地知觉为一个整体,在旅游线路设计上,相邻近的景点常被组合成一条线路,如华东五市、昆大丽、新马泰等。

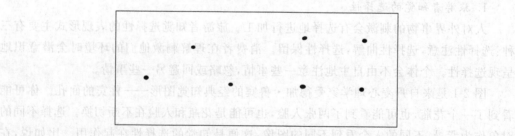

图 2-2　接近律

(2) 相似律。相似律又称相似原理(principle of similarity)是指人们在感知各种刺激物时,容易将具有相似自然属性的事物组合在一起。即将相似的物体集成系列,从而产生一个统一的整体。人们常会把形状、颜色、大小、亮度等物理特性相似的物体知觉为一个整体,如图 2-3 所示。

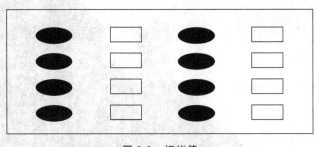

图 2-3　相似律

(3) 连续律。连续律又称连续原理(principle of continuity)。人们往往会把具有连续性或共同运动方向等特点的个体知觉为一个整体。如旅游活动中的旅行团佩戴的相同标志物,自驾游车队统一装饰的车外观,寺庙中的罗汉群塑像等,人们都会不由自主地将其看成一个整体。

(4) 闭合律。闭合律即闭合原理(principle of closure)是指当一个刺激不完整时,感知者填补缺失元素的倾向。即人们倾向于根据以往的经验填补空白,如图 2-4 所示。闭合律常常被用在旅游宣传中,如"××归来不看山,××归来不看水"。

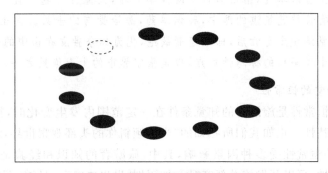

图 2-4　闭合律

3. 旅游者知觉的理解性

旅游者知觉的理解性是指个人在感知某一客观对象时,会借助过去的知识和经验来理解客观事物的含义,并用词语将其表示出来,这是知觉的理解性。旅游知觉的理解性不但要借助过去的知识和经验,而且要借助外来的言语指导、活动目的和对感知对象的态度。在旅游活动中,这种理解常常要借助旅游服务者来实现。如图 2-5 所示,张家界十里画廊中的采药老人,就是借助旅游者已有的常识和记忆中的画面来理解山石的形状和特殊的含义。再如,陕西的乾陵和华清池,现存景观平淡无奇,缺乏历史知识或他人讲解,旅游者会感到乏味。但是,通过导游介绍,旅游者就会在头脑中追溯女皇武则天的文治武功和盛唐的兴衰变幻。传统的杭州旅游项目就是逛西湖,距离西湖较远的旅游景点则被旅游者忽视。西湖北岸的岳坟人满为患,而岳飞殉难的风波亭则门可罗雀。"不到西湖看山色,定应未可作诗人",这是因为旅游者游西湖的目的影响了知觉的理解性。

图 2-5 张家界十里画廊——采药老人

拓展练习

试讲导游词：张家界十里画廊导游词之采药老人

张家界武陵源风景名胜区山高林密，气候温暖，盛产各类名贵药材。在我们对面的山峰中间有一座高约 80 米的石峰，谁看了都会说它像一位采药老人。这位采药老人身材瘦削，头缠丝帕，肩上背着草药，踏山而行。既像李时珍，又像孙思邈。有一个故事，是说向王天子起义军中有位技艺精湛的郎中，善识草药，医治受伤的士兵。向王天子兵败，在十里画廊的尽头神堂湾跳崖身亡后，郎中悲痛欲绝，化为如今独立在山中的采药老人。采药老人这一景点是十里画廊的标志性景点，也是张家界市的十大绝景之一。

4. 旅游者知觉的恒常性

旅游知觉的恒常性是旅游者的知觉条件在一定范围内发生变化时，被知觉对象仍然保持相对不变的特性。正如我们所熟知的"当你倾斜你的头部观察世界，世界不会因此倾斜"。旅游知觉的恒常性受多种因素影响，其中，旅游者的知识和经验是最重要的因素。运用知觉的恒常性，可以开发旅游新产品。如深圳"世界之窗"一日游，面对缩小若干比例的景观模型，你仍有身临其境的感觉，卢浮宫、白宫、红场、埃菲尔铁塔……这些建筑模型让你一日遍游世界，美不胜收。知觉的恒常性在这里起了作用。

（三）旅游者的时间和空间知觉

1. 旅游者的时间知觉

旅游者对时间知觉不同，对时间的要求也不相同。旅游者在游览过程中有时会认为时间漫长而要求缩短时间，如为了节约时间而选择乘坐缆车；而有些时候又认为时间短暂，往往要求延长时间，如在观景平台处观景时。一般来说，旅游者多认为旅游途中时间漫长，而景点游览时间短暂。旅游者对旅游时间的普遍要求是：旅途要快，而游览要慢。

旅游者一般都希望以最快的速度到达目的地，因为旅途这段时间常常被认为是没有意义的，感觉枯燥乏味而且容易引起肌体疲劳。为了减少旅游者的这种不良感觉，导游人员可以在旅途中安排一些有趣的活动，做一些旅游者感兴趣的沿途讲解。

而在游览的时候,旅游者都希望以较多的时间慢慢享受。因为人们外出旅游的真正目的是游览山水、感受异域文化等。游览的内容越丰富、越具有魅力,就越能使人不惜时间去观赏,达到"乐而忘返"的境界。而一些导游人员为了多拿回扣等个人利益,缩短游览时间、增加购物时间的行为,让旅游者很反感,甚至会被投诉。旅游工作者一定要考虑旅游者的时间知觉,让他们感到满意。

另外,一切活动要准时的要求,也与旅游时间知觉有关:一方面是因为要执行计划,另一方面则是因为面临时间的压力。按常规理解,既然是闲暇时间,似乎就不存在压力。其实并非如此,在工业化的社会里,人们已养成守时的习惯,否则就会使人感到浪费了时间,产生烦躁甚至不安和不满的情绪。在旅游活动中,旅游服务时间提前或滞后,会给旅游者造成很大不便,使旅游者感到不满甚至引起纠纷和投诉。

掌握旅游者时间知觉的规律,对旅游工作者提供个性化服务和优质服务具有重要意义。只有充分了解旅游者对不同时段、不同事物的时间知觉,才能更好地为旅游者服务,让旅游者感到满意。亦即遵循"旅途要快,游览要慢,一切活动要准时"的旅游时间知觉常理,还要充分考虑不同旅游者的兴趣爱好、年龄职业、情绪及个性等因素,为旅游者提供个性化的优质服务。旅游者如果以沿途游览为目的,就会悠然自得地朝着目的地前进,服务人员应帮其把旅途时间安排得充分些;旅游者如果想尽量多走多看一些地方,就会采取走马观花式的旅游方式,服务人员应帮他平均分配时间;旅游者如果以度假为目的,就会匆匆赶到一个度假地,服务人员应帮其把更多的时间安排在那里;旅游者如果以探险为目的,就会把旅游重点放在行程本身,服务人员应帮其安排好行程时间。

2. 旅游者的空间知觉

旅游活动是一种异地的空间流动,旅游者对空间有深刻的体验,这种体验始于旅游者对距离的知觉。旅游者的距离知觉是指旅游者对旅游对象距自身远近的知觉,是对旅途长短、旅游目的地远近的感受与判断。旅游者对同一段距离的空间知觉主要有三种情况:认为长(远);认为短(近);认为不长不短或不远不近。旅游者的知觉印象与期望相符合即感到满意,否则就感到不满意。

旅游者空间知觉对其旅游行为起着重要作用。由于需要不同,空间知觉对旅游行为的作用也不一样。总体而言,空间知觉对旅游行为的作用体现在以下两个方面。

(1) 激励作用。人们出去旅游的动机之一,是寻求新奇和刺激,因此远距离的目的地有一种特殊的吸引力,能使人产生一种神秘感。此外,从心理学的角度看,人们在感知对象时,空间距离的增加会带来更多信息的不确定性,给人以更广阔的想象空间,因而产生一种"距离美"。正是由于这种吸引力、神秘感、"距离美",旅游者舍近求远,到陌生、遥远的地方去旅游。从这个意义上说,空间距离对人们的旅游会产生激励作用。

(2) 抑制作用。旅游是需要付出代价的消费行为,距离越远,要付出的金钱、时间、体能等代价就越大。这些代价往往使旅游者望而生畏。只有旅游者意识到,能够从旅游行为中得到的益处大于所要付出的代价时,他们才会做出有关旅游的决策。这些和距离成正比的代价,会抑制人们的旅游动机,阻止旅游行为的发生。所以,在一般情况下,如果受到时间、金钱、身体状况等条件的限制,人们就不会选择远距离的旅游点。从这个意义上说,空间距离会对人们的旅游产生抑止作用。由此也可以理解,为什么出国旅游的人要比

在国内旅游的人少,近距离的旅游者比远距离的旅游者多。

空间距离对人的旅游行为既有激励作用,又有抑制作用。同样一段路程,有的人会觉得远,有的人却觉得不远。这与旅游对象、交通、旅游者的体力、兴趣、态度、情绪等因素有密切关系。一般来说,旅游对象吸引力越强、交通状况越好、旅游者的体力越充沛、态度越积极、兴趣越浓厚、情绪越好,就越觉得距离不远;反之亦然。依据旅游者距离知觉原理,旅游地要吸引不同距离的旅游者,必须调动相关影响因素,有针对性地做好宣传,设法改变他们的距离知觉。对远距离的旅游者,要宣传旅游产品的独特风格,抵消距离知觉的抑制作用,促使其做出旅游购买的决策。对近距离的旅游者的宣传则应注重省时、省钱、省力,所付不多却受益匪浅方面,以发挥旅游空间知觉的激励作用,吸引其做出旅游购买决策。

(四)旅游者的社会知觉

社会知觉是主体对一定社会环境中有关个人和团体特性的知觉。它是人们在社会行为与社会活动中逐渐产生、形成和发展的。了解人的社会知觉,对于我们了解他人和自己的动机、情感意图,端正个人的角色意识,协调客我关系有重要意义。在旅游活动中,社会知觉会影响旅游知觉、旅游活动的效果。

1. 社会知觉的种类

(1)对他人的知觉。对他人的知觉是指对生活在一定社会环境中的其他人的感情、动机、意向、性格等心理状态和个性心理特征的知觉。对他人的知觉一般通过外显行为方式获得初步印象,并且通过对他人的经常性外显行为的归纳和判断,获得对其身份、兴趣、爱好、能力、气质、性格的知觉。这些外显行为通常有面部表情、动作手势、言谈举止、仪表打扮等。俗语说,"听其言,观其行"。在旅游活动中,旅游从业人员要通过面部表情、眼神和动作手势判断旅游者的情绪情感,通过仪表仪容推测旅游者的性格、文化、修养,有针对性地提供旅游服务。

(2)自我知觉。自我知觉是指主体对自己的心理活动与心理特征的认知和判断。自我知觉可以激发人的自信心、责任心、事业心等,还可以增强人的自我控制和自我调节能力。旅游从业人员如果能形成正确的自我知觉,就可以促进其工作责任心和职业道德感的形成,从而有助于其与旅游者建立良好的人际关系。

(3)角色知觉。角色知觉是指对某个人在社会活动中所扮演角色的认知和判断,以及对有关角色行为的社会标准的认知。角色知觉包括两个方面:第一,对个人在社会上所扮演角色的认知和判断,比如,通过一个人的气质风度判断其职业;第二,对角色行为标准的认知。每种角色都有一定的行为标准,每个人对行为标准的认知决定了其行为方式。比如,在旅游服务接待工作中,如果导游与旅游者的角色关系确定下来,双方都要按照各自角色的行为标准与对方"打交道"。

(4)人际知觉。人际知觉是指对人与人之间相互关系的认识。人际知觉是社会知觉中最核心的部分,是了解人与人之间复杂社会关系的途径,也是协调旅游人际关系(客我关系、同志关系、上下级关系)的依据。在现实生活中,有的人之间来往密切,有的人之间关系疏远,有的人之间"君子之交淡如水",有的人之间"老死不相往来",可见人际关系的复杂性。旅游工作者一方面要通过各种途径，尽快了解旅游团体的人际关系状况；另一方面也要洞悉旅游工作者自己与旅游者之间的人际关系状况。在旅游服务过程中，服务人员还应充分调动交往距离、交往频率、类似性、互补性等因素，改善旅游者的人际关系，进而改变旅游者的人际知觉，为旅游者愉快旅游、为自己顺利工作奠定基础。在与人交往中，尊重他人人格，对旅游者热情，关心和重视旅游者的兴趣和利益，以真诚、自信、热情的态度在旅游者之间建立融洽的人际关系。

2. 影响社会知觉的心理效应

（1）首因效应。第一次深刻印象形成的心理定势，叫首因效应。首因效应使人们产生"先入为主"的第一印象。如果第一印象好，即使以后有差错也能得到谅解；如果第一印象不好，以后再努力也会大打折扣。旅游从业人员必须了解首因效应的重要性，避免给旅游者留下恶劣的第一印象。

（2）晕轮效应。晕轮是指月光周围出现的朦胧晕圈。晕轮效应是对某一对象的某种特征形成鲜明印象后，掩盖了对其他特征的认识。它是一种典型的以点概面、以偏概全的认识方法，但在人们的认知活动中，这却是最容易出现的错误，就像俗语所说的"一俊遮百丑"。在旅游实践中，晕轮效应经常左右旅游者的知觉选择。旅游者如果恰好遇到一个态度恶劣的餐厅服务员，就会认为整个餐厅的服务态度恶劣，而不会做餐厅的回头客。如果遇到一次导游与他人合谋欺客、宰客的情况，旅游者就再也不会选择该导游所在的旅行社。所以，对旅游从业者来说，应提供优质服务，使人们通过晕轮效应认为整个旅游业的服务是优质的，绝不能蒙骗和坑害旅游者。

（3）刻板印象。刻板印象是指对某类事物或人物持有的共同的、固定的、笼统的看法和印象。刻板印象不是个体现象，反映的是对群体的共识。比如，我们通常认为德国人严谨认真、勤勉守纪，英国人具有绅士风度，法国人浪漫热情，美国人开朗直率。了解这些基本情况有助于我们提供优质的旅游产品和服务，但在实际应用的过程中，也应注意规避刻板印象的弊端。

（五）旅游者对目的地的知觉

旅游者对目的地的知觉实际上是旅游者对其准备前往或已经到达的目的地的现象的整体反映。前者的知觉结果影响人们对目的地的选择，后者的知觉结果影响人们的消费行为和后续行为。通常人们对准备前往的旅游目的地的知觉不是以亲眼所见的实物，而是以各种媒介所提供的信息为依据的。在此基础上，人们所形成的知觉常与目的地的实际情况不符。人们为了获得更准确的知觉，常通过更为可靠的渠道去获得更多的信息，使自己对目的地的知觉更为清晰。例如，人们更愿意听取亲戚朋友的介绍而不愿轻信商家的宣传。

对已经到达的目的地的知觉将影响人们的消费行为和后续行为，消费满意旅游者会继续在该目的地消费，甚至增加计划外的消费；不满意则可能减少在该目的地消费，甚至中止消费。所以对旅游目的地实际知觉的好坏关系到旅游经营者的经济效益乃至长期的发展，人们对旅游目的地知觉不好，将影响当下的消费行为，也减少将来重游的可能性。

1. 旅游目的地知觉的客观因素

在旅游过程中，旅游者对旅游目的地的知觉取决于以下三个方面。

(1) 旅游景观必须具备独特性和观赏性，才能把旅游景观的吸引力和旅游者的需要结合起来。

(2) 旅游设施必须安全、方便、舒适，在标准化的同时，注意特异性。

(3) 旅游服务必须礼貌、周到、诚实、公平。

2. 旅游目的地知觉的主观因素

除目的地本身因素外，目的地知觉主要还与旅游者需求、兴趣爱好和媒介宣传、个人决策标准相关。

(1) 旅游者需求、兴趣爱好的影响。旅游者在做出旅游决策时，首先要选择能够最大限度满足自己需求和能引起兴趣的旅游地，在收集各种信息资料进行分析、评价和判断时，就会对符合自己兴趣的旅游目的地的资料多加注意。例如，人们为了达到提高身体素质的旅游需要，就会注意收集适宜运动和锻炼的旅游目的地；人们为了增长知识、开阔眼界，就会对名胜古迹等文化内涵深厚的旅游目的地格外注意。

(2) 媒介宣传、个人决策标准的影响。由于人们对未到的旅游目的地的知觉基本上是以各种媒介所提供的信息为依据的，因此媒介宣传内容的翔实与否、真假与否，直接影响人们对目的地的知觉。宣传内容详细真实，人们对目的地的知觉就会更清晰，从而为人们选择理想的旅游目的地提供条件。而宣传内容简单粗略，又不真实的话，那么旅游者即使选择了该地作为旅游目的地，也会因为与预期相差甚远而大失所望。

三、影响旅游者知觉的因素

旅游者在同一旅游过程中，接触同一旅游刺激物，却会得到不同的知觉印象，这是影响旅游者知觉的因素造成的。影响旅游知觉的因素包括客观因素和主观因素。

（一）客观因素

1. 对象和背景的差异性

旅游知觉的选择性告诉我们，旅游者的游览过程也是区分对象和背景的过程。在旅游行为发生过程中，不同类型的旅游者时时刻刻在进行知觉选择，选择不同的旅游对象作为自己的知觉对象。如有的人喜欢名山大川，有的人欣赏人文古迹，有的人寻觅古都古刹，有的人流连于旧俗民居，有的人追求冒险刺激，有的人陶醉于和风细雨……即使是对同一旅游对象，不同类型的旅游者通过个人的知觉选择，也会形成不同的知觉印象。旅游知觉的选择性使旅游者能够有效地认识旅游对象，并使其成为知觉对象。

2. 旅游刺激物的新颖性

旅游刺激物的新颖性是引起旅游者新奇感的直接诱因，尤其是闻所未闻、见所未见的刺激物。在旅游资源的开发上，根据新颖性要求，只有开发"新、奇、特"的特色旅游，才能不断保证旅游活动的吸引力。如广西的"大篷车旅游"，将五辆大巴车重新喷绘，车身上满是广西风光、民族风情，在国内跑了14个城市，轰动异常。

3. 他人的提示

他人的提示是旅游知觉理解性的体现，它使旅游者能够了解原本陌生的旅游对象，并迅速做出知觉选择。这一点在导游过程中体现得最充分，旅游从业者的讲解对旅游知觉的形成起着重要作用。

4. 旅游对象的活动性

在相对静止的背景衬托下，运动变化的旅游刺激物更容易成为旅游知觉的对象。如飞流的瀑布、疾驰的快艇、夜色笼罩下闪烁的霓虹灯。

5. 旅游对象的组合

知觉整体性的四个规律表明，时空上彼此接近的事物和性质相似的事物，最容易被组合为一个整体而成为人的知觉对象，如"孔孟之道"将"圣人"孔子与"亚圣"孟子组合为中国儒家学派的代表，留下了被评为世界文化遗产的"三孔"（孔府、孔庙、孔林）和"三孟"（孟府、孟庙、孟林）旅游资源。旅游者总是把不同的旅游对象组合成一个整体，这种整体性观念既是旅游者主观能动性的反映，也是影响旅游者知觉的重要因素。

（二）主观因素

1. 兴趣

兴趣是人们积极探究某种事物或从事某种活动的意识倾向，总是与一定的情感体验密切联系着。旅游者通常将自己感兴趣的事物作为知觉对象。例如，海滨城市厦门有"海上花园"之称，其境内南普陀寺有"海上神仙"的美誉，而喜欢明媚的阳光、碧蓝的天空、宽阔的海洋等自然风光的旅游者则会更多地对日光岩、"鼓浪洞天"感兴趣。兴趣对知觉的影响是显而易见的，它不但影响知觉对象的选择，而且对知觉程度也有影响。

2. 知识与经验

在旅游过程中，知识和经验起到缩短感觉过程、扩大知觉体验的作用。实践表明，初游和重游的感受大不一样，这是旅游者的知识和经验在旅游前后的不同造成的。

3. 需要和动机

需要和动机对旅游知觉起直接影响作用，凡是满足旅游需要、激发旅游动机的事物都能直接成为知觉对象。不同类型的旅游者，具有不同的需要和动机，形成不同的旅游知觉。

4. 情绪

情绪是人们对客观事物所持态度的主观体验，分为积极和消极两种。旅游者情绪愉悦时，就会产生积极的旅游知觉，虽风餐露宿、顶风冒雪，仍其乐融融；旅游者情绪低落时，就会产生消极的旅游知觉，如见花落泪、对月伤怀。

5. 个人经济条件

人们有不同的经济条件，以及相应的生活方式和行为方式，这些反映到旅游知觉上，就会出现不同的对象、方式、地点、时间和消费的选择。如个人经济条件优越的旅游者，多选择象征优越的社会地位、代表经济实力的旅游项目；个人经济条件一般的旅游者，则更愿意选择物美价廉的旅游项目。

6. 错觉

错觉是在特定条件下对客观事物的不正确的知觉，如"风声鹤唳""草木皆兵"。错觉在日常生活中经常发生，并且总是在不知不觉中发生。但错觉在旅游资源开发中非常有价值,有时能增加旅游的审美效果。如"海市蜃楼""巫山神女"、云南石林的"千钧一发"。苏州环秀山庄仅有一亭一室,若袒露于外,就索然无趣。但建筑者将山庄置于山石嶙峋、乔木参天之中,使山庄景色顿显深邃。这种园林上的"抑景"手法就是错觉原理的一种应用。"景愈藏境界愈大",给旅游者"山重水复疑无路,柳暗花明又一村"的感觉。

【案例分析】
旅游者知觉
与服务策略

拓展练习

以下是一则打动众多网友的有关旅行的广告文案。试用旅游者知觉等理论对其进行分析,并尝试创作一则激发消费者旅游动机的广告文案。

你写 PPT 时,阿拉斯加的鳕鱼正跃出水面;

你看报表时,梅里雪山的金丝猴刚好爬上树尖;

你挤进地铁时,西藏的山鹰一直盘旋云端;

你在会议中吵架时,尼泊尔的背包客一起端起酒杯坐在火堆旁;

总有一些高跟鞋走不到的路,

总有一些喷着香水闻不到的空气,

总有一些在写字楼里遇不见的人……

(资料来源:"步履不停"品牌的广告文案.)

第二节 旅游者的需要与动机

一、需要与动机

需要和动机的不同会影响到人们知觉的选择性,甚至会导致对于同一对象的不同知觉。凡是能够满足人的需要、符合人的动机的事物,往往会成为知觉的对象、注意的中心;反之,与人的需要和动机无关的事物则往往不被人所知觉。未满足的需要或动机往往能刺激个体并对他们的知觉产生强烈影响。

(一)需要

1. 需要的含义

需要是个体在生活中感到某种欠缺而力求获得满足的一种内心状态。它是人脑对生理和社会要求的反映。

人是自然属性与社会属性的统一体,对其自身与外部生活条件有各种各样的要求,如对空气、食物、水、阳光等自然条件的依赖,对交往、劳动、学习、创造、运动等社会条件的要求。当这些必需的事物反映在人脑中,就成为人的需要。

2. 需要的种类

对需要种类的划分有不同的角度,通常从需要的起源和需要的对象两个角度进行分类。

(1) 生理需要和社会需要。从需要的起源划分,需要包括生理需要和社会需要。

① 生理需要是指为保存和维持有机体生命和种族延续所必需的,包括维持有机体内平衡的需要,如饮食、运动、睡眠、排泄等需要;回避伤害的需要,如对有害或危险的情景的回避等;性的需要,如配偶、嗣后的需要。生理需要是生而有之的,人与动物都存在,但人与动物表现在生理上的需要是有本质区别的。马克思说:"饥饿总是饥饿,但是用刀叉吃熟肉来解除的饥饿不同于用手、指甲和牙齿啃生肉来解除饥饿。"可见人的生理需要已被深深地烙上社会的痕迹,已不是纯粹的本能驱动。

② 社会需要是指人们为了提高自己的物质和文化生活水平而产生社会性需要,包括对知识、劳动、艺术创作的需要,对人际交往、尊重、道德、名誉地位、友谊和爱情的需要,对娱乐消遣、享受的需要等。它是人特有的在社会生活实践中产生和发展起来的高级需要。人的社会需要因受社会的背景和文化意识形态的影响而有显著的差异。

(2) 物质需要和精神需要。按需要的对象划分,需要包括物质需要和精神需要。

① 物质需要是指人对物质对象的需求,包括对衣、食、住有关物品的需要,对工具和日常生活用品的需要。物质需要是一种反映人的活动对于物质文明产品的依赖性的心理状态,因此,物质需要既包括生理需要又包括社会需要。

② 精神需要是指人对社会精神生活及其产品的需求,包括对知识的需要、对文化艺术的需要、对审美与道德的需要等。这些需要既是精神需要又是社会需要。对需要的分类,只具有相对的意义。如为了满足求知的精神需要就离不开对书、笔等学习工具的物质需要;对食物的需要虽然是生理需要,但其对象的性质又是物质的。因此不同种类的需要之间是既有区别又密切联系的。

3. 马斯洛需要层次理论

著名人本主义心理学家马斯洛在他的动机理论中阐述了需要层次论思想在每一类动机之中各有不同的需要,从低到高依次分为五层。

(1) 生理需要。衣、食、住、行、婚姻、疾病治疗等人类最原始、最基本的维持个体生存的物质需要。当生理需要得到相对满足,人们的注意力就会集中到高一层次的需要上。

(2) 安全需要。这是寻求依赖和保护,避免危险与灾难,维持自我生存的需要。这类需要包括人体健康与安全、劳动保护、职业安全、生活稳定、社会保险、社会秩序与治安、退休金与生活保障等。人虽然在一生中都需要安全感,但需要的程度以儿童时期为最强烈。一个人如果从小受到过分的保护,到成年后,就发展出一种强迫性的寻求安全感的需要,希望生活在一个井然有序的社会里。马斯洛称这种需要为"欠缺性需要"。

(3) 社交的需要。社交的需要也称爱与归属的需要。马斯洛认为,当生理与安全需要获得保障之后,人类便产生更高层次的社交需要。希望得到爱和爱他人;希望交友融洽、保持友谊、相互忠诚信任、有和谐的人际关系;依附一定的组织与团体,被团体接纳,成为团体的一个成员,有归属感。社交需要与一个人的生理和心理特性、社会经历、文化教养、社会信仰等都有关系。当社交需要成为人们最重要的需要时,便会促使人们形成和保

持和谐的社会交往关系。

(4) 尊重的需要。尊重的需要包括自我尊重方面,如独立、自由、自信、成就等;社会尊重方面,如名誉、地位、社会认定、被他人尊敬等。这是有关个人荣辱的需求,必须等前几种需要获得满足之后,才能出现并产生激励力量。这些需要被满足可以增强人的自信心和自我观念;反之则会出现自卑心理。

(5) 自我实现的需要。自我实现的需要是最高层次的需要,马斯洛认为"能成就什么、就成就什么",把"自己的各种禀赋——发挥尽致"的欲望就是自我实现的需要,即只要发挥了自己的禀赋能力(潜能),就可称自我实现(或自我充分发展)。自我实现需要又称创造自由的需要。希望能充分发挥自己的聪明才干,做一些自己觉得有意义、有价值、有贡献的事,实现自己的理想与抱负。

马斯洛先提出五个需要层次,后又在尊重需要和自我实现之间加了求知、审美两个需要层次。求知需要包括好奇心、求知欲、探索心理及对事物的认知和理解。审美需要即指人有追求匀称、整齐、和谐、鲜艳、美丽等事物而引起心理上的满足。马斯洛认为,各需要层次之间的关系是逐层递升的,最基本的生理和安全需要得到满足之后,高层次的需要才能依次出现和满足。这一理论对行为科学有较大的影响,有助于了解人类动机的结构和行为的规律。

(二) 动机

1. 动机的含义

动机是指引起和维持个体活动,并使活动朝向某一目标的内部动力。动机这一概念包含以下内容。

(1) 动机是一种内部刺激,是个人行为的直接原因。

(2) 动机为个人的行为提出目标。

(3) 动机为个人行为提供力量以达到体内平衡。

(4) 动机使个人明确其行为的意义。

2. 动机的种类

动机对于活动的影响和作用表现在不同的方面,由此可对动机进行不同的分类。

(1) 根据动机的引发原因,可将动机分为内在动机和外在动机。

内在动机是由活动本身产生的快乐和满足所引起的,它不需要外在条件的参与。如学生为了获得知识、充实自己而努力读书就属于内在动机。外在动机是由活动外部因素引起的,个体追逐的奖励来自动机活动的外部,如有的学生认真学习是为了获得教师和家长的夸奖等。内在动机的强度大,时间持续长;外在动机持续时间短,往往带有一定的强制性。事实上,这两种动机缺一不可,必须结合起来才能对个人行为产生更大的推动作用。

(2) 根据动机在活动中所起的作用不同,可将动机分为主导性动机与辅助性动机。

主导性动机是指在活动中所起作用较为强烈、稳定、处于支配地位的动机。辅助性动机是指在活动中所起作用较弱、较不稳定、处于辅助性地位的动机。在儿童的成长过程中,活动的主导性动机是不断变化与发展的。事实表明,只有主导性动机与辅助性动机的关系较为一致时,活动动力会加强;反之,如果两种动机彼此冲突,活动动力会减弱。

(3) 根据动机的起源,可将动机分为生理性动机和社会性动机。

生理性动机是与人的生理需要相联系的,具有先天性。人的生理性动机也受社会生活条件制约。社会性动机是与人的社会性需要相联系的,是后天习得的,如交往动机、学习动机、成就动机等。

(4) 根据动机行为与目标远近的关系,可将动机划分为近景动机和远景动机。

近景动机是指与近期目标相联系的动机;远景动机是指与长远目标相联系的动机。如有的学生努力学习,其目标是期末考试获得好成绩;而有的学生努力学习,其目标是为今后从事教育事业打基础。前者为近景动机,后者为远景动机。近景动机和远景动机具有相对性,在一定条件下,两者可以相互转化。远景目标可分解为许多近景目标,近景目标要服从远景目标,体现远景目标。"千里之行,始于足下",是对近景动机与远景动机辩证关系的描述。

二、旅游需要与旅游动机

(一) 旅游需要

1. 旅游需要的含义

旅游需要是指人们可以通过旅游行为而获得满足的一些基本需要,尤其是精神性和社会性的需要。现代人生活节奏快,生活压力大,产生了更多旅游需要:周末或假期寄情山水,开阔心胸,释放压力;到风俗文化相异的地方游览采风,满足了其增长见识的需要;和不同的朋友通过旅游而增加交流和理解来满足感情的需要等。旅游需要是人的一般需要在旅游过程中的特殊表现,是旅游者或潜在旅游者由于对旅游活动及其要素的缺乏而产生的一种好奇心理状态,即对旅游的意向和愿望。旅游需要的主体是旅游者,包括现实旅游者和潜在旅游者;对象是旅游,包括旅游活动本身及其涉及的各种要素。凡是以旅游为对象的需要都是旅游需要,旅游需要仅仅限定在人们对旅游产品和旅游服务的购买愿望与要求上。旅游心理学要探讨的是旅游行为究竟源于人们的哪些需要,以及旅游行为可以满足人们的哪些需要。

2. 旅游需要的产生条件

(1) 主观条件。依据旅游需要的概念,人类的基本需要失衡并被感知以及受到好奇心驱动是产生旅游需要的两个主观条件。

① 基本需要失衡并被感知产生了变换生活环境以调节身心节律的旅游需要。人的身心的疲劳紧张和精神的相对空虚引起生理或心理的平衡失调,由此产生去外地摆脱紧张、填补缺失、恢复平衡的驱动力。

② 好奇心驱动了认识与探索的旅游需要。好奇心是由个体生活环境的刺激而引发的先天内趋力,是人类心灵正常发展的原动力之一,是维护心理健康的一个条件,也是旅游需要产生的根本性原因。

(2) 客观条件。仅仅研究旅游需要产生的主观条件,还不能很好地解释和说明为什

么同样是身心的疲劳紧张,有的人采取旅游的方式去释放,而有的人却利用别的方式进行释放;为什么同是探奇求知,有的人在国内,而有的人去了国外。需要的发展性、差异性及社会历史制约性的特征表明,人们产生旅游需要还要有一系列客观条件,在很大程度上受经济因素、时间因素、社会因素和旅游对象因素这四个方面条件的制约。

① 经济因素。经济因素是产生旅游需要和实现旅游需要满足的基本前提。经济收入与旅游需要、旅游动机成正相关。

② 时间因素。时间因素是指人们拥有的余暇时间,即在日常工作、学习、生活及其他必须的时间之外的可以自由支配,可从事消遣娱乐或任何其他感兴趣的事情的时间,包括业余时间、周末时间和一段集中的短暂假期。

③ 社会因素。旅游作为现代人的一种生活方式,不可能离开社会背景而单独存在,旅游需要的产生与国家或地区的经济状况、文化因素、社会风气有密切关系。一个国家的旅游发展程度同其经济发展水平成正比。

④ 旅游对象因素。客观存在的旅游对象也是旅游需要产生的必备条件之一。旅游需要具有对象性,旅游对象是能使个体旅游需要得到满足的旅游客体。

3. 旅游需要的特点

(1) 暂时异地休闲性。从旅游的本质属性可以反证旅游需要的特点,特点是属性的反映。暂时异地休闲性特征是旅游区别于旅行与迁徙需要,区别于其他休闲与探索需要的标志性特点。人们无论是基于基本需要失衡并被感知所产生的变换生活环境以调节身心节律的旅游需要,还是基于好奇心的驱动所产生的认识与探索的旅游需要,都要以暂时离开居住地,到异地去休闲或"逃逸"(escaping),探索或"逐求"(seeking)为前提。

(2) 高层次精神需要性。旅游需要是一种较高层次的精神需要,是人们高品质生活的内容之一,旅游需要属于马斯洛需要层次理论的社会交往需要以上的高级层次的需要。尽管人们在旅游中也必须有与生存相关的物质性需要和安全性需要,但这里的低层次需要是归属于高级需要的,归属于高级需要的低级需要就不是低级需要的简单重复。例如,需要品味美食就不是一般的饱腹需要;需要优雅的住宿就不是一般的休息需要;需要舒适的交通就不是一般的代步需要。

(3) 伸缩性。旅游需要的伸缩性也可以称为高弹性、可变性,主要表现在旅游心理需要标准高低、内容多少、程度强弱等方面。旅游需要不是与生俱来的需要,不是人们生活的刚性需要。

(4) 季节性。旅游需要具有随季节波动的特性。旅游者对旅游时间、地点的需求有明显的淡旺季差异。旅游需要的季节性与旅游对象的季节变化、节假日的设置及风俗习惯的制约有密切关系。

4. 旅游需要的类型

人的需要是多种多样的,旅游需要的类型,依据不同的标准可以有不同的分类。本书从一般旅游需要和特殊旅游需要两个角度对旅游需要进行分类。

(1) 一般旅游需要。一般旅游需要是指旅游者的共同旅游需要。一般旅游需要又有两种分类方法。

① 按需要的起源划分,可分为天然性需要和社会性需要两小类。旅游者的天然性需

要包括生理需要和安全需要。即对旅游中饮食、衣着、住所、休息、交通的需要以及安全与健康的需要。社会需要是旅游者对认识、名誉、权利、交往、友谊、娱乐、尊重等方面的需要。如探亲访友、结交朋友、寻根求源、故地重游等。

② 按需要的对象划分，可分为物质需要和精神需要两小类。物质需要是指在旅游中对衣、食、住、行等有关旅游物品的需要。在物质需要中，包括自然性的物质需要，也包括社会性的物质需要。精神需要是指旅游者对于认识、探索、审美、艺术等的需要。满足精神享受是旅游者最为普遍的需要。

（2）特殊旅游需要。特殊旅游需要是指不同旅游者在不同的旅游过程中的特殊需要。如果说旅游者的一般需要是旅游共性的需要，旅游者的特殊需要便是旅游个性的需要。不同旅游者的特殊旅游需要包括团队、散客、境外等旅游者的各自需要。

① 团队旅游者需要。团队旅游者希望一切活动都有计划地进行，自己不必费心劳神；希望有经验丰富的导游，几个相知或相识的游伴；希望有一定的安全感和保障感。

② 散客旅游者需要。经济收入和地位都比较高的旅游者习惯于住豪华宾馆、专车接送、左右随从，以充分显示其不同于他人的身份和地位。而多数散客旅游者，收入一般都较低，他们追新猎奇，富于幻想，不喜欢团队旅游那种按部就班的安排，希望以最少的花费获得最大的精神满足。

③ 境外旅游者需要。境外旅游者倾向于安全、稳妥、方便的旅游安排；对中国的历史文化、民族风俗特别感兴趣；旅游组织方式也以团队为多。由于他们收入颇丰，文化层次较高，所以对食、宿、住、行的要求为豪华和舒适，并且比较讲究地位和身份。

除了以上分析的以外，不同教育程度、不同个性特征、不同民族的旅游者的旅游需要也各不相同。不同旅游阶段的特殊旅游需要包括准备阶段的旅游需要、旅途阶段的旅游需要、游览阶段的旅游需要、旅游结束阶段的旅游需要。

（二）旅游动机

> **小 知 识**
>
> 对旅游者来说，旅游信息交互行为贯穿旅游活动的全过程，一般分为五个阶段。
> （1）接收信息，激发旅游动机，确定旅游目的地。
> （2）收集目的地信息，制订旅游计划。
> （3）预约预订旅游产品，形成旅游方案。
> （4）进入目的地，进行旅游行程。
> （5）行程结束，评价反馈。
>
> 随着社会进步与时代变迁，信息渠道和载体不断调整变化，从早期的书籍、信息手册、报纸、杂志、电台、电视、户外广告等，到后来的PC网站、手机应用、社交媒体等，信息表现形式和组织方式在不断演变。目的地旅游管理机构、旅游企业、相关机构在五个阶段各自发挥作用，传播信息，获取利益，实现目标。
>
> （资料来源：闫向军.旅游目的地如何高效激发旅游动机？［EB/OL］.［2021-05-31］.https://m.traveldaily.cn/article/145749.）

1. 旅游动机的含义

旅游动机是一个人外出旅游的主观条件,包括旅游者身体、文化、社会交往、地位和声望等方面的动机。促发旅游动机产生的心理需要有两种:探新求异的积极心理和逃避紧张现实的消极心理。影响旅游动机的因素除个性心理因素和个人因素外,还有某些外部因素。

2. 旅游动机的特点

(1) 对象性。旅游动机总是指向某种具体的旅游目标,即人们期望通过旅游行为所获得的结果。例如,长期工作的紧张感就会使人产生去室外活动轻松一下或外出旅游的动机,寒冷的冬季会使人产生去温暖的南方旅游的动机,而炎热的酷暑又会使人产生去避暑胜地旅游的动机等。旅游动机表现出了人们对于某一事物或某一活动的指向。旅游动机一旦实现,总能给人们带来生理或心理上的满足。

(2) 选择性。人们已经形成的旅游动机,决定着他们的行动以及对旅游内容的选择。由于旅游者在国籍、民族、职业、文化水平、性格、年龄、兴趣爱好、生活习惯和收入水平等方面存在差异,他们对旅游活动的内容有很大的选择性。比如,在黄金周旅游期间,有的旅游者选择江南古镇水乡游,有的旅游者选择巴黎假日浪漫游,有的旅游者选择各地的"红色旅游"线路;在旅游方式上,有的旅游者选择参加旅行社组织的团队旅游,有的旅游者选择自驾旅游等。此外,已经实现旅游动机的经验使得人们能够对旅游行为的内容进行分析和选择,哪些旅游行为要先行实现,哪些旅游行为可以留待将来实现;哪些旅游行为较容易实现,哪些旅游行为一时难以实现等。

(3) 相关性。旅游活动是一项综合性的社会文化经济活动,旅游者的旅游动机往往不是单一的,不同的旅游动机之间相互关联,形成复杂的旅游动机体系。旅游动机体系中的各个动机具有不同的强度,在强度上占有优势的旅游动机往往主导着旅游行为的主要目标,其他旅游动机则为辅助动机。比如,旅游者在游山玩水的同时,又想顺便探望一下老朋友;在外出经商考察的同时,又想观光一下当地的人文景观等。

(4) 起伏性。人们的旅游行为是一个无止境的活动过程,因而旅游动机一般不会立即消失,它作为一种实际上起作用的力量会时断时续、时隐时现,表现出一定的起伏性。旅游者的旅游动机获得满足后,在一定时间内暂时不会再产生,但随着时间的推移或另一个节假日的来临,又会重新出现旅游动机,呈现起伏性。旅游动机的起伏性主要由旅游者的生理和心理需要引起,并受到旅游环境的发展进程和社会时尚的变化节奏的影响。

(5) 发展性。当一种旅游动机实现后,会在其基础上产生新的旅游动机,成为支配人们旅游行动的新的目标和动力,这是旅游动机发展变化的规律。随着我国社会主义经济的持续发展和物质文化生活水平的不断提高,旅游者对旅游对象和服务的要求都在不断地发展。这不仅体现在标准的不断提高上,而且体现在种类的日益复杂多样上。

3. 旅游动机产生的条件

旅游者为什么要外出旅游,其原因是复杂的,既有主观因素也有客观因素。

(1) 主观因素。影响旅游动机产生的主观因素是人们对旅游的愿望,没有愿望即使客观条件再充分也不能产生旅游的动机。影响人们旅游愿望产生的主观因素主要体现在以下几个方面。

① 安全感。有的人觉得去其他地方"人生地不熟",诸事都不方便,担心遇到交通事故、自然灾害等,人身财产安全得不到保障,因此不愿意去旅游。

② 个性因素。性格太内向胆怯、追求安逸舒适或者过于谨慎保守的人不容易产生旅游的愿望,个性开朗、喜欢新鲜事物的人比较喜欢去旅游。

③ 身体原因。年老体弱的人往往不愿意外出旅游,而年轻、身体健康的人更容易产生旅游动机。

(2) 客观因素。影响人们产生旅游愿望的客观因素主要体现在以下几个方面。

① 有自己可支配的充足时间。从国际旅游方面来看,很多发达国家的工人每周平均工作时间缩短,假期增加,为人们外出旅行创造了时间的条件。

② 有足够的可供支配的金钱。发达国家实行高薪制,不少人收入较高,除了支付日常生活必需费用之外,还有部分积蓄作为旅游之用。

③ 有可供旅游者使用的交通工具和现代化的旅游设施。对许多人来说,乘坐飞机已像乘坐汽车那样方便和习惯,而且乘坐飞机还可以节省时间。各国兴建了大量现代化的宾馆、酒店供旅游者使用,由于应用了先进的计算机技术,使得世界各地旅游、预订飞机票、预订房间等的计划性大大加强,从而使旅游者出行更加方便。

(3) 有鼓励旅游的社会风气。由于交通、电信的现代化,使人们有机会了解和接触更大世界范围内的事物。人们通过报刊、电台、电视、互联网终端等媒介,了解到很多国家的名胜古迹、风土人情,产生了想亲眼看一看的迫切愿望。人们逐渐形成了一种观念,认为假日里不外出旅游是一种损失,旅游是生活中的一个重要内容。

4. 旅游者的动机

(1) 一般性的旅游动机。旅游者一般性的旅游动机主要是针对旅游者进行旅游活动的根本原因而言的,具体分为生理性动机和心理性动机两大类,它对于进一步分析具体的旅游动机有重要意义。

① 生理性旅游动机。旅游者由于生理本能的需要而产生的旅游动机。旅游者作为生物意义上的人,为了维持、延续及发展自身的生命,会产生外出旅游的动机。

② 心理性旅游动机。旅游者由于心理需要而产生的旅游动机。由于心理活动的复杂性,心理性旅游动机也比较复杂多变,难以掌握。比如,有的情侣选择一起出游,主要是出于感情的原因,因而对于目的地的选择就变得次要了。

(2) 具体的旅游动机。随着人们生活需要的多样化和复杂化,旅游动机变得多种多样,特别是旅游购买动机,更是相当复杂。美国学者罗伯特·麦金托什和沙西肯特·格普特在他们合编的《旅游的原理、体制和哲学》一书中将所有人的旅游动机分为以下四类。

① 身体健康的动机:特点是以身体的活动来消除紧张和不安。它包括休息、运动、游戏、治疗等动机。

② 文化动机:表达了一种求知的欲望。它包括了解和欣赏异地文化、艺术、风格、语言和宗教等动机。

③ 交际动机:表现为对熟悉东西的一种反感和厌倦,出于一种逃避现实和消除压力的欲望。它包括在异地结识新的朋友,探亲访友,摆脱日常工作、家庭事务等动机。

④ 地位与声望的动机:表现为在旅游活动交往中搞好人际关系,满足旅游者的自尊

需要。它包括考察、交流、会议以及满足个人兴趣所进行的研究等。

5. 旅游动机的作用

旅游动机既是旅游者整个旅游活动的出发点，又贯穿于整个旅游活动的全过程，并且影响着旅游者未来的旅游活动。旅游动机对旅游行为的作用，主要表现为以下几个方面。

（1）推动旅游者创造必要的旅游条件。已经形成的旅游动机会推动旅游者对自己的日常工作和生活做出某些必要的安排，调节自己生活的节奏，准备旅游所需要的相对集中的闲暇时间，调整经费的使用方向，为旅游筹集所必需的费用，以及准备旅游中所需要的其他客观条件。

（2）促使旅游者收集、分析和评价旅游信息。为了进行旅游活动，旅游者在旅游动机的推动下，将从各种渠道及各个方面去收集各种旅游信息，分析旅游信息的内容以及旅游信息来源的可靠程度，对旅游信息进行筛选、对比、评价，并把它们作为进行旅游选择的依据，最终做出旅游决策。

（3）支配旅游者制订具体的旅游计划。在旅游动机的支配下，旅游者将把所获得的旅游信息与自己所需要的内容进行比较对照，对不同的旅游项目进行取舍，选择最能满足需要的旅游项目和最有利于实现旅游动机的旅游方式，制订包括具体的旅游景点、旅游线路、旅游方式和旅游时间安排等内容的旅游计划，为进行旅游活动做好准备。

（4）引发和维持旅游行为趋向预定的旅游目标。在旅游者做出了旅游选择和制定出旅游活动计划之后，旅游动机将推动旅游者产生旅游行为，踏上旅途进行旅游活动。

（5）作为主观标准对旅游活动进行评价。在具体的旅游活动过程中，旅游动机也是旅游者衡量旅游效果、进行旅游评价的主观标准。旅游的实际内容以及旅游经历是否符合旅游动机的期望和目标，符合的程度如何以及是否有超出期望以外的内容，都会使旅游者产生不同性质和不同程度的心理体验。

【案例分析】
一次成功的接待

总而言之，激发旅游者的旅游动机，就是要调动旅游者旅游的积极性，刺激旅游者的兴趣与需要，促使潜在旅游者积极地参与到旅游活动中。

第三节 旅游者的个性心理特征

一、个性

每个人所处的生活环境、受教育程度、心理素质以及社会实践不同，使得每个人的心理活动带有自身的特点，形成了人与人之间的个性差异，即个性。心理学上所谓的个性（又称人格）指的是一个人在生活实践中经常表现出来的、比较稳定的、带有一定倾向性的个体心理特征的总和。个性心理由以下两方面组成。

（1）个性心理倾向性，包括需要、动机、兴趣等，是人的行为的潜在动力，是人的积极性的不尽源泉。需要是人对一定客观事物的渴求或欲望。动机是直接推动人去行动以达到一定目的的内部动力。如饥渴时求饮食，寒冷时求衣被，孤单时求伴侣，疲劳时求休息，其中饮食、衣被、伴侣、休息是需要，而采取行动以获取这些需要的直接动因就是动机。兴趣是指一个人积极探究某种事物或从事某种活动的心理倾向。一个人无论从事脑力劳动或体力劳动，还是从事什么具体工作，只要是他感兴趣的，他就一定会积极地、兴高采烈地、富有创造性地投入进去，并容易做出好的成绩。

（2）个性心理特征，包括气质、性格、能力，比较稳定地反映了个体的特色风貌。气质是人典型的、稳定的心理特点，即人的性情或脾气。性格是指个人对现实稳定的态度和稳定行为方式的心理特征。有人大公无私，有人自私自利；有人勤劳朴实，有人懒惰奢侈；有人自尊自强，有人自暴自弃等，这些都是人的性格特征。当某些特征稳定地而不是偶然地表现在某人身上时，就可以说这个人具有这种性格特征。能力是成功地完成某种活动的个性心理特征。一个人要能够顺利、成功地完成某种活动，主要的心理前提是要具备某些能力，能力是人完成任何活动不可缺少的一种心理品质。

二、个性心理特征

（一）气质

1. 气质的含义

气质与日常生活中人们所说的"脾气""性格""性情"等含义相近，是指个体生来就有的心理活动的动力特征。心理活动的动力特征是指心理过程的速度和稳定性（如知觉的速度、思维的灵活程度、注意力集中时间的长短）、心理过程的强度（如情绪的强弱、意志努力的程度），以及心理活动的指向性特点（如是倾向于外部事物，从外界获得新印象，还是倾向于内部，经常体验自己的情绪，分析自己的思想）等。

作为个体典型的、稳定的心理特点，气质会使一个人的整个心理活动表现都涂上个人独特的色彩。虽然心理活动的动力并非完全决定于气质特性，但它也与活动的内容、目的和动机有关。任何人无论有什么样的气质，遇到愉快的事情总会精神振奋，情绪高涨；反之，遇到不幸的事情会精神不振，情绪低落。但是人的气质特征仍会对目的、内容不同的活动表现出一定的影响。换句话说，有着某种类型气质的人，常在内容全然不同的活动中显示出同样性质的动力特点。例如，一个学生每逢考试都会情绪激动，等待与友人的会面时会坐立不安，参加体育比赛前也总是沉不住气，等等。也就是说，这个学生的情绪易于激动会在各种场合表现出来，具有相当固定的性质。只有在这种情况下才能说，情绪易于激动是这个学生的气质特征。

气质是先天具有的一种心理特点，在新生儿期即有表现，如有的婴儿安静，四肢活动量小；有的好哭，活动量大。它较多地受个体生理机制的制约，也正因为如此，气质在环境和教育的影响下虽然也能有所改变，但与其他个性心理特征相比，变化要缓慢得多，具有相对稳定的特点。

2. 气质的类型

目前心理学界流行的气质分类法为：根据个体在感受性（对外界刺激的最小强度产生心理反应的能力）、耐受性（在时间上和强度上经受外界刺激的能力）、反应的敏捷性（各种刺激引起心理的指向性和心理过程进行的速度）、可塑性（根据外界变化而改变自己的行为以适应环境的难易程度）、情绪兴奋性（不同的速度对微弱刺激产生情绪反应的特性）、内/外倾性（心理活动表现于外还是表现于内的特性）等特性上的不同，可把气质分成胆汁质、黏液质、多血质、抑郁质四种类型，如表 2-1 所示。

表 2-1 不同气质类型的特点

气质类型	高级神经活动过程	高级神经活动类型	气质类型特点
胆汁质	强、不平衡、灵活	不可遏制型	直率热情、精力旺盛、表里如一、刚强，但暴躁易怒脾气急，易感情用事，好冲动
黏液质	强、平衡、不灵活	安静型	安静稳重踏实，反应性低，交际适度，自制力强（黏液平衡、安静、性格坚韧），话少，适于从事细心、程序化的学习，表现出内倾性，可塑性差。有些死板，缺乏生气
多血质	强、平衡、灵活	活泼型	活泼好动，反应迅速，热爱交际，能说会道，适应性灵活，活泼性强，但稳定性差，缺少耐性，见异思迁。具有明显的外向倾向，粗枝大叶
抑郁质	弱、不平衡、不灵活	抑郁型	行为孤僻，不善交往，易多愁善感，反应迟缓，适应能力差，容易疲劳，性格具有明显的内倾性

直率、热情、精力旺盛、情绪易于冲动、心境变换剧烈是胆汁质的特征；安静、稳重、反应缓慢、沉默寡言、情绪不易外露、注意力稳定并且难以转移、善于忍耐是黏液质的特征；活泼、好动、敏感、反应迅速、喜欢与人交往、注意力容易转移、兴趣容易变换是多血质的特征；孤僻、行动迟缓、体验深刻、善于觉察别人不易觉察到的细小事物等，是抑郁质的特征。

人的气质类型可以通过一些方法加以测定（气质类型测验量表）。但只属于某一种类型的人很少，多数人是介于各类型之间的中间类型或混合型，如胆汁—多血质，多血—黏液质等。

（二）性格

1. 性格的内涵

性格是个性最鲜明的表现，是个体比较稳定的对待现实的态度和习惯化的行为方式。例如勤劳或懒惰、诚实或狡猾、勇敢或懦弱、谦虚或骄傲等都是对一个人的性格特征的描述。性格是一种稳定的个性心理特征，是个体在长期实践活动中沉积下来的稳定的态度和习惯化的行为方式。在有些情况下人对事物的态度是属于一时的、情境性的、偶然的表现，不能视为性格特征；例如，一个人一贯反应机敏，在某种特殊情况下，一反常态，表现为行动呆板沉闷，就不能把呆板看作此人的性格特征。

当个体在长期的生活实践中逐渐出现对现实的各种稳定的态度，并以一定的方式表现于个体的行为之中,构成个体特有的行为方式时,其性格特征也就形成了。例如,在遇到危险时,有的人经常表现为勇敢无畏,有的人则可能经常表现出怯懦、退缩,这就是性格特征的一种表现。这些性格特征既表明了其对现实的态度,又表现了其在现实生活中习惯化的行为方式。

2. 性格的意义

性格在个体的整个个性特征中处于重要地位,具有核心意义。因为性格贯穿在人的全部行为当中,它标志着一个人的品德。甚至可以说,性格是一个人的世界观和人生观的集中表现。了解一个人的性格之后,就可以预测其在一定条件下的行为倾向。所以,性格的好坏具有直接的社会意义。例如,忠诚、勤奋等性格特征对社会就有积极的意义,而虚伪、懒惰等性格特征对社会具有消极的影响。同时,个性的其他方面,如兴趣、才能等如何表现及表现的程度都以性格为转移。也就是说人的兴趣的定向和表现、能力发展的高低都要受到性格的影响。所以,人的个性差异主要不是表现在气质、能力方面,而主要表现在性格方面。

性格与气质的区别在于,性格的形成除以气质、体质等先天禀赋为基础外,社会环境的影响起决定作用,而气质是性格中的先天倾向。

3. 性格的特征

性格有多种多样的特征,由这些特征组合成复杂的结构。分析性格结构的目的在于把性格的基本组成部分或基本特征划分出来,找出它们之间的关系,了解性格的实质。

(1) 性格的态度特征。性格的态度特征是指人对待现实的态度方面的特征。它是性格最重要的组成部分。人接受现实生活的影响,总是以一定的态度做出反应。由于客观现实的多样性,人对现实的态度的性格特征也是多种多样的。具体表现为以下三个方面。

① 对他人、集体、社会的态度特征。表现在这方面的性格特征主要有:爱国主义、集体主义、富于同情心、诚实、正直、有礼貌等;与此相对立的有对国家和集体漠不关心、自私、虚伪、狡猾、傲慢等。

② 对学习、工作、劳动和劳动产品的态度特征。表现在这方面的性格特征主要有:勤劳或懒惰、有责任心或粗心大意、认真或马虎、有首创精神或墨守成规等。

③ 对自己的态度特征,如谦虚、谨慎、自尊、自信、自律,以及与之相对的骄傲、粗心、自弃、自卑、放纵等。

(2) 性格的意志特征。性格的意志特征是指人在调节自己的心理活动时表现出的心理特征。

① 对行为目标明确程度的特征,如有目的性或冲动性,独立性或易受暗示性,有组织纪律性或放纵性等。

② 对行为自觉控制水平的特征,如主动性和自制力等。

③ 在紧急状态或困难情况下表现出来的意志,如勇敢、果断、镇定和顽强等。

④ 对自己做出的决定贯彻执行方面的特征,如有恒心、坚韧性、执拗、顽固性等。

(3) 性格的情绪特征。性格的情绪特征是指人产生情绪活动时在情绪的强度、稳定性、持久性以及主导心境等方面表现出来的心理特征。

① 强度特征。表现为一个人的行为受情绪感染和支配的程度以及情绪受意志控制的程度。有的人情绪情感体验比较强烈,一经引起,就难以用自己的意志加以控制;有的

人情绪情感体验则比较微弱,总能保持平静,易于用意志控制自我情绪情感。

② 稳定性。表现为一个人的情绪波动幅度的大小。有的人情绪容易波动,起伏程度大;有的人情绪一直比较平静,自我控制力强,不易看出起伏波动。

③ 持久性。表现为情绪活动持续时间的长短以及影响身体、工作、生活的持久程度。有的人情绪活动维持时间短,稍纵即逝,不着痕迹;有的人情绪活动持续时间长,对自我心理影响较深。

④ 主导心境。情绪对人的身心稳定而持久的影响即形成心境状态。心境状态在不同人身上有显著差异性,因此,每个人都具有主导心境。有的人总是心境开朗,振奋快乐;有的人则多愁善感,抑郁沉闷。

(4) 性格的理智特征。性格的理智特征是指人在认知活动中表现出来的心理特征,又称性格的认知特征,主要指人在感知、记忆、想象和思维等认识过程中表现出来的认知特点和风格的个体差异。例如表现在感知方面的有主动与被动、详细与概括;表现在记忆方面的有主动记忆与被动记忆、形象记忆与逻辑记忆,以及记忆的快慢、保持得是否持久;表现在思维方面的有独立型与依赖型、分析型与综合型;表现在想象方面的有广阔与狭隘、丰富与贫乏。

4. 性格的类型

许多心理学家曾试图对性格进行分类。现列举管理工作中经常运用到的几个有代表性的性格类型理论。

(1) 大五模型。大五模型(big five factor model)是近些年来研究的热点。对五个因素的发现,很多学者都做出了各自的贡献。最早的研究可以追溯到1949年费斯克(Fiske)提出的理论雏形。在此基础上,很多学者都提出了各自的大五模型,运用的方法都是找出自然语言中描述人格的形容词进行因素分析,进而得出五个因素。大五模型的出现,给人格及整个心理学研究注入了活力。同时,这一理论在社会心理、组织与管理心理等方面的应用也迅速普及。

所谓"大五",就是涵盖人格的五个因素,分别如下。

① 外倾性(extraversion)是指个体对关系的舒适感程度。外倾者喜欢群居,善于社交和自我决断;而内倾者倾向于封闭内向、胆小、害羞和安静少语。

② 随和性(agreeableness)是指个体服从别人的倾向性。高随和性的人擅于合作、热情和信赖他人;低随和性的人冷淡、敌对和不受欢迎。

③ 责任心(conscientiousness)是指对信誉的测量。高度责任心的人负责、有条不紊、持之以恒;低度责任心的人则很容易分散精力、缺乏规划性,而且不可信赖。

④ 经验的开放性(openness to experience)是指个体对新奇事物的热衷程度:开放性高的人往往富有创造性、凡事好奇,并具有艺术的敏感性;开放性低的人则保守,对熟悉的事物感到舒适和满足。

⑤ 神经质(neuroticism)是指个体承受压力的能力,神经质也可以用它的另一端,即情绪稳定性(emotional stability)来代替。高情绪稳定性的人通常自信、平和、有安全感;低情绪稳定性的人则容易紧张、焦虑、失望和缺乏安全感。无论是任何年龄、性别、种族、社会和国家的人,都可以用这五个因素来描述人们之间的个性差异。每个因素都是从一

个极端到另一个极端的连续体,每个人都位于这个连续体的某一位置上。

随着大五模型逐渐成为一个得到普遍认可的个性结构理论,相关研究也如雨后春笋般层出不穷,相关研究结论主要有以下几个方面。

① 大五因素与工作绩效方面。"大五"可以较好地预测工作绩效,特别是周边绩效。而在这五个因素里,责任心又是最为有效的预测因子。那些责任心强的人即使不能在所有职业当中,至少也可以在绝大多数职业中,取得较好的工作业绩。此外,随和性对服务类工作有较好的预测效度,外倾性对管理和销售类工作有较好的预测效度。

② 大五因素与工作满意感方面。外倾性和工作满意感、自尊和幸福感都存在显著正相关关系,而神经质与它们都呈显著负相关关系。也就是说,外倾性和情绪稳定性与工作满意感、自尊和幸福感息息相关。

③ 大五因素与创造性行为方面。经验的开放性和创造性行为呈最大正相关关系,而责任感和创造性行为存在显著的负相关关系。

④ 大五因素与工作动机方面。"大五"对工作动机具有较好的预测效度,其中责任感是最大的正预测因子,神经质是最大的负预测因子。

(2) 霍兰德的人格——职业匹配理论。美国学者约翰·霍兰德(John Holland)曾对个性与职业匹配(personality-job fit)问题进行了深入的研究。他认为人可以被归纳为六种类型,这六种人格类型的特点各不相同,它们按照固定的顺序排成一个六角形。职业环境也可分成六种类型,这六大职业类型也按照一个固定的顺序排列成一个六角形。在这个六角形中,类型之间的距离越近,就越具有相似性,它们之间的匹配性越高。反之,位于对角线上的两个类型的匹配性最低。人格与工作环境的匹配性高低可以预测个体的职业满意度、职业稳定性和职业成就。各种人格类型的特点及匹配职业如表 2-2 所示。

表 2-2　各种人格类型的特点及匹配职业

类型	特　点	匹配职业
现实型	现实的、机械的,具有传统的价值观,倾向于用简单的、直接的方式处理问题,用机械和技术能力来进行生产	机械工、电工、电器修理工、农民、火车司机
研究型	理性的、聪明的,喜欢以复杂、抽象的方式看世界,倾向于用理性和分析的方式处理问题	生物学者、化学家、程序设计员、天文学家、科学报刊编辑、地质学者、数学家
艺术型	富有创造力和想象力、直觉能力强,不随大流,独立性强,不喜欢受人支配。常以复杂和非传统的方式来看待世界,与他人交往时更富于情感和表达	音乐家、室内装潢师、摄影师、音乐教师、作家、演员、编剧、漫画家、戏剧导演
社会型	助人为乐、易于合作、善解人意、灵活而随和。常以友好、合作的方式与人相处	导游、咨询人员、社会工作者、教师、护士、心理咨询师
企业型	个性积极、有冲劲,具有领导和演说才能,希望拥有权力和地位,受人注意,并成为团体的领导者,通过控制的方式处理问题	商业管理、律师、政治运动领袖、销售经理
常规型	保守谨慎,注意细节,有责任感,喜欢整洁有序,擅长文书工作,常以传统和依赖的态度来看待事物,并以认真、现实的方式处理问题	会计、银行出纳、图书管理员、秘书、法庭速记员、税务员、打字员

除以上两种比较有代表性的性格类型外,学界还有其他的性格类型学说,如美国心理学家威廉·莫尔顿·马斯顿博士(Dr. William Moulton Marston)提出的 DISC 理论,该理论将人的性格类型分为稳健、支配、影响、服从四种类型;日本学者古川竹二将人的性格类型依据血液类型分为 A 型、B 型、AB 型、O 型;还有近年来出现的性格色彩理论。

(三)能力

1. 能力的概念

能力是指人们成功地完成某种活动所必需的个性心理特征。能力和活动紧密地联系着,完成活动的速度和质量被认为是能力高低的两种标志。要成功地完成一项活动,仅靠某一方面的能力是不够的,必须具有多种综合能力才能获得成功。例如,完成学习任务,不能仅依靠记忆力,或仅依靠对课文的分析、理解,而必须同时具有观察力、记忆力、概括力、分析力、理解力等。在完成某项任务时,所需要的各种能力的完备结合,能使人迅速地、创造性地完成任务。这时可以认为,这个人在完成这项任务时具有较强的能力。各种能力的最完备的结合叫作才能,如果一个人在某一方面或某些方面有杰出的才能就被称为天才。

人的能力有大有小,智力水平有高有低,这是客观存在的。无论社会怎样发展,科学技术怎样进步,人的能力的差异都是存在的。能力的差别主要表现在三个方面。

(1) 能力结构类型上的差异。有的人观察能力强,记忆印象鲜明,想象力丰富,具有艺术型能力。有的人概括能力强,善于思考,具有思维型能力。

(2) 能力发展水平上的差异。多数人具有一般能力,能够顺利完成活动,并能取得一定成绩。少数人具有特殊才能,能创造性地进行活动,并取得良好的成绩。才华出众者,是极少数。能力低下者,也是极少数,主要是先天不足或后天生活失调所造成。

(3) 能力发展早晚上的差异。人的能力的发展有早有晚,有的人能力发展早,也有的人是大器晚成。

有人说,播种在土壤内的麦粒对麦穗来说只是一种可能性,这粒种子有没有可能长出麦穗,取决于土壤的结构、成分、湿度、气候等其他条件是否适宜。人的能力的先天素质也只是获得知识和技能的可能性,至于是否能获得这些知识和技能,可能性是否变为现实,则取决于许多条件。例如,周围的人(家庭、工作场所、教育系统的人)是否关心这个人对知识和技能的掌握,如何对他进行教育,如何组织劳动活动,从而使这些技能得到运用和巩固等。

2. 能力的分类

按照倾向性,能力可划分为一般能力和特殊能力;按照功能,能力可划分为认知能力、操作能力和社交能力;按照它参与其中的活动性质,能力可划分为模仿能力和创造能力。通常按照能力的倾向性来划分能力。

(1) 一般能力。一般能力也称普通能力,它是指大多数活动所共同需要的能力,是人所共有的最基本的能力,适用于广泛的活动范围,符合多种活动的要求。一般能力和人们的认知活动密切联系着,可以保证人们比较容易且有效地掌握知识。观察力、记忆力、思维能力、想象力和注意力都是一般能力,以抽象概括能力为核心。通常讲的智力就是各种一般能力的整体结构。

（2）特殊能力。特殊能力也称专门能力，它是指从事某项专门活动所必需的能力。它只在特殊活动领域内发生作用，如数学能力、音乐能力，以及其他专业技术能力等。研究表明，一个人可以有多种特殊能力，但通常有其中一两种能力比较突出。

一般能力和特殊能力紧密地联系着。一般能力是各种特殊能力形成和发展的基础，一般能力越强，就越为特殊能力的发展创造了有利条件；特殊能力的增强，同时也会促进一般能力的发展。在活动中，一般能力和特殊能力共同起作用。要成功地完成一项活动，既需要具有一般能力，又需要具有与该活动有关的特殊能力。

三、旅游者的个性心理特征与旅游活动

（一）气质与旅游活动

气质是人心理活动的动力特征。在对游客服务时，可以通过其言行举止对其大致气质类型进行判断，作为服务的参考。如与胆汁质型客人意见不统一，一定不能当面与其发生冲突，应该选取较为委婉的方式与其进行沟通；又如抑郁质客人喜欢安静独处，但又不愿意受到怠慢，就要对其行程及相关服务格外细心。当然在对客服务中，很难在短期准确判断出对方的气质类型，所以气质类型的把握在旅游活动中更多体现在旅游企业对员工的管理中。主要从人岗匹配、管理方式去把握。

【案例分析】
旅游者的个性心理特征

1. 实现人岗匹配

无论是帕森斯还是霍兰德的职业发展理论，都认为个别差异、能力特征、人格模式与某些特定职业岗位存在着相关性，旅游企业应关注旅游从业者气质特征和岗位要求，使人得其岗，岗得其人，提高人岗匹配程度。如胆汁质、多血质易兴奋、热情大方，动作反应迅速，思维机敏灵活，更适合销售、前台、导游、司机等工作；而黏液质和抑郁质耐心细致、沉着冷静、周密严谨，更适合从事持久且细致的工作，如财务记账、售后服务、客户资料归档等工作。员工不同气质的差异可以相互取长补短，有助于提高团队士气、改善工作氛围、调节人际关系、提高工作效率，企业成员间过于同质则会出现极端的现象，反而不利于工作的开展。

2. 管理方式因气质而异

不同气质类型的人性情不同，管理者应做到因人而异，实现管得住人，留得下人，如对胆汁质员工，应多鼓励、多肯定其工作精神、干劲和效率，对其不当行为进行管理教育，使用冷处理；黏液质员工细心周到，具有踏实忠诚的态度，因其性格内向，管理者平时应多关心其工作和生活，主动交流，多给他们提供机会；多血质的员工精干、乐观、友善，对其不够稳重、边界不清等缺点，要依靠明确的规章制度规范，多赞赏；抑郁质员工敏感谨慎，易受挫折，要特别注意管理的方式方法，注意态度平和，注意言语措辞，对事不对人，让其感受尊重、平等、关心。

（二）性格与旅游活动

性格是个性中最核心的内容，它是决定旅游行为倾向最重要的心理特征之一。对性格的分析研究，有助于揭示和掌握旅游者旅游活动的规律和特点。

1. 性格特征与旅游行为

对一个人性格的了解，不仅有助于解释和掌握其现在的行为，而且可以预见其未来的行为。由此可见，了解旅游者的性格特征与旅游服务工作的相互关系的意义，主要体现在两个方面：一方面有助于引导，控制旅游者的行为；另一方面有助于创造适宜的活动环境，使之与旅游者的性格倾向尽量吻合，避免在服务工作中出现不和谐乃至服务人员与旅游者对立的局面。

2. 性格类型与旅游行为

（1）理智型和情绪型。这是按照旅游者是理智还是情绪占主导地位来划分的。理智型的人常以理智来评价一切，并用理智来控制自己的行为，遇到问题总是摆事实，讲道理。情绪型的人情绪体验深刻，不善于进行理性的思考，言行易受情绪的支配，处理问题喜欢感情用事。

（2）独立型和顺从型。这是按照旅游者的独立性的程度来划分的。独立型的人，其独立性强，不易受外界的干扰，善于独立发现问题，并能够独立地解决问题，在紧急情况下表现沉着冷静；顺从型的人，其独立性较差，容易不加批判地接受别人的意见，人云亦云，自己很少有主见，在紧张的情况下常常表现得惊慌失措。

（3）外向型和内向型。这是按照旅游者生活适应方式来划分的。外向型的人性格外向，情感容易流露，活泼开朗，好交际，对外界事物比较关心；内向型的人性格内向，比较沉静，不爱交际，适应环境也比较困难。

（三）能力与旅游活动

在旅游消费活动中，旅游者的能力主要表现为对旅游产品和服务的识别能力、挑选能力、评价能力、鉴赏能力和决策能力，这些能力统称为购买能力。旅游者的购买能力是有个别差异的。从能力水平上看，有的人购买能力水平高，有的人购买能力水平低；从能力类型上看，完成同一种旅游活动，取得同样的成绩，不同的人采取不同的能力的结合；从能力发展上看，有人购买能力发展较早，有人购买能力发展较晚。研究表明在旅游活动性质与旅游的购买能力发展水平之间存在着一个"镶嵌"的现象，每一种活动都有一个能力阈限，既不需要超过阈限，也不能低于阈限，即执行某种性质的旅游活动，只需要恰如其分的购买能力水平。能力过高的人，从事一项比较容易的活动，往往会对活动感到乏味，不能对该项活动维持兴趣，当然会影响活动效率；反之，如果一个人能力水平偏低，从事一项比较复杂或比较精细的活动任务时，往往会感到力不从心，产生焦虑心理，严重的还会感到群体压力，可能出现人格异常，甚至出现事故。另外，旅游者的购买能力发挥程度与主观心理环境也有密切的关系，在感兴趣、心境好的时候，可能会使能力发挥最佳水平，取得最大的成就；而在相反的主观心理环境下，就可能一事无成。由这些研究可见，旅游者的购买能力与旅游消费行为之间有着密切的联系。

【测一测】
你是什么
气质类型

第四节 旅游者的情绪与情感

一、情绪

（一）情绪的概念

情绪是人们对客观事物是否符合个人需要而产生的态度体验及相应的行为反应。其中客观事物是刺激，需要是情绪情感的中介，态度体验以及相应的行为反应是感受以及表现。

（1）情绪是由一定刺激引起的。外部刺激主要包括：①自然刺激，小桥流水、鸟语花香、古藤老树、秋月春风、夏蝉冬雪等；②社会情境，如节日庆典、他人或自己的不幸遭遇等。内部刺激主要包括：①生理性刺激，如腺体分泌、身体健康状况；②心理性刺激，由记忆、想象、联想等心理活动引起的情绪反应。

（2）刺激以需要为中介而引起情绪。同样的刺激会因中介不同而引起截然不同的情绪。例如，同样是面对夕阳会产生不同的情绪，如"夕阳无限好，只是近黄昏""夕阳西下，断肠人在天涯""老夫喜作黄昏颂，满目青山夕照明"。

（3）情绪通过态度体现及相应的行为表现出来。情绪是身心一体的变化，往往伴随生理变化。高兴时"手舞足蹈""捧腹大笑""欢蹦乱跳""满面春风"等；沮丧时"垂头丧气""没精打采"等；恐惧时"四肢发抖""汗流浃背""寒心酸鼻"等。

（二）情绪的功能

1. 适应功能

情绪是个体在环境中生存以及谋求发展的重要手段。当个体面对新环境或危险环境时，情绪可以帮助个体更好地寻求心理安全和发展。例如，学生为了获得老师的奖励或者赞赏而努力学习；人在落水时大声呼救都体现了这一功能。

2. 信号功能

情绪是人们社会交往中的一种心理表现形式。情绪的外部表现是表情，表情具有信号传递作用，属于一种非言语性交际。人们可以凭借一定的表情来传递情感信息和思想愿望。婴儿在不会说话之前，主要靠表情来与他人交流。表情比语言更具生动性、表现力、神秘性、敏感性。特别是在言语信息模糊不清时，表情往往具有补充的作用。人们可以通过表情准确而微妙地表达自己的思想情感，也可以通过表情去辨认对方的态度和内心世界。所以表情作为情感交流的一种方式，被视为人际关系的纽带。

3. 感染功能

个体之间情绪可以相互传递或者感受，这是人和动物的显著区别。我们日常生活中

所说的产生共鸣、感同身受都属于情绪感染功能的体现。

4. 调节功能

调节功能也叫组织功能,调节功能是指个体面对困难或无法接受的心理状态时,通过对心理活动的检测和调整,使自身心理感受达到适应的状态。调节功能分为积极的和消极的情绪调整,其中积极的情绪调整对个体行为及结果有促进作用,而消极的情绪调整则有阻碍作用。

5. 动机功能

情绪是伴随人的需要是否满足而产生的体验,对人的行为具有推动或抑制作用。恐惧、愤怒使人躲避、攻击。愉悦、喜爱等积极情绪使人去积极探索。

6. 保健功能

保健功能是指情绪对一个人的身心健康有增进或损害的效能。情绪的生理特性表明,当一个人产生情绪变化时,其身体内部会出现一系列的生理变化。而这些变化对人的身体影响是不同的。一般来说,在愉快时,其生理反应有助于身体内部的调和与保养。倘若一个人经常处于某种不良情绪状态,久而久之便会影响其身体健康。

(三)情绪的维度与两极性

1. 情绪的维度与两极性的含义

情绪的维度是指情绪所固有的某些特征。我国在两千多年前就把情绪归纳为最基本的好与恶两种,《左传》中"喜生于好,怒生于恶"便是指情绪的两极性。把情绪分为对立的两端,这就是情绪的两极性。

2. 情绪的维度的类型

情绪的维度主要指情绪的动力性、激动性、强度、紧张度等方面。这些特征的变化幅度又具有两极性,每个特征都存在两种对立的状态。

(1)情绪的动力性有增力和减力两极。一般来讲,当需要得到满足时产生的肯定情绪是积极的,也就是增力的,可提高人的活动能力。当需要得不到满足时产生的否定情绪是消极的、减力的,会降低人的活动能力。

(2)情绪的激动性有激动与平静两极。激动是一种强烈的、外显的情绪状态,如愤怒、狂喜、极度恐惧等,它是由一些重要的事件引起的,如旅行者在登山时恐高会引起极度的恐惧。平静的情绪是指一种平稳安静的情绪状态,它是人们正常生活、学习和工作时的基本情绪状态,也是基本的工作条件。

(3)情绪的强度有强、弱两极。如从愉快到狂喜,从微愠到狂怒。在情绪的强弱之间还有各种不同的强度,如在微愠到狂怒之间还有愤怒、大怒、暴怒等不同程度的怒。情绪强度的大小决定于情绪事件对于个体意义的大小。

(4)情绪的紧张度有紧张和轻松两极。人们情绪的紧张程度决定于面对情境的紧迫性,个体心理的准备状态以及应变能力。如果情境比较复杂,个体心理准备不足而且应变能力比较差,人们往往容易紧张,甚至不知所措。如果情境不太紧急,个体心理准备比较充分。应变能力比较强,人就不会紧张,而会觉得比较轻松自如。

（四）情绪的状态

1. 情绪的状态的含义

情绪的状态有狭义与广义之分，前者主要指心境，是情感方面的心理状态，具有持续性、外显性、情境性、个性化；后者指情绪本身的存在形式，主要分为心境、激情、热情和应激。

2. 情绪的状态的分类

依据情绪发生的强度、持续性和紧张度，可以把情绪状态分为心境、激情、热情和应激。

（1）心境。心境是一种微弱、弥散和持久的情绪，也就是平时说的心情。心境的好坏，常常是由某个具体而直接的原因造成的，它所带来的愉快或不愉快会保持一个较长的时段，并且这种情绪会被带入工作、学习和生活中，影响人的感知、思维和记忆。愉快的心境让人精神抖擞、感知敏锐、思维活跃、待人宽容，而不愉快的心境让人萎靡不振、感知和思维麻木。

（2）激情。激情是一种猛烈、迅疾和短暂的情绪，类似于激动。激情是由某个事件或原因引起的当场发作，情绪表现猛烈，但持续的时间不长，并且涉及的范围不广。激情通过激烈的言语爆发出来，是一种心理能量的宣泄。

（3）热情。热情是一种强而有力、稳定、持久和深刻的情绪状态。它没有心境的弥散那么广泛，但比心境更强有力和深刻；没有激情那么猛烈，但比激情更持久和稳定。热情本身没有对立的两极，它的对立面是冷淡、冷漠，但热情具有程度上的区分、指向上的区别。以饱满的热情投身于学习、工作、生活和事业中的人，生活充实而有意义，更容易获得成就和他人的敬慕。

（4）应激。应激是机体在各种内外环境因素及社会、心理因素刺激时所出现的全身性、非特异性适应反应，又称为应激反应。这些刺激因素称为应激源。应激是在出乎意料的紧迫与危险情况下引起的高度紧张的情绪状态。

（五）健康情绪的培养

1. 充实自己的精神生活

要有寄托，工作学习有动力，生活得充实，而且为了实现理想会自觉调整情绪，情绪就自然处于积极、稳定、乐观、向上的状态。要提高思想文化修养，有思想文化修养的人胸襟开阔，少猜疑，不嫉妒，不斤斤计较，寸利必得，情绪也就能够保持在健康、良性状态。

2. 增强自信

要善于发现自己的优点，不要过分关注自己无法改变的先天条件，如身高、出身等。要用发展的眼光评价自己，看到自己的进步和变化。积极自我悦纳，凡是自身现实的一切都应该积极地接受，无论是好是坏，不回避、不哀怨、不厌恶自己，在自我悦纳的基础上，积极地发展自我。

3. 优化意志

意志品质对健康情绪的培养能产生深远影响。意志薄弱者永远只能做不良情绪的俘房,只有意志坚强的人才能做自己情绪的主人。只要你能推迟动怒,你便学会了自我控制,坚持这样做下去,你就能够做自己情绪的主人。

4. 调控期望值

情绪是人们需要满足与否的反应。在现实环境中,对他人、对自己、对事物期望值太高,势必难以满足需要而产生失望、绝望、不满等不良情绪。因此,要学会把期望值调整到适当的高度,要能够在一定范围内懂得知足。只要对人对事不苛求十全十美,并能够对自己拥有的一切心怀感激,就可以减少烦恼,保持良好的心境。

二、情感

（一）情感的概念

情感是态度这一整体中的一部分,它与态度中的内向感受、意向具有协调一致性,是态度在生理上一种较复杂而又稳定的生理评价和体验,包括道德感和价值感两个方面。

（二）情感的分类

人的情感复杂多样,可以从不同的观察角度进行分类。由于情感的核心内容是价值,因此人的情感主要根据它所反映的价值关系的运动与变化的不同特点来进行分类。

(1) 根据价值变化方向的不同,情感可分为正向情感与负向情感。正向情感是人对正向价值的增加或负向价值的减少所产生的情感,如愉快、信任、感激、庆幸等;负向情感是人对正向价值的减少或负向价值的增加所产生的情感,如痛苦、鄙视、仇恨、嫉妒等。

(2) 根据价值主体类型的不同,情感可分为个人情感、集体情感和社会情感。个人情感是指个人对事物所产生的情感;集体情感是指集体成员对事物所产生的合成情感,比如阶级情感是一种典型的集体情感;社会情感是指社会成员对事物所产生的合成情感,比如民族情感是一种典型的社会情感。

(3) 根据事物基本价值类型的不同,情感可分为真假感、善恶感和美丑感三种。真假感是人对思维性事物(如知识、思维方式等)所产生的情感;善恶感是人对行为性事物(如行为、行为规范等)所产生的情感;美丑感是人对生活性事物(如生活资料、生产资料等)所产生的情感。

(4) 根据价值的目标指向的不同,情感可分为对物情感、对人情感、对己情感。其中,对物情感是指个体对物体、事物或事件的情感体验,涉及对物理实体的喜好、厌恶、兴趣、满足等情感反应;对人情感是指个体对他人的情感体验,涉及个体与他人之间的情感关系,包括爱、恨、嫉妒、关心、尊敬等情感反应;对己情感是指个体对自己的情感体验,涉及个体对自身认知、价值、自尊、自信等方面的情感反应。

(5) 根据价值作用时期的不同,情感可分为追溯性情感、现实性情感和期望性情感。追溯性情感是指人对过去事物的情感,包括遗憾、庆幸、怀念等;现实性情感是指人对现实事物的情感;期望性情感是指人对未来事物的情感,包括自信、信任、绝望、期待等。

(6) 根据价值动态变化的特点,可分为确定性情感、概率性情感。确定性情感是指人对价值确定性事物的情感;概率性情感是指人对价值不确定性事物的情感,包括迷茫感、神秘感等。

(7) 根据价值消费层次的不同,情感可分为温饱类、安全与健康类、人尊与自尊类和自我实现类情感四大类。温饱类情感包括酸、甜、苦、辣、热、冷、饿、渴、疼、痒、闷等;安全与健康类情感包括舒适感、安逸感、快活感、恐惧感、担心感、不安感等;人尊与自尊类情感包括自信感、自爱感、自豪感、尊佩感、友善感、思念感、自责感、孤独感、受骗感和受辱感等;自我实现类情感包括抱负感、使命感、成就感、超越感、失落感、受挫感、沉沦感等。

(三) 情绪与情感的关系

1. 情绪与情感的联系

情绪和情感虽然不尽相同,但却是不可分割的。因此,人们时常把情绪和情感通用。一般来说,情感是在多次情绪体验的基础上形成的,并通过情绪表现出来;反过来,情绪的表现和变化又受已形成的情感的制约。当人们干一件工作的时候,总是体验到轻松、愉快,时间长了,就会爱上这一行;反过来,在他们对工作建立深厚的感情之后,会因出色地完成工作而欣喜,也会因为工作中的疏漏而伤心。由此可以说,情绪是情感的基础和外部表现,情感是情绪的深化和本质内容。

2. 情绪与情感的区别

(1) 词义方面的区别。情绪是和人的生理需要相联系而产生的体验。情感则是和人的社会需要相联系而产生的体验。

(2) 个体心理学方面的区别。从个体心理学的发展上看,情绪出现较早,而情感则出现较迟。

(3) 特点方面的区别。情绪具有情境性和暂时性,情感则具有深刻性和稳定性。

【案例分析】
情绪情感需求
与服务策略

第五节 旅游者的态度

一、态度

(一) 态度的概念

1. 态度的定义

态度是个体对待人、事、物和思想观念的一种内在心理反应,是个体对某一对象的评价和行为倾向。人们对一个对象会做出赞成或反对、肯定或否定的评价,同时还会表现出一种反应的倾向性,这种倾向性就是心理活动的准备状态,所以,一个人的态度不同,就会影响到他的行为取向。

2. 态度的构成

美国心理学家罗森伯格(Milton J. Rosenberg)认为,态度的构成由三部分组成,即认知成分、情感成分和意向成分。

(1) 认知成分。认知成分是指个体对环境中的某个对象(如个人、事件、情境、经验等)的看法与评价。

(2) 情感成分。情感成分是指个体对人、事物的情感的体验,表现在对一定对象的喜爱或厌恶、尊敬或蔑视、同情或冷淡等。情感因素是构成态度的核心因素。

(3) 意向成分。意向成分是指个体对态度对象做出的某种反应倾向,即行为的准备状态。

(二) 态度的形成

态度的形成是一个复杂的心理过程。下面是美国社会心理学家赫伯特·凯尔曼(Herberte Kelman)的态度的形成"三阶段说"。

1. 服从阶段

服从是指人们为了获得物质与精神的报酬或避免惩罚而采取的表面顺从的行为。服从阶段的行为不是个体真心愿意的行为,而是一时的顺应环境要求的行为。其目的在于获得奖赏、赞扬、被他人承认,或者为了避免处罚、受到损失等。当环境中奖励或惩罚的可能性消失时,服从阶段的行为和态度就会马上消失。

2. 同化阶段

同化阶段与服从阶段的不同之处,就是同化阶段不是在环境的压力下形成或转变的,而是出于个体的自觉或自愿。它的特点是个体不是被迫而是自愿地接受他人的观点、信念,使自己的态度与他人的要求相一致。

3. 内化阶段

内化阶段是指人们从内心深处真正相信并接受他人的观点而彻底转变自己的态度,并自觉地指导自己的思想和行动。在这一阶段,个体把那些新思想、新观点纳入了自己的价值体系,以新态度取代旧态度,一个人的态度只有到了内化阶段,才是稳固的,才真正成为个人的内在心理特征。

二、旅游态度

(一) 旅游态度的基本概念

旅游态度是人们对旅游对象和旅游条件做出行为反应的心理倾向。也可以说,是个人对旅游对象和旅游条件以一定方式做出反应时所持的评价性的、较稳定的内部心理倾向。美国心理学家奥尔波特认为,态度是社会心理学中最突出、最不可忽视的概念。同样,在解释旅游行为时,旅游态度也是旅游心理学不可或缺的概念。

(二) 旅游态度与旅游偏好

心理学的研究指出,态度与偏好之间有着必然的联系。人们的旅游态度一旦形成,将会产生一种对旅游的偏好。对旅游的偏好又将会直接导致人们的旅游行为。所谓旅游偏好,是指人们趋向于某一旅游目标的一种心理倾向。这种倾向取决于人们对某个事物所持态度的强度和对该事物所拥有的信息量和信息种类的多少。

1. 影响旅游偏好的因素

(1) 态度的强度。态度的强度也即态度的力量,它是指个体对象赞同或不赞同的程度。一般来说,态度强度越高,态度就越稳定,改变起来就越困难。

(2) 态度的复杂性。态度的复杂性是指人们对态度对象所掌握的信息量和信息种类的多少,它反映了人们对态度对象的认知水平。人们对态度对象所掌握的信息量和信息种类越多,所形成的态度就越复杂。

2. 旅游偏好的形成

人们在形成旅游态度的过程中,要先权衡和评价某个旅游对象给自己带来的收获有多大。如果经过仔细分析、评估,认为各种收获皆可以满足自己的旅游需要,就会对这一对象产生旅游偏好。个体对旅游目的地旅游偏好的形成,主要取决于该旅游目的地的吸引力的大小。可用下列公式来表示:

$$旅游吸引力 = 个人利益获得的相对重要性 \times 个体认识到的旅游目的地所提供的利益能力$$

(三) 旅游态度与旅游行为

旅游态度对旅游行为的影响直接体现在对旅游决策的影响上。旅游决策过程也同消费者大多数其他类型的决策过程一样,决策者往往需要经历三个阶段:意识到问题、确定能否实现目标、初步筛选。

三、旅游态度的改变

(一) 态度改变的理论

1. 强化理论

强化理论认为,态度是在刺激作用下不断形成和不断改变的,人们获得态度就像获得概念、思想意识、思维方式和习惯一样,是在刺激作用下,通过反应而不断学习获得的。强化理论是以行为主义为基础,强调条件反射、刺激—反应和强化在态度改变中的作用。强化理论认为,态度的获得经历了联系、强化、模仿三个相互联系的过程。

2. 态度平衡理论

心理学家海德(Heider)提出的"态度平衡理论"认为,在人们的认知系统中存在着使某些情感或评价之间趋向于一致的压力。人的认知对象包括世界上各种人、各种事物和概念等,这些不同对象组合成一个整体而被我们所认知。海德从日常经验出发,通过研究提出了"O-P-X图式",试图用科学术语来解释日常心理学的判断,如图2-6所示。

图式中P和O为两个人(其中P为认知的主体),X为P和O所认知的一个客体,它可以是一个人、一种现象、一件东西和一种观点等。根据P、O、X三者之间的感情关系

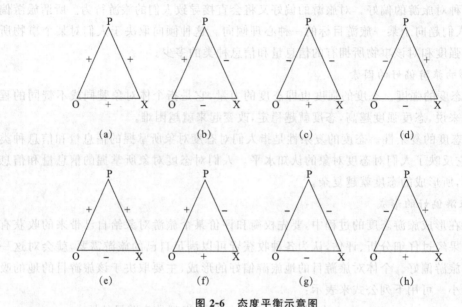

图 2-6 态度平衡示意图

(喜欢—不喜欢,爱—不爱等),可以推论出八种模式,其中四种是平衡的,四种是不平衡的,由此可以总结出以下两条规律。

(1) 平衡结构三角形三边符号相乘为正。
(2) 不平衡结构三角形三边符号相乘为负。

3. 认知失调理论

心理学家费斯廷格(Festinger)于1957年提出"认知失调论"。这里的"认知"包括人们的思维、态度和信念等。费斯廷格认为,一个人的两种认知元素之间的不一致就是失调。认知失调主要有两种来源:①来自决策行为,即当需要在多个有相似价值的方案中做出选择时;②来自与自己的态度相矛盾的行动。

这种认知的不一致或者失调,对态度的意义在于会产生某种力量,使人们逐渐改变自己的态度。费斯廷格研究了认知过程,指出认知本身和认知的背景因素有密切的关系。他把个人、个人的意见、信念,以及与认知有关的环境称为认知元素。以这些认知元素为基本单位,将两个单位之间的关系分为协调、不协调、不相关三种。

4. 参与改变理论

心理学家勒温(Lewin)提出"改变理论"。他认为改变态度不能离开群体的规范和价值,个人在群体中的活动性质,能决定他的态度,也会改变其态度。他在群体动力的研究中发现,个人在群体中的活动可以分为主动型和被动型两大类。

为了研究个人在群体中的活动对改变态度的影响,勒温做了相应的实验。实验结果表明,主动参与群体活动的成员,由于他们自己提出问题又自己加以解决,因而态度的改变非常显著,速度也比较快;而被动参与群体活动的成员,其态度则很难改变。因此勒温认为,个体态度的改变依赖于其参与群体活动的方式。这个理论已广泛应用于现代管理并取得了一定的成效。

5. 沟通改变态度理论

心理学家墨菲(Murphy)用实验的研究方法,证明了沟通对态度形成与改变的影响。他认为现代社会中,任何沟通的工具如报纸、杂志、电台或电视等,都直接或间接地影响人们的态度。

(二)态度改变的形式

态度的改变可分为态度强度的改变和态度方向的改变两种形式。

(1)态度强度的改变。态度强度的改变即主体改变原有态度的强度,而方向并不改变,这种情况实质上是态度的强化,它又可分为正强化和负强化两种。

(2)态度方向的改变。态度方向的改变是指一种新的态度取代旧的态度,改变了态度的性质和方向。态度方向的改变实质上就是另一种态度的形成过程。

【案例分析】
旅游者态度
与服务策略

知识归纳

旅游知觉对旅游市场营销人员有着重要的战略意义,因为消费者是根据他们的知觉而不是完全基于客观事实来进行旅游消费决策的。旅游者知觉的特征是选择性、理解性、整体性和恒常性,这些特性会影响旅游者知觉过程。影响旅游者知觉的客观因素主要有知觉对象和背景的差异性、旅游刺激物的新颖性、他人的提示、旅游对象的活动性、旅游对象的组合。影响旅游者知觉的主观因素有兴趣、知识与经验、需要和动机、情绪、个人经济条件、错觉等。旅游者对时间、距离、目的地的知觉会影响消费者对于旅游产品和服务的评价。

旅游需要是指人们可以通过旅游行为而获得满足的一些基本需要,尤其是精神性和社会性的需要。旅游动机是一个人外出旅游的主观条件,包括旅游者身体、文化、社会交往、地位和声望等方面的动机。促发旅游动机产生的心理需要有两种:即探新求异的积极心理和逃避紧张现实的消极心理。影响旅游动机的因素除有个性心理因素和个人因素外,还有某些外部因素。

心理学上的个性(又称人格)是指一个人在生活实践中经常表现出来的、比较稳定的、带有一定倾向性的个体心理特征。气质、性格和能力会影响旅游者心理和行为,不同气质类型、性格类型的旅游者的旅游心理需求具有差异性,掌握这些差异有利于更好地开展旅游服务。

旅游态度是指旅游消费者在了解、接触、享受旅游产品和旅游服务的过程中,对旅游体验本身、旅游产品和旅游服务、旅游企业以及旅游项目较为稳定和持久的心理反应与倾向,具有对象性、稳定性、内隐性、习得性的特性。态度能够影响旅游消费者的旅游选择、旅游活动效果,对某些旅游对象形成偏好。旅游消费者态度形成主要受旅游需求的满足情况、个体经验与知识、群体态度和个体差异的影响,主要通过提高旅游产品质量、提高旅游消费者的活动参与度、重视旅游产品的信息宣传的策略来改变旅游消费者的态度。

典型案例

游客的需求

某国外旅游团持集体签证在中国旅游,在旅游过程中,游客约翰向全陪导游小张提出,他希望团队旅游结束后留在中国继续参观并办点私事。小张告诉他,在中国旅游的境外旅游团必须整团出国,所以回绝了约翰的要求。在旅游团离开中国的前一天,约翰再次向小张提出了他的要求,并讲明理由,小张以时间紧迫为由拒绝约翰。游客认为小张侵犯了他的合法权益,回国后通过其领队向小张的旅行社提出了投诉。

案例评析:导游对外国游客在旅游团的活动结束后,想要继续在中国旅行的,若不需要延长签证,一般可以满足其要求,如需要延长签证,原则上应予以拒绝,若个别游客确有特殊需要,导游应请示旅行社,然后向其提供必要的帮助,陪同游客持旅行社的证明护照及集体签证到当地公安局办理分离签证手续和延长签证手续,协助其重订机票、酒店等,但所需费用由游客自理。

导游对游客提出的要求,不管其难易程度如何,也不管其合理与否,都应该给予足够的重视,并及时合情合理地运用所掌握的业务知识予以解决。本案例中,导游在游客提出要求时没有认真地倾听,事后也没有耐心地解释,而是简单地一推了之,造成投诉,影响了旅行社的声誉。

知识测试

一、单项选择题

1. 根据马斯洛的需要层次理论,人的需要从低到高的顺序依次为( )。
   A. 生理需要、安全需要、归属与爱的需要、尊重的需要、自我实现的需要
   B. 生理需要、归属与爱的需要、尊重的需要、安全需要、自我实现的需要
   C. 自我实现的需要、生理需要、安全需要、归属于爱的需要、尊重的需要
   D. 尊重的需要、生理需要、安全需要、归属与爱的需要、自我实现的需要

2. 以下不属于旅游动机的特点的是( )。
   A. 对象性　　　B. 选择性　　　C. 相关性　　　D. 恒定性

3. 下列情境中代表内部动机的是( )。
   A. 王老师对张华的数学测验成绩表示满意
   B. 学生把当前的学习和国家的利益联系在一起
   C. 老师表扬爱劳动的学生
   D. 王佳每天独自听音乐

4. 从需要的角度看,人的情感主要是与( )相联系的。

A. 生理需要　　　B. 机体需要　　　C. 社会需要　　　D. 安全需要

5. 黏液质的人的典型特点可以描述为（　　）。

　　A. 精力旺盛，勇敢果断，热情直率　　B. 活泼好动，善于交往，行动敏捷
　　C. 安静稳重，喜欢沉思，自制力强　　D. 情绪体验深刻，多愁善感

6. 以下对认知失调理论不正确的说法是（　　）。

　　A. 改变态度可以减少这种失调状态
　　B. 增加认知可以改变失调状态
　　C. 改变认知的重要性可以改变失调状态
　　D. 失调状态一旦形成将无法改变

7. 旅游态度的形成主要经过（　　）个阶段，最后一个阶段是（　　）。

　　A. 3，顺从阶段　　　　　　　　　　B. 4，内化阶段
　　C. 4，认同阶段　　　　　　　　　　D. 3，内化阶段

8. 研究证实，当与品牌名称相关的元素缺失时，可以改善消费者对品牌名称的记忆。不完整的刺激会令人产生"填补"缺失部分的动力，企业正是利用（　　）来提高消费者在处理刺激时进行思考的力度。

　　A. 知觉的整体性　　　　　　　　　　B. 知觉的选择性
　　C. 知觉的理解性　　　　　　　　　　D. 知觉的恒常性

9. 旅游消费动机的产生必须具备的两方面条件为（　　）。

　　A. 旅游需要、外部刺激　　　　　　　B. 健康、景观
　　C. 文化、交通　　　　　　　　　　　D. 地位声望、旅游商业环境

10. 旅游的需要从起源上分可分为自然需要和（　　）。

　　A. 物质需要　　　B. 享乐需要　　　C. 精神需要　　　D. 社会需要

二、多项选择题

1. 情绪变化的维度包括（　　）的两极。

　　A. 动力性有增力和减力　　　　　　　B. 激动度有激动和平静
　　C. 强度有强和弱　　　　　　　　　　D. 紧张度有紧张和轻松

2. 群体因素对旅游态度的改变包括（　　）。

　　A. 干扰作用　　　B. 平衡作用　　　C. 促进作用　　　D. 协调作用

3. 下列体现了情绪的两极性的有（　　）。

　　A. 动力性的增力和减力
　　B. 强度的强、弱两极
　　C. 紧张度的紧张和轻松两极
　　D. 激动性的激动与平静两极

三、简答题

1. 简述影响旅游知觉的客观和主观因素。
2. 结合旅游实践讨论首因效应和晕轮效应的作用。

3. 结合自己或他人的旅游经历解释生活方式和旅游行为的关系。
4. 旅游需要的特点有哪些?
5. 旅游动机产生的客观条件有哪些?

实 操 拓 展

1. 分析并讨论:旅游企业如何利用旅游知觉的特征来吸引消费者注意到其广告?
2. 查找三则使用本章所讲到的引起旅游消费者注意的刺激因素的广告案例,针对每则广告分析和评价所使用的刺激因素的原理和效果。
3. 拓展阅读和分析:运用相关理论分析中国游客赴马来西亚旅游意愿明显下降的原因。

受马航事件影响中国游客赴马旅游意愿明显下降

受马航客机 MH370 失联事件影响,超过七成中国游客赴马来西亚旅游意愿下降,部分预订赴马旅游的中国游客已选择更改行程。

一项网上调查数据显示,57 800 多名受访者中,有超过 77% 的人表示,该事件影响了他们未来前往马来西亚旅行的意愿;19% 表示没有影响,还有 4% 的回答不确定。据了解,目前,中国游客赴马来西亚旅游意愿明显下降,有的游客改变行程,将目的地选为越南、新加坡等国家;一些游客出于乘坐马航航班的恐慌心理,多选择了亚航、南航、东航等航空公司。MH370 失联事件后,一些明星开始抵制马来西亚商品和旅游。著名演员陈坤痛斥马来西亚政府、马来西亚航空公司在此事件中的推诿做法,他在其实名微博上称:"从内心开始抵制关于马来西亚的一切商品和旅游。"

MH370 航班失联前,马来西亚旅游业界预测,2014 年将有 200 万中国人赴马旅游。但该事件发生后,业内人士预测,2014 年中国赴马来西亚旅游人数将减少 40 万至 80 万;以人均消费 1 万元人民币来计算,2014 年马来西亚旅游业将损失 40 亿至 80 亿元人民币。

(资料来源:于立宵.受马航事件影响中国游客赴马旅游意愿明显下降[EB/OL].[2014-03-26]. http://www.chinanews.com/sh/2014/03-26/5997198.shtml.)

影响旅游者心理的社会因素

知识目标

1. 掌握社会环境的基本构成,了解不同层次旅游者的消费文化心理对人们消费行为的影响。
2. 掌握心理圈层的概念,了解不同圈层旅游者的心理特点。
3. 掌握家庭旅游决策的不同类型及特点。
4. 掌握文化的基本构成,了解不同文化特点对旅游者和消费行为的影响。
5. 掌握新媒体发展的不同类型,了解不同类型的新媒体对旅游者心理特点的影响。

能力目标

1. 能够正确认识不同社会环境对旅游者心理的影响,能够分析实际案例中不同社会环境旅游者的心理。
2. 能够正确认识不同圈层对旅游者心理的影响,能够分析实际案例中不同圈层旅游者的心理。
3. 能够正确认识不同家庭对旅游者心理的影响,能够分析实际案例中不同家庭旅游者的心理。
4. 能够正确认识不同文化对旅游者心理的影响,能够分析实际案例中不同文化旅游者的心理。
5. 能够正确认识不同类型新媒体对旅游者心理的影响,能够分析实际案例中不同类型新媒体对旅游者心理产生的影响。

课程思政

1. 明确社会因素对旅游者心理的影响,旅游职业人坚定思想信念,学会在与旅游者接触的过程中巧妙地融入爱国主义思想。
2. 明确影响旅游者心理的社会因素,爱岗敬业,提升旅游职业人的专业能力和个人修养。
3. 促进学生对不同社会环境旅游者心理的认识。
4. 促进学生对不同圈层旅游者心理的认识。

5. 促进学生对不同家庭旅游者心理的认识。
6. 促进学生对不同文化旅游者心理的认识。
7. 促进学生对不同类型新媒体的认识。
8. 具有分析和解决问题的能力。
9. 培养学生的团队协助、团队互助等意识。

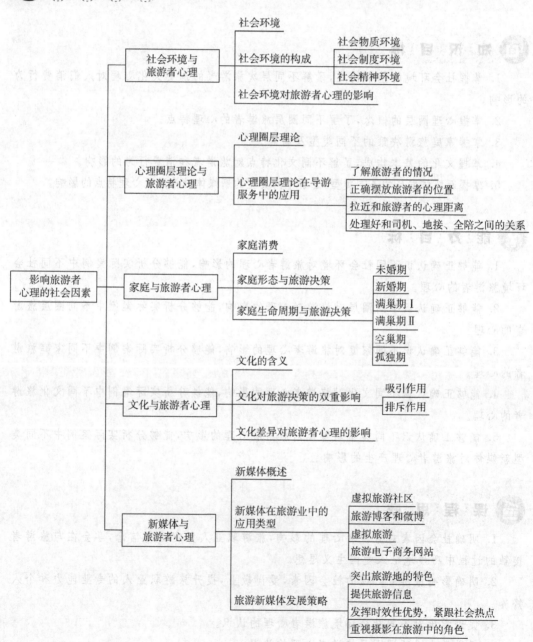

第一节 社会环境与旅游者心理

一、社会环境

社会是由具有共同物质条件而互相联系起来的人群组成的。人们出于不同的目的在各种活动过程中相互交往,产生政治的、经济的、文化的联系和错综复杂的社会关系,由此构成社会的文化性格,而这种文化性格又通过生活在社会中的人的行为所体现,可以说是人的整合构架了社会及其文化性格,而社会又反过来影响和约束着社会中人及人群的行为和心理。

社会环境是在自然环境的基础上,人类通过长期有意识的社会劳动,加工和改造了的自然物质,创造的物质生产体系,积累的物质文化等所形成的环境体系,是与自然环境相对的概念。社会环境一方面是人类精神文明和物质文明发展的标志,另一方面又随着人类文明的演进而不断地丰富和发展,所以也有人把社会环境称为文化—社会环境。故所谓社会环境即是文化与人及社会群体的态度的融合。

社会环境对人们职业生涯乃至人生发展都有重大影响。狭义的社会环境仅指人类生活的直接环境,如家庭、劳动组织、学习条件和其他集体性社团等。社会环境对人的形成和发展进化起着重要作用,同时人类活动给予社会环境以深刻的影响,而人类本身在适应改造社会环境的过程中也在不断变化。

人生活在社会中,人与社会环境的关系是最基本、最现实的关系。社会环境从心理角度对个人行为的影响,主要指态度、意见、群众行为及其他心理的社会情境。社会环境从文化角度对个人行为的影响,主要指道德、法律、宗教、风俗、时尚及人格的形成等。在上述影响下,人作为"社会人",追求着共同的生存需要、共同的生活服务设施、共同的文化、共同的风俗、共同的利益、共同关心的问题。这六方面的追求相互影响,升华为道德、信念、情感的和谐。从人与社会环境的关系看,这种和谐表现为人与自然的和谐、物象文化与心意文化的和谐、人际关系的和谐。

二、社会环境的构成

社会环境既然是人的第一社会关系,人们在认识环境时首先就要了解社会环境的构成。广义的社会环境十分复杂,概括起来主要有以下三类环境。

(一)社会物质环境

社会的文明,必须以物质的文明为基础。自有人类以来,人们出于生理的、生存的需要,创造了劳动,缔造了社会物质环境。

（二）社会制度环境

由社会人互动构成的社会环境，交织着纵横交错的社会关系，客观上就要求各种关系的建立和运行有序，促使社会平稳发展。在社会历史的漫长过程中，逐步创建了社会运动的法则，形成社会认同的制度环境。归纳起来有以下几类。

（1）社会体制环境，包括国体、政体等。

（2）社会层次环境，由社会的阶级、等级、阶层的组合和制约构成环境等。

（3）社会准则环境，包括社会的法律、典章、制度及社会行为规范等环境。

（4）社会交际环境，包括社交、节庆等，如生养婚娶、丧葬、祭祀、交际礼仪等诸多互动关系形成的环境。

（5）社会的风俗环境，包括社会时尚、民俗、民风等环境。

（6）社会的宗族环境，包括亲属、家庭、宗族、地域或行业形成的社群等环境。

（三）社会精神环境

社会心理和社会文化的深层积淀，形成了社会精神环境，其构成主要有以下几方面。

（1）社会一般人格环境，主要包括社会认同的品行、知识、理想、道德、处事能力、思想方法、思维方式等人格认同环境。

（2）社会宗教、信仰环境。

（3）社会文化环境，主要包括学术文化、意识文化、科学技术文化、教育文化、宣传传播文化等诸多社会文化环境。

（4）社会文学、艺术环境。如绘画、文艺、音乐、雕刻、文学创作等环境。

【案例分析】
放松身心首选
"心灵之旅"

三、社会环境对旅游者心理的影响

社会文明源于文化，社会环境的优化关键也在于文化的发展。旅游者消费文化的创造过程往往受多种文化心理因素的影响。从一般意义上说，旅游者消费文化心理可分为表层消费文化心理、浅层消费文化心理和深层消费文化心理。表层消费文化心理主要体现为物质消费文化心理表现；浅层消费文化心理是社会消费文化心理的表现；而深层消费文化心理是精神消费文化的心理表现。其中，表层消费文化心理受客观因素的影响最直接，因而表现得最不稳定、变化最快；与此相反，深层消费文化心理往往表现得最为稳定，构成了左右人们消费行为的最核心内容。

不同层次的旅游者的消费文化心理对人们消费行为的制约程度不同，其消费文化心理的层次差别制约着消费行为，但归根结底，外在的行为受表层、浅层文化心理支配，而表层、浅层文化心理又由深层次文化心理决定。以旅游者饮食消费文化为例，人们到不同地方旅游，喜欢吃什么，不喜欢吃什么，什么可以吃，什么不能吃，都受到深层消费文化心理的制约，有的民族或地区的居民在饮食上有所禁忌，即使他们到异国他乡旅游，也会保持这些禁忌，这就是文化习惯影响其在旅游过程中的消费思维、情感和消费行为。

【案例分析】
新时代个体
文明旅游
行为的倡议

第二节 心理圈层理论与旅游者心理

随着人们生活水平的提升,我国的旅游业取得了较快的发展,导游服务的质量也在不断提升,但是还存在一些问题,尤其是在如"地接与全陪""导游和司机""导游与旅游者"等的关系处理上涉及心理圈层问题,需要从旅游心理学角度出发,针对这些问题展开研究。

一、心理圈层理论

心理圈层可以分为对立层、利益统一层、游离层等。对立层是指产生矛盾,如果没有处理好,这些矛盾就会被激化,进而发生冲突;利益统一层是指人类在生活中会遇到一些和自己利益统一的人群,在某些事件的处理上,会提高对这一类人的影响,或者将耗损降到最低。如果人们没有将自己纳入利益统一层,就会进入游离层,会产生两种情况:一种是两个人比较熟悉,自己就会产生一些抵制情绪,进而出现一系列消极的行为;另一种是两个人不熟悉,自己将会视其为一个正常的现象,并且在与对方交往上采取积极的态度,试图进入利益统一层。

需要注意的是,心理圈层并不是固定不变的,人们在处理一件事的时候是这个心理圈层,在处理另外一件事的时候,因为接触的人发生了变化,心理圈层也就相应发生变化。心理圈层是一个具有临时性的圈层,圈层中的人员受相互之间的差异、人际交往历史和自身的交际范围等因素影响。

二、心理圈层理论在导游服务中的应用

(一)了解旅游者的情况

在整个旅游过程中,旅游团队是一个整体,导游要和旅游者直接接触,为了提高服务质量,导游必须了解每一个旅游者的基本情况,同时还要察言观色,在旅游过程中对旅游者的心理进行分析。在旅游团体中,每个旅游者都有自己的心理圈层,导游要以心理圈层理论为依据,全面了解每个旅游者的心理圈层,这样才能有的放矢,在旅游过程中根据每个旅游者的心理圈层处理相应的事件和内部人际关系,避免出现矛盾纠纷等现象。

(二)正确摆放旅游者的位置

众所周知,旅游者有消费的欲望和需求,能够为景区、导游带来收入。导游可以用好商店、酒店、景区等这些条件,满足旅游者的购物需求,实现双赢。因此,导游要将旅游者放在自己的"利益统一层",努力处理好和游客的关系,只有旅游者配合导游的工作,旅游活动才能取得较好的效果。

（三）拉近和旅游者的心理距离

导游将旅游者纳入自己的利益统一层，但是，旅游者并没有将导游纳入自己的利益统一层，因此，导游摆放好旅游者的位置之后，就要采取积极的措施，让旅游者将自己纳入其利益统一层，拉近和旅游者的心理距离就是一种有效的实施途径。如何拉近和旅游者的心理距离，导游重点要做到公平公正，这是人际交往中的最基本原则。在旅游过程中，导游不能由着自己的喜好，给自己喜欢的旅游者提供优质服务，而对自己不喜欢的旅游者给予恶劣的服务，这样会让旅游者反感。当旅游者中有残疾人、小孩和老人时，导游要提供耐心细致的服务。总而言之，导游的言行举止要获取所有人的认可，这样旅游者就会在旅游过程中处处配合导游的工作，并且将导游纳入自己的利益统一层，在行动和心理方面就会主动考虑到导游的利益。

（四）处理好和司机、地接、全陪之间的关系

司机、地接和全陪在旅游过程中是一个服务集体，在导游服务过程中，这三类人要针对工作的进展细节进行商量，并且要应付好旅游过程中出现的各种问题。在这三个人当中，占主导地位的是地接，司机和全陪作为辅助。导游要以心理圈层理论为基础，将对方纳入利益统一层，在工作过程中要做到互相谅解和互相尊重，给自己的工作，同时也给旅游者的旅游创造一个宽松愉悦的氛围，提高团队的接待质量和服务质量。

当前我们对旅游心理学的研究还不完善，有待进一步深入。最近几年，旅游者和导游发生冲突的事件频频出现。归根结底，还是导游和旅行社管理人员对旅游者心理不够重视，提供的服务不能满足旅游者的实际需要。针对这一问题，导游以及旅行社相关人员要加强对心理圈层理论的学习和认识，相关部门也要对导游进行心理学培训，提高导游服务质量，促进我国旅游业的发展。

第三节　家庭与旅游者心理

一、家庭消费

（一）家庭的含义

家庭是人们社会生活的基本单位，家庭是建立在婚姻、血缘关系或收养关系基础上的亲密合作、共同生活的小型群体。家庭不仅对家庭成员的消费观念、生活方式、消费习惯有重要影响，而且直接制约着消费的方向和购买决策的制定与实施。家庭的结构、形态、经济条件、父母的文化背景都会在一定程度上影响人们的消费观念与行为方式。

（二）家庭消费的特点

1. 决策的群体性

家庭消费是群体决策，家庭规模、家庭权力结构、家庭消费决策类型等都会对家庭旅游消费决策产生影响。

2. 产品的共同性和广泛性

家庭购买产品一般是供其成员共同使用，产品涉及生活消费品的方方面面。

3. 传承的代际性

家庭消费可以使上、下两代，甚至几代的代际层的消费品互相使用，其财产按照法律可以继承和转让。

4. 消费的差异性

由于家庭的收入水平、人员结构、受教育程度、职业、消费观念、思维方式的不同，不同家庭的消费在决策心理与购买行为上有明显差异。

（三）休闲旅游已成为现代家庭生活的重要组成部分

家庭是旅游活动的基本单位之一，休闲旅游是现代家庭的重要生活方式。中华民族是一个具有十分浓厚的家庭观念的民族，随着人民生活水平的提高，举家出游的比例越来越大。家庭旅游者是当前旅游企业的基本目标市场。中国家庭的闲暇生活已进入休闲、旅游和享受模式，已经有相当数量的家庭到市区及附近的风景区、郊区度假村、国内风景名胜区旅游。同时，钓鱼、学画、跳舞、登山、耕田、击剑、出海、骑马、打高尔夫球等闲暇生活方式也受到人们的喜爱。

二、家庭形态与旅游决策

（一）家庭形态

1. 延续式家庭

延续式家庭至少由祖孙三代人组成。

2. 核心式家庭

核心式家庭由夫妻及未婚子女组成。

3. 新式家庭

随着社会的发展变迁，我国出现了一些新式家庭，且这种类型所占比例呈上升之势，其旅游行为有很大的独特性。

（1）独身家庭。不愿结婚的独身主义者，一身轻松、来去自由，是各类旅游活动的积极参加者。

（2）丁克家庭。有生育能力和经济条件，但不愿生养孩子的家庭，是热衷旅游的活跃分子。

（3）单亲家庭。夫妻离婚后，由父亲或母亲一方抚养孩子的家庭。因孩子年幼或经

济负担过重,旅游活动较少。

(4) 单身家庭。夫妻离异后没有孩子的单身家庭,在旅游方面有较大的随意性,有的会成为旅游活动的积极参加者,把旅游视为满足其社交需要的一种重要途径,有的却甘愿离群索居,对旅游毫无兴趣。

(二) 家庭成员的地位对旅游决策的影响

家庭成员在旅游决策中的角色有:提议者、影响者、决策者、购买者和使用者。如以全家人到北京旅游为例,首先妻子提议到北京旅游,其次丈夫与孩子表示赞同,最后全家一起商量决定,再由妻子或丈夫办理各种手续,最后全家开开心心地赴京旅游。

(三) 家庭的决策类型

1. 丈夫决定型

这种家庭成员观念较传统保守,丈夫在旅游目的地的选择、交通工具的确定和住宿条件的把控上影响大。

2. 妻子决定型

由于女性社会地位、财产自由和家庭话语权的提升,很多家庭的"钱袋子"掌握在女性手中,围绕女性消费活动形成了"她经济"的特有的经济圈和经济现象。从注重价格到更关注品质,"宁愿多花钱买更好的东西"成为潮流。根据中欧国际工商学院调查结果,家庭消费中女性完全掌握支配权的比例占44.5%,与家人协商的比例占51.6%,做不了主的占3.9%。另外,女性个人消费在家庭支出中占一半的比例高达53.8%,这种决策类型在城市家庭中比较常见。

3. 双方商量一方决定型

如旅游时间、出游所带的生活用品等都是由夫妻双方共同商量,最终一方决定。

4. 双方商量共同决定型

这种类型在现代城市中较为普遍。夫妻双方文化水平较高,收入较高,思想开放,氛围民主,关系融洽。但决策速度较慢,购买理智较强。

5. 子女决定型

由于独生子女的特殊地位,孩子对旅游决策的影响虽然不是直接的,但影响却很强烈。如孩子的兴趣、需要等对旅游目的地、旅游项目、交通工具、住宿条件、餐饮食品都有很大影响。

三、家庭生命周期与旅游决策

(一) 未婚期:青年单身家庭

未婚青年人经济自立、身体状况佳、没有家庭负担,学习、娱乐、交友、健身、求新、求奇等需求较为突出,他们是旅游的生力军,是最具旅游潜力的群体。一些新型的旅游项目,如探险、攀岩、蹦极和自助游等旅游方式更具有时尚特征,更适合年轻人。

(二)新婚期:青年已婚无子女家庭

旅游与年轻人结婚几乎是相伴而行的,新婚期是比任何时期都更有可能去旅游的好时期,"蜜月旅行"成为时尚。现在很多年轻人由于事业、生活方面诸多考虑,并不是一结婚就准备要孩子,而是推迟生育时间,甚至不准备要孩子,因此新婚期的时期被延长。年轻无子女夫妇没有生活拖累,压力较小,消费欲望强,既有精力又有能力外出旅游,可将这类家庭视作潜力巨大的旅游者群体。

(三)满巢期Ⅰ:青年已婚有六岁以下孩子的家庭

这种家庭消费行为集中在满足儿童穿、吃、用、玩等方面。孩子年幼使得家庭出行极为不便,不大可能考虑远途旅游,只在家庭附近的公园、动物园进行休闲娱乐,且频率较高。举家出游的情况不多,但夫妇一方,尤其是男主人因商务活动等工作原因而外出旅游的可能性较大,或者有可能把孩子交给父母代管,小夫妻两人外出旅游。

(四)满巢期Ⅱ:中年已婚有六岁以上孩子的家庭

孩子进入学龄期,教育成了家庭的主题,旅游也成了对孩子进行教育,让孩子扩大视野的一个重要方面。家长会有意识地趁节假日期间带孩子外出旅游,但对旅游目的地的选择非常慎重,多以博物馆、纪念地、历史文化名城等人文景观为主。

(五)空巢期

家中最小的孩子开始离家生活,家中只剩夫妻两人,且两人的时间宽裕。这个时期的旅游的需求也很大,以城市休闲游为主,常与探亲结合。

(六)孤独期

老人离异或丧偶,成为单身老人家庭。一方面,家中只剩一人,必然会影响旅游出行积极性;另一方面,中国人具有尊老爱幼的传统美德,如果家里只剩下父亲或母亲,晚辈就会加倍予以关照,接到一起居住,子女也会主动陪伴父母外出旅游,出游的可能性反而更大。

第四节 文化与旅游者心理

一、文化的含义

文化是一种社会现象,是人们长期创造形成的产物,同时又是一种历史现象,是社会历史的积淀物。文化是凝结在物质之中又游离于物质之外的,能够被传承的国家或民族的历史、地理、风土人情、传统习俗、生活方式、文学艺术、行为规范、思维方式、价值观念

等,是人类之间进行交流的、普遍认可的一种能够传承的意识形态。

传统的观念认为,文化是人类在社会历史发展过程中所创造的物质财富和精神财富的总和。它包括物质文化、制度文化和心理文化三个方面。物质文化是指人类创造的物质文明,包括交通工具、服饰、日用品等,它是一种可见的显性文化;制度文化和心理文化分别指生活制度、家庭制度、社会制度,以及思维方式、宗教信仰、审美情趣,它们属于不可见的隐性文化,包括文学、哲学、政治等方面的内容。人类所创造的精神财富,包括信仰、风俗习惯、道德情操、学术思想、文学艺术、科学技术、各种制度等。

不管文化有多少定义,但有一点很明确,即文化的核心问题是人。有人才能创造文化,文化是人类智慧和创造力的体现。不同种族、不同民族的人创造不同的文化。人创造了文化,也享受文化,同时也受制于文化,最终又要不断地改造文化。我们都是文化的创造者,又是文化的享受者和改造者。人虽然要受文化的约束,但人在文化中永远是主动的。没有人的主动创造,文化便失去了光彩,失去了活力,甚至失去了生命。我们了解和研究文化,其实主要是观察和研究人的创造思想、创造行为、创造心理、创造手段及其最后成果,这些探索对我们了解旅游者的心理有积极的作用。

二、文化对旅游决策的双重影响

(一) 吸引作用

文化具有地域性、时代性与超地域性、超时代性的特征,这些特征使文化有了同质普遍性与异质独特性的特点,深刻影响旅游者的旅游决策心理。出于求新求异心理以及爱玩心理,旅游者外出旅游就是为了欣赏异地、异时、异于平常的异质文化。旅游是一种"玩文化",人们外出旅游就是"好玩""玩好"。旅游目的地的文化越具有地域性、民族性和时代性,特色越鲜明,价值就越大,对旅游者的吸引力就越强。独特的异质文化促使人们有兴趣抱着求新求异的心理去了解、体会和欣赏,有利于旅游业吸引国内外的旅游者,促使旅游者做出旅游的决策。

(二) 排斥作用

跨国、跨地区旅游最大的障碍就是文化差异与心理障碍。主客在接触过程中,由于不同文化背景的隔阂产生的知觉偏见和文化差异,使双方沟通困难,人类学称这种现象为文化距离。首先,语言障碍导致主客相互之间不能充分沟通与理解;其次,经济和政治结构与发展水平的不同,因而主客在意识和观念上存在差别,缺乏沟通基础;再次,主客相互接触中由于时间很短,而双方都十分拘谨,无法得到相互充分理解的机会;最后,频繁变化的文化也是一种重要的障碍因素。例如,有一些狭隘的地方主义者,认为这种沟通难以进行,甚至使旅游者与当地人发生冲突;一些旅游服务人员为牟取暴利,坑骗旅游者,使得这种隔阂与冲突更加严重,直接影响到旅游者的总体感受,以至于发出"不到某地一辈子遗憾,到了某地遗憾一辈子"的感慨。

三、文化差异对旅游者心理的影响

（一）文化差异的含义

文化差异是人们在不同环境中形成的，它是一种语言、知识的差异，也是价值观、风俗习惯的差异，不同地域的人在思想观念的很多方面是不同的。它是一种特有的民族心理，也是一种文化氛围。

文化差异是由于文化背景不同而导致人们价值观不同和评判行为标准不同。不同的国家有不同的文化，导致政治、经济、体制、文化、艺术等各个方面都不尽相同，每一个民族的文化也都有其独特性，各个民族的文字、语言、性格、风俗，甚至饮食习惯与穿衣风格也大不相同。

我国古代，人们崇尚的是对故乡的思念，有的文人墨客因为赶考、赴任等原因，不得不离开故乡去远行，在孤独漫长的旅途中思念家乡和亲人心切，只能将丰富、细腻的心理感受寄情于美丽的湖光山色之间，借此来抒发自己的情感，留下了许多千古佳句，成为中华文化中的瑰宝。西方的旅游者则更加重视对外部世界的考察，他们会将游历过程中的点点滴滴都进行翔实记录。可见，中国旅游者重视的是内心的思想活动，而外国旅游者重视的则是对外部世界的科学考察活动。

（二）文化差异的影响

发达的信息媒体为人们提供了了解不同文化的渠道，使他们产生了更多外出旅游的动机。即便如此，不同文化环境中的旅游者，仍然具有不同的价值观念和行为方式。通常，地域越接近的国家，其文化差异相对越小；而地域上相隔越远的国家，文化差异就越大。下面是亚洲旅游者和欧美旅游者之间的差异。

1. 旅游价值取向

来自不同国家和不同文化背景的人，具有不同的旅游价值取向，且差异性非常明显。亚洲旅游者多具集体主义精神，更倾向于按计划结伴出游，他们不喜欢危险活动，也不会过度张扬，喜欢稳定而安静，他们受固有文化的影响，对文化的认同感比较执着。而欧美旅游者推崇个人主义精神，注重个人的体验，在旅游中他们更倾向于自由的探险行为，注重在旅游活动中追求自我实现，喜欢和旅游目的地的居民深度交往。

2. 旅游行为差异

在旅游行为上，亚洲旅游者喜欢以集体的形式出游，他们很注意安全，不冒险，喜欢有导游的引导，喜欢在旅游地购物。欧美旅游者喜欢独自作为背包客，深入旅游目的地进行探险，他们追求刺激，喜欢体验各种新鲜事物，体验旅游目的地的当地文化，原汁原味的异域风情。他们在旅游中比较主动，但是不喜欢购物，对他们来说，购物是浪费时间。

3. 旅游形式差异

在旅游形式上，欧美旅游者和亚洲旅游者也是完全不同的。亚洲旅游者喜欢按照旅

行社设定好的某一路线来旅游,行程、酒店都是固定的,用餐的时间也是有规律的。亚洲旅游者认为这种设定好的旅游路线比较有安全感,可以预先知道自己要去的地方,好做计划。而欧美旅行者却不喜欢这种形式,他们不喜欢受旅行团的约束,更喜欢对旅游目的地进行深度探索,个人行动缺乏规律,不一定要对每个景点都进行游览。针对旅游者的不同,旅游目的地在开发自己本土文化特色的产品时,要考虑不同文化背景的旅游者对产品的接受度。

【案例分析】
我国古代旅行家徐霞客的北岳恒山之旅

第五节 新媒体与旅游者心理

一、新媒体概述

随着科技的发展,新媒体技术的应用日渐广泛,传统媒体和新媒体的结合互补,推进着传媒产业的发展。

(一)新媒体的界定

新媒体是相对于传统媒体而言的,是利用数字技术、网络技术、移动技术等新技术,通过互联网、无线通信网、卫星等渠道,以及计算机、手机、数字电视等终端,向用户提供信息和娱乐服务的传播形态和媒体形态。

新媒体也被称为"第五媒体",是通过社会化网络服务进行信息传播的媒体形式,包括社交网络、网络视频、手机媒体等应用形式。新媒体受众庞大,尤其受到中青年知识人群的喜爱,因而其营销价值远远超过传统的媒体方式。新媒体技术打破了传统信息传播者与受众之间的界限,以其独有的交互性与即时性、海量性与共享性、个性化与社群化的特点,改变了现代人的消费选择与生活方式。

(二)新媒体与旅游

旅游活动与传媒息息相关,旅游业的生存和发展同样离不开传媒的支持和参与,传媒业的发展与进步必然促进旅游业经营与管理的变革。目前,旅游活动已经从观赏型向参与体验型转变,随着散客时代的到来,旅游者更加强调自主性和个性化,对新兴媒体的依赖性也会增强。

二、新媒体在旅游业中的应用类型

(一)虚拟旅游社区

虚拟旅游社区作为虚拟社区的一种特定类型,主要是由以旅游为讨论主题的成员聚集而成的,是新媒体与旅游交叉研究中最早得到相关学者关注的对象。虚拟旅游社区使旅游者获取信息、保持联系、发展关系更容易,有助于其最终做出旅游决策。此类型的应用有马蜂窝旅行网、穷游论坛等一系列的网络社区。

（二）旅游博客和微博

随着网络信息化的快速发展,旅游博客为消费者对目的地及其产品和服务的感知提供了一种新的表达方式。综观微博、博客等自媒体,有越来越多的自媒体人在进行旅游宣传与营销活动,与此同时,在网络时代,我们每一个人其实都是自媒体的运营者,因此也不同程度地参与到了微博、博客的旅游宣传中。

（三）虚拟旅游

虚拟旅游是一种建立在现实旅游景观基础上的旅行方式,利用虚拟现实技术,通过模拟或超现实景,构建一个虚拟的三维立体旅游环境。网友足不出户,就能在三维立体的虚拟环境中遍览遥在万里之外的风光美景,形象逼真,细致生动。此类型的应用多见于旅游地网站的导览等,方便旅行者在做出旅行决策前提前感受目的地景观。

（四）旅游电子商务网站

旅游电子商务网站不仅拥有传播优势,同时也缩短了信息获取和到达的双方距离。旅游电子商务网站在旅游推广中独具优势,很大程度上已经开始取代传统旅行社的咨询功能。旅游电子商务网站拥有庞大而稳定的受众群,个性化的信息传播给予广大受众极大的自主和便利。国内类似网站有同程网、携程网、去哪儿网等。

三、旅游新媒体发展策略

（一）突出旅游地的特色

旅游凝视指向自然风光和城市景观的特征,这些特征把它们与日常的经验区分开。这些东西之所以被观看,是因为它们在某种意义上被视为非同寻常。这种凝视是通过标志被建构起来的,而旅游就包含着这种标志的收集。例如,当游客看到浙江乌镇的油纸伞、乌篷船的时候,他们凝视的就是"诗意的江南水乡"。类似的还有富有民族风情的云南,古老的历史名城西安,吃着烤全羊、住着蒙古包的内蒙古大草原等。

对旅游地的想象,不是纯粹的个人行为,而是经过社会的组织,尤其是通过媒体的组织行为。旅游媒体在建构和发展游客凝视的过程中起到了很大的作用。后现代旅游者更加注重旅游的独特性,追求的是浪漫旅游凝视。因此,旅游新媒体也越来越强调小众特色,寻找旅游地的特点,赋予其与众不同的意义,以此来吸引旅游者的注意。

以某微信公众号为例,作者把自己定义为"自由行走的人",致力于发现最具小众特色的旅行体验。公众号的自我介绍里写着:"我们是小众特色旅行信息聚合平台,我们每天推送原创的旅行与生活方式内容资讯,提供有特色体验与当地风情的旅行度假产品。"由

此可见其对"小众特色"的强调和重视。

(二)提供旅游信息

旅行者关注旅游媒体的一个重要原因就在于对信息的需求。因此,旅游新媒体的基本功能应该是为受众提供信息。互联网的发展使许多旅游功能得以综合、汇总到一起,为游客提供了便利。以途牛旅游 App 为例,打开首页能看到的功能有订机票火车票、订酒店、订景点门票、签证、旅行团报名、目的地攻略、婚纱旅拍等,还可以根据用户的目的地、旅游时长,推荐相应的旅游产品。功能齐全,甚至可以一条龙服务到底。

很多新媒体都把旅游和美食放在一起。例如,某微信公众号介绍中山路上的美食,将这条美食街分为中山北路、中山中路、中山南路三部分,先简要概括三部分的特点,再分小节进行介绍。每小节开头先附上一张手绘觅食地图,然后依次介绍该部分的特色美食,还贴心地附上了该店的地址、营业时间和人均消费。选题契合受众的兴趣,提供的信息齐全,配图也很诱人,是一期典型的旅游美食推荐,也是一篇佳作。

(三)发挥时效性优势,紧跟社会热点

新媒体的一个突出优势就在于更新速度快,具有实时性。旅游内容如果能够紧跟社会热点,也会具有更广泛的传播效果。这点在旅游新媒体中也已有所体现。例如,"抖音获赞破亿、千万网友来打卡,带你解锁不一样玩法",就是看准了抖音在受众中的普及,通过借势营销取得了良好的传播效果。

(四)重视摄影在旅游中的角色

摄影是当代旅游必不可少甚至是至关重要的一部分。旅游新媒体应重视摄影在旅游中的重要角色,在内容中插入旅游相关内容的宣传,不仅能稳固既有市场,还能开拓新的市场,扩大传播效果。通过摄影比赛、摄影作品展览等方式,宣传当地形象,提高知名度,聚集人气,引起新闻媒体及个人的关注,能够引来众多的旅游者,推动当地经济及文化旅游产业的发展。

综上,新媒体延续了多媒体简单、易用的时代性特征,又展现了全新的互动模式。在此基础上所做的新媒体营销,对于旅游资源的宣传推广有着高精准性与高转换率的实效。新媒体时代下的旅游宣传推广策略必须建立在整合媒体资源的基础之上,共同构成一个全面的旅游营销体系。利用新媒体宣传打造更多的旅游特色项目,定能更好地展示祖国各地的发展与繁荣。

知识归纳

旅游者行为是一种极其复杂的社会现象,旅游者的购买决策过程是一种复杂的心理活动过程,它不仅受旅游者自身的个性心理特征、个性倾向性、需求、动机等内在因素的影响,而且受社会经济、社会文化、社会分工等外部因素的影响,本章着重研究社会因素对旅游者心理的影响。

不同的社会环境、圈层、家庭、文化和新媒体的影响,都会对旅游者的心理产生不同的

影响,社会物质环境、社会制度环境、社会精神环境对旅游者都会产生不同的心理影响,不同层次的旅游者的消费文化心理对人们消费行为的制约程度也不相同。消费文化心理的层次差别,制约着消费者的行为,但归根结底外在的行为受表层、浅层文化心理支配,而表层、浅层文化心理又对深层文化心理起决定作用。

在旅游团体中,每个游客都有自己的心理圈层。导游要以心理圈层理论为依据,全面了解每个游客的心理圈层,这样才能有的放矢,在旅游过程中,根据每个游客的心理圈层处理相应的事件和内部人际关系,避免出现矛盾纠纷等现象。

不同家庭的生命周期对旅游决策也会有很大的影响。未婚期、新婚期、满巢期Ⅰ、满巢期Ⅱ的决策方式有很大的不同。

文化是一种社会现象,是人们长期创造形成的产物,同时又是一种历史现象,是社会历史的积淀物。文化差异是人们在不同环境中形成的,它是一种语言、知识的差异,也是价值观、风俗习惯的差异,不同地域的人在思想观念的很多方面是不同的。它是一种特有的民族心理,也是一种文化氛围。

随着社会的飞速发展,新媒体在旅游当中的应用也越来越广泛,虚拟旅游社区、旅游博客和微博、虚拟旅游、旅游电子商务网站等,渐渐地也占据了旅游市场很大的比例。

典型案例

乡村旅游市场调研——以三门峡为例

乡村旅游不仅是乡村经济发展的有效途径之一,而且以其独特的宽域交互的发展形态,将带来社会、文化等诸多方面的价值。在很多地区,乡村旅游纷纷被提高到地方发展的战略高度。在三门峡市展开的调查研究表明,游客的消费特性及旅游偏好具有以下特点。

(1) 根据游客到三门峡市旅游的目的调查分析显示,游客出游动机中所占比例最高的是休闲度假,占73.7%;其次是游览观光,为52.2%;再次是民俗体验,占44.6%,但都小于休闲度假;其他的旅游动机所占比重则相对较少,但从总体上说明了游客的旅游动机是多样性的,旅游产品的市场感召力能影响到游客的出游动机。

(2) 从影响游客的出游因素来看,第一要素是景区特色、服务质量及价格。经调查,游客对三门峡市的食宿条件、交通条件满意度较高,但对景区特色及服务质量满意度较低。

(3) 游客获取三门峡乡村旅游信息的第一渠道是亲友介绍,占72.5%;第二渠道是网络、影视媒体,分别占60.5%、55.7%;第三渠道是通过旅行社获取信息,仅占31.5%。说明游客不太在意旅行社提供的信息,而对亲友的推荐介绍则十分信任。在旅游方式选择上也能较好地体现这一点,34%的游客选择与家人、朋友同行,家庭式出游的比重最高,占20%以上,高于其他选项,而对旅游组织机构的选择比例较小。

(4) 根据调研统计数据显示,游客在三门峡市乡村旅游游玩停留天数在三天及以上的,占到样本总数的53.5%(含三门峡市本地居民),抽样调查中有72.8%的游客非常希望在旅游过程中参与体验活动,这对乡村旅游产品的多元化发展是很好的启示。

(5) 游客对三门峡市乡村旅游产品的选择,首先是对三门峡地方特色旅游的需求比例占85.3%;其次是乡村旅游产品的参与体验性,频率为76.2%。旅游产品的选择比例在20%以上的有秀丽的自然山水和田园风光、品味悠久的历史文化和农耕文明、欣赏奇异多彩的特色乡村民俗、参与别具一格的特色手工纪念品制作、品尝美味的地方特色小吃等。因此,三门峡市乡村旅游产品的开发应当在民俗文化中的特色民俗活动和饮食民俗多做文章,对乡村旅游发展中地方特色旅游项目和参与体验性项目必须引起开发、策划人员的重视。

(6) 乡村旅游是三门峡市及大黄河之旅后,重点推出的旅游产品之一,根据抽样调查显示,48.5%的游客表示参与过三门峡市乡村旅游活动,68.2%的游客表示有机会一定体验三门峡市的乡村旅游产品;参与过三门峡市乡村旅游活动的游客,87.7%的游客认为给人留下的印象深刻,65.7%的游客表示下次旅游愿意选择类似的旅游项目。由此可见,乡村旅游项目具有较强的吸引力。

(资料来源:史慧俊. 三门峡乡村旅游市场调查分析及开发对策[J]. 甘肃农业,2019(04):43-46.)

知识测试

一、单项选择题

1. 引起和影响社会行为因素除了社会因素、社会过程、社会组织,还包括(　　)。
   A. 社会服务　　　　B. 社会变迁　　　　C. 社会顺应　　　　D. 社会同化
2. 心理圈层理论在导游服务中的应用不包括(　　)。
   A. 了解游客的情况
   B. 处理好和司机、地陪、全陪之间的关系
   C. 拉近与游客的心理距离
   D. 导游将游客排除在自己的"利益统一层"
3. 家庭的消费特点不包括(　　)。
   A. 产品的共同性和广泛性　　　　B. 转承的代际性
   C. 家庭的规模性　　　　　　　　D. 消费差异性
4. 下列选项中是新媒体在旅游业中应用类型的是(　　)。
   A. 旅游景观　　　B. 虚拟旅游　　　C. 旅游感知　　　D. 旅游主题
5. 旅游包含旅游主体、旅游客体、旅游环境及(　　)。
   A. 旅游媒介　　　B. 旅游传承　　　C. 旅游文化　　　D. 旅游风俗
6. 家庭决策的类型包括(　　)。
   A. 长辈决定型　　　　　　　　B. 民主投票型
   C. 妻子决定型　　　　　　　　D. 强制决定型
7. 新媒体发展的策略包括(　　)。
   A. 发挥时效性优势,紧跟社会热点　　B. 新媒体与旅游文化的分离
   C. 新媒体与旅游文化的融合　　　　　D. 新媒体与自然景观的融合

8. 东西方文化差异存在有旅游价值取向、旅游行为差异和(　　)。
   A. 旅游形式差异　　　　　　B. 旅游交通差异
   C. 旅游界面差异　　　　　　D. 旅游热点差异

二、多项选择题

1. 家庭的生命周期包括(　　)。
   A. 未婚期　　　　B. 新婚期　　　　C. 满巢期Ⅰ
   D. 满巢期Ⅱ　　　E. 空巢期　　　　F. 孤独期
2. 社会精神环境主要由(　　)组成。
   A. 社会一般人环境　　　　　B. 社会宗教、信仰环境
   C. 社会文化环境　　　　　　D. 社会文学、艺术环境
3. 社会文化环境对旅游者的影响过程包括(　　)。
   A. 社会文化影响风俗习惯，从而影响旅游者的消费心理
   B. 社会文化决定旅游者的价值观念和行为准则，从而影响旅游者的消费心理
   C. 社会文化环境具有多样性
   D. 社会文化环境具有动态性

三、简答题

1. 新媒体在旅游业中的应用类型包括哪几种？
2. 简述心理圈层理论的内容。
3. 社会环境的构成包括哪些？
4. 文化的概念是什么？

实 操 拓 展

运用相关理论分析：这位西欧女士为什么不讲情理，总经理的做法是否存在问题，你认为最恰当的做法是什么？

送给外国女士的礼物

一位很有身份的西欧女士来华访问，下榻于北方一家豪华大酒店，酒店以 VIP 的规格隆重接待这位女士，她很满意，陪同入房的总经理见女士兴致很高，为了表达酒店对她的心意，主动提出了送她一件中国旗袍。她欣然同意，并随即让酒店裁缝量了尺寸，总经理很高兴能送给尊敬的女士这样一份礼物。几天后，总经理将做好的鲜艳漂亮的丝绸旗袍送来时，不料，这位肖女士却面露怒色，勉强收下。

几天后，女士离店了，她把这件珍贵的旗袍当作垃圾扔在了酒店客房的角落里，总经理大感不解。经多方打听才了解到，客人在酒店餐厅里看见女服务员多穿旗袍。而在市区大街小巷，时髦女士却无一人穿旗袍。因此，她误认为那是侍女特定的服装款式，故生气地将旗袍丢弃，总经理听说后啼笑皆非，为自己当初这么个"高明"的点子懊悔不已。

第二篇

旅游服务心理

第二篇

旅游服务心理

游览活动服务心理

知识目标

1. 掌握游览活动的基本概念和内涵。
2. 掌握横向整体化旅游服务以及旅游者的心理需求。
3. 掌握纵向整体化旅游服务以及旅游者的心理需求。

能力目标

1. 学会分析旅游者投诉心理,掌握投诉处理的心理策略。
2. 学会分析导游的基本心理要求,掌握导游服务的心理策略。

课程思政

1. 树立正确的旅游服务心理观。
2. 掌握服务技能,提升个人的业务能力与道德素养。
3. 掌握人际交往的心理需求和策略,提高对他人的心理认知能力。

思维导图

```
                                        ┌─ 游览活动中的投诉心理 ─┬─ 旅游者投诉的原因
                                        │                      ├─ 旅游者投诉的心理类型
                                        │                      └─ 处理旅游者投诉的心理策略
游览活动   ── 游览活动中的 ──┼─ 游览活动中的人际交往心理 ─┬─ 旅游人际交往的心理需要
服务心理        其他服务心理  │                              └─ 旅游人际交往的心理策略
                                        │
                                        └─ 游览活动中的安全事故处理心理 ─┬─ 处理安全事故的心理需要
                                                                          └─ 处理安全事故的心理策略
```

第一节 游览活动服务心理概述

有学者将旅游业比喻为"一个缩小的世界",因为旅游业在满足人类各种层次的需要方面提供的服务并不少于其他产业,事实上,旅游业的本质就是服务行业。游览活动既是旅游六要素"吃、住、行、游、购、娱"中的核心要素,也是影响旅游者体验感的重要因素。作为旅游服务者,要想做好游览活动服务工作,不仅要提高服务技能,更要具备一定的心理学常识,只有这样才能让旅游者乘兴而来,满意而归。

一、游览活动服务心理

(一)游览活动的定义

游览活动是指旅游者专程为消遣或观光从客源地到其他地方从容地参观、欣赏名胜或风景的活动。

(二)游览活动服务的定义

游览活动服务是指旅游服务人员通过各种设施、设备、方法、手段、途径满足旅游者生理和心理需要,触动旅游者情感,唤起旅游者心理的共鸣,使旅游者产生惬意、幸福之感并乐于交流、乐于消费的活动过程。

(三)游览活动服务心理的定义

游览活动服务心理是指旅游服务人员在接待旅游者的过程中的心理活动。游览活动服务的过程是通过人与人的交往来完成的,其实质就是旅游服务人员通过与旅游者的交往以帮助旅游者获得美好经历的过程。要完成这一工作,旅游工作者需要懂得旅游者的心理,满足旅游者的需要,有针对性地提供适宜的、周到的服务,才能最终达到令旅游者满意的效果。优质服务的实质就是心理服务,只有从旅游者的心理需求出发,针对旅游者的心理特点才能提供优质服务。

二、游览活动服务的内容和服务心理

游览活动服务的内容丰富、涉及面广,服务内容既能细致到旅游者的食宿安排,也能涵盖整个旅游活动的统筹安排。根据不同的角度,游览活动服务内容有不同的归类,主要类别如下。

(一)功能服务和心理服务

旅游服务具有机能性服务和情绪性服务的双重性。因此,根据游览活动服务的性质,可以将游览活动服务分为功能服务和心理服务。功能服务和心理服务在游览活动服务中缺一不可,相互影响,服务人员具有较好的心理素质才能高质量地完成功能服务。

1. 功能服务

功能服务包括组织旅游者到景区参观游览、在景区进行讲解服务、在酒店安排食宿等基础保障服务。功能服务质量的好坏,从本质上看是由服务人员的专业技能素质决定的。功能服务对旅游者来说是进行游览活动的基本要求,能让旅游者顺利地进行游览活动。当服务人员在接待过程中展现了超高的技能水平,会迅速得到旅游者的认可,有利于游览活动的开展。

2. 心理服务

心理服务包括服务意识、对待旅游者的服务态度、服务人员的仪容仪表和语言营造出的气氛等。心理服务不便于测量,其服务质量的好坏,从本质上看是由服务人员的心理素质决定的。心理服务对旅游者来说是进行游览活动的附加要求,能使旅游者得到心理上的满足。同一名景区服务人员,在不同的情绪下,其语气、语调、表情等都会有所不同,旅游者则会通过这些去判断自己是否受到欢迎和尊重。情绪是会互相影响的,服务人员的热情会带动旅游者的情绪,使旅游者快速融入新的环境,有较好的旅游体验;服务人员的冷淡则会使旅游者产生紧张和消极的情绪,影响游览活动的质量。

(二)横向整体化服务

游览活动中的横向整体化服务包括服务态度、服务语言、服务技术、服务项目和服务时机等方面。

1. 服务态度

服务态度是服务人员对旅游者和服务工作的一种行为倾向。良好的服务态度是提高服务质量的基础,是评价服务质量的重要因素。

(1)服务态度的心理功能。

① 尊重吸引与否定驱逐功能。良好的服务态度会对旅游者产生吸引力;低劣的服务态度则会使旅游者反感。服务人员热情、周到的服务态度会提高旅游者的认可度和依赖度,为游览活动提供有利条件;服务人员冷漠、敷衍的服务态度则会降低旅游者的满意度,引发矛盾,最终导致争吵或是投诉。

② 关心感化与伤害激化功能。感化是指良好的服务能化解旅游者的不满情绪和转

变认知;激化是在服务过程中旅游者的情绪波动、理智失控、心理冲突加剧的心理作用。关心感化与伤害激化是尊重吸引与否定驱逐的更深层次,当客人对服务人员非常满意或是强烈不满时才会产生感化和激化的表现。

(2) 改善服务态度的策略。

① 自我尊重。自我尊重要求服务人员正确认识、客观地看待服务工作。首先,服务人员应树立起人人平等的观念。要想得到他人尊重,必先自重,服务人员都是靠自己的努力获得报酬,职业没有高低贵贱,因此不要觉得低人一等,也不必为此感到自卑,每一个岗位都值得被尊重。其次,服务人员应正确认识旅游者。旅游者也是普通人,并不会刻意为难服务人员,用心做好本职工作并真心实意地为客人着想,客人是能感受到的。因此,服务人员为其提供服务时,应周到热情,不卑不亢。

② 自我提高。服务人员的能力要求包括专业知识、职业技能和心理素质。增加专业知识的储备,更好地为旅游者解疑释惑;提高职业技能,减少工作中的失误;增强心理素质,形成积极乐观的心境,展现出热情、礼貌、优质的服务态度。

小知识

提升服务态度的"十把金钥匙"

第一,顾客就是上帝;第二,微笑;第三,真诚、诚实和友好;第四,提供快速敏捷的服务;第五,经常使用两句具有魅力的话语,即"我能帮助您吗"和"不用谢";第六,佩戴好自己的名牌;第七,修饰自己的容貌;第八,有与他人合作的团队精神;第九,先用尊称向顾客问候;第十,熟悉自己的工作。

2. 服务语言

服务语言是在旅游服务过程中,服务人员借助于一定的词汇、语调表达思想、感情、意愿,与游客进行交往的一种比较规范的并能反映一定文明程度的而又比较灵活的口头语言。

(1) 服务语言的心理功能。服务语言具有社会性,直接影响旅游者的心理和行为。不同的服务语言给旅游者带来不同的心理感受:准确、得体、热情的服务语言会给旅游者带来亲切、自然的心理感受;灵活、委婉、文雅、有礼貌的服务语言会给旅游者带来受到尊重和关心的感觉;清晰、明确、简洁、中肯、实事求是的语言会给旅游者舒畅和可信任的感觉。

(2) 服务语言的规范:①言之有物:内容具体充实,不讲空话、大话;②言之有理:有理有据,不弄虚作假、胡编乱造;③言之有情:语言友好,真情实意;④言之有礼:有礼貌,谈吐文雅。

(3) 无声语言。无声语言是指除了声音、语调、用语、语气外,非口头的肢体动作及表情。语言交流中无声语言和有声语言的结合会给旅游者带来视觉和听觉的双向刺激,达到较好的语言沟通效果。例如旅游者询问游览路线时,应微笑回答客人,不能呈现出不耐烦或是不高兴的表情,并且使用规范的手势向客人指示,尤其忌讳用食指指向旅游者。

3. 服务技术

服务技术是指旅游服务人员在为旅游者提供服务时所体现出来的实际加工制作技巧和服务接待技艺。服务时间短、效率高、动作麻利、指向性准确、成果非同一般,会使旅客产生一种安全、可靠、欢乐、美好享受和继续消费的心理。对服务人员来说,应具备专业的服务技能和一定的文化修养与底蕴,并且掌握顾客的个性心理。

4. 服务项目

服务项目是服务业的服务内容,项目设置的合理性代表着旅游业的管理水平。服务项目具有提供便利、刺激消费欲望、满足精神享受的心理功能。游览活动作为旅游活动的核心,项目的设置尤为重要,进行服务项目设置时,要充分考虑旅游者的游览心理,力求做到务实、灵活和实惠。

5. 服务时机

服务时机是指服务人员在为旅游者提供服务时选择的时间点。旅游者对于提供服务的时机是有要求的,当服务时机超前时,旅游者会觉得服务人员过分热情,从而怀疑其提供服务的出发点;当服务时机和旅游者希望得到服务的时间相同时,旅游者会觉得这样的服务恰到好处,对其心理和行为产生良性影响;当服务时机滞后时,旅游者会因为得不到及时的服务而感到不耐烦。因此,在接待旅游者的过程中,服务人员应随时关注旅游者,通过对其表情、体态及语言的观察,把握最佳的服务时机,为旅游者提供恰到好处的服务。

(三) 纵向整体化服务

根据游览活动的时间,纵向整体化服务可以分为游览活动前期服务、游览活动中期服务、游览活动后期服务。游览时间不同,旅游者的心理需求不同,则对应的服务策略也会有所不同。

1. 游览活动前期服务

(1) 游览活动前期服务心理需求。旅游者离开常住地,到一个陌生的地方进行游览活动,心理状态是复杂的。当旅游者到了新的环境,见识到不同的景色和习俗,内心是激动、兴奋的,对新鲜事物是好奇的,对于未知的旅程是有期待的,期待能看到美丽的风景、感受不同的风俗习惯、结识新的朋友。在陌生的环境中,要接触来自五湖四海的团队旅游者,人生地疏、语言不通,内心是紧张不安的,担心不能适应新的环境,也担心是否会有安全问题。

(2) 游览活动前期服务策略。在游览活动前期,旅游者对接待人员的依赖是最大的,因此,接待人员在前期服务中应做到以下几点。

① 热情地迎接旅游者。旅游者在陌生的环境中希望得到关心和帮助,接待人员应提前了解旅游者的信息,主动进行自我介绍和行程介绍,积极地和旅游者交流,用热情、细心、耐心的服务拉近和旅游者的距离,树立良好的第一印象,尽快得到旅游者的认可。

② 帮助旅游者认识周边环境。陌生的环境容易让人产生紧张的情绪,因此接待人员可以先安排一些轻松、悠闲的游览项目,使旅游者逐渐熟悉当地的环境和风土人情。对于交通、气候、风俗、美食,接待人员应详细介绍,转移客人的注意力,消除客人的紧张情绪。

③ 形成旅游团纪律及活动秩序。在游览活动初期,旅游者对环境不熟悉,对接待人员比较信任,也比较服从安排和指挥。接待人员可以利用这种心理,提前明确团队游览活动的纪律和秩序要求。

2. 游览活动中期服务

(1) 游览活动中期服务心理需求。游览活动中期,旅游者对环境和风俗习惯逐渐熟悉,和同行的队友消除了疏离感,紧张和不安的情绪得到了缓解,逐步进入最佳的旅游状态。这个时间段,旅游者对观光景点和名胜的期望达到峰值,期望能看到最美的景色,得到最优质的服务。同时,旅游者不好的行为习惯也暴露出来,例如懒散、没有时间观念、丢三落四等,这些情况可能会激发团队旅游者间的矛盾,增加游览活动进行的难度。

(2) 游览活动中期服务策略。

① 注重旅游体验感,提高服务质量。旅游者满意度是由期望值与实际接受的服务决定的。当实际接受的服务不如期望值时,旅游者感到不满意;当实际接受的服务比期望值高或是和期望值相同时,旅游者感到满意。旅游者的期望值是没有办法改变的,接待人员只能提高自己的服务技能,与领队保持沟通,了解旅游者的特殊情况,提前计划和安排好游览项目,避免意外情况的发生,以此来提高旅游者的满意度。

② 提醒游览秩序及规定。为了避免旅游者频繁脱团,接待人员应在出发时、游览中不断地强调游览时间、集合时间地点、游览注意事项等,强化旅游者时间观念,增强团队意识。同时提醒旅游者保管好贵重物品、注意人身安全,保证游览活动的进行。

3. 游览活动后期服务

(1) 游览活动后期服务心理需求。

临近游览活动结束,旅游者的心理活动各不相同。经过数天的行程,旅游者可能会缺乏游览热情、感到疲倦;会因为还没准备好特产和纪念品而感到焦虑;会因为即将离开而感到依依不舍;也会因为即将回家而感到兴奋。

(2) 游览活动后期服务策略。

① 减少游览活动,给旅游者预留充足的自由活动时间。临近离开,旅游者需要收拾行李、购买纪念品、拍照留念等,接待人员应调慢活动节奏,给旅游者留下充足的个人支配时间处理各种事务。

② 做好各种补救工作。在游览活动中,旅游者难免会对游览行程或是接待服务不满,产生消极情绪。接待人员应抓住时机,通过道歉、赠送纪念品、合影留念等方式,尽力补救或是挽回形象,使旅游者不带着遗憾结束行程。

③ 安排好送行工作。旅游者在离开旅游地时,接待人员应热情地送行。送行时和旅游者共同回顾游览活动中的愉快经历,表达对旅游者的感谢、不舍以及真诚的祝愿,条件允许的情况下还可以开欢送会,给旅游者留下深刻的印象。

(四) 旅游行业不同领域的服务

游览活动中涉及的服务领域主要有旅行社服务、交通服务、酒店服务、旅游景区服务、商品销售服务。旅行社服务包括组团、行程安排、导游讲解等;交通服务包括航空、铁路、游览车、游船等;酒店服务包括前厅接待、餐饮安排、客房安排、康乐服务等;旅游景区服务包括景区接待、景点讲解、文化宣传等;商品销售服务包括商品介绍、交易及售后。

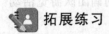 拓展练习

导游小张错了吗

成都导游小张学识渊博,讲解风趣幽默,深受游客的喜欢。近日,小张接待了一个老

年团队,团内游客平均年龄 65 岁,大多是退休的公务人员,有很好的文化修养。小张为了接待好这个团队提前阅读了大量的景点资料,做了充分的准备工作。为了使游客能尽可能多地游览景点,行程安排非常紧凑。团队离开的前一天行程是这样的:早上七点半从成都市中心酒店出发,九点抵达都江堰景区,游览时间两个半小时,期间,小张对都江堰的历史和特色进行了详细的讲解,游客也听得很认真。十一点半吃午饭,下午一点到达青城山景区,为了让游客在青城山游玩的时间长一些,小张在吃饭的时候不断地催促客人。在游览期间,小张对青城山的道教文化和历史进行了专业讲解。下午六点从景区出发回成都市中心酒店,晚上七点半到达酒店开始用餐,结束一天的行程。第二天送别的时候游客比较疲倦,但是小张对自己此次的接待非常满意,认为自己的讲解很专业、很细致。但是第三天,旅行社接到了这个老年团对小张的投诉电话。

小张对此感到非常疑惑,他到底错在哪里了呢?

第二节 游览活动中的导游服务心理

随着旅游业的发展,旅游活动大众化的特点日趋明显,旅游者对导游人员的服务要求也越来越高。作为联结旅游者与旅游景点、沟通旅游者和旅行社的导游人员,肩负着了解旅游者的心理需求,采用恰当的导游服务手段,运用高超的导游艺术,为旅游者提供有针对性服务的任务。

一、导游的基本心理要求

导游人员是运用专门知识和技能,为旅游者组织安排旅行和游览事项,提供向导、讲解和旅途生活服务的专门人员。导游工作是一项综合性很强的工作,工作范围广、压力大、独立性强。世界各地对导游人员都有严格的要求,因为导游人员不仅代表着自己的人品和人格,而且代表着旅行社乃至国家的形象。导游人员的基本心理素质应从以下几方面加以培养。

(一)仪表、气质与服务心理

旅游业是服务行业,导游是旅游业的门面。顾客从不与工业制成品的生产者见面,可是在旅游活动中旅游者却直接看到导游的优缺点,导游本身就是产品的一部分,导游的态度、行为、形象与旅游者对旅游产品的看法有至关重要的关系。这就意味着导游要注重自身形象的塑造,其在做每一件事情时都是在宣传自己和所在的旅行社。

仪表、气质与人的行为表现是紧密联系的,旅游服务人员的服务表现应该是外部形象仪表美和内在气质品德美的和谐统一。因此,导游的体态容貌应给人以健康精神的感觉;服务、穿着应给人舒适、亲切的感觉。此外,友善的笑容,体贴的语言和饱满的热情都会给客人留下良好的第一印象。

1. 仪表与服务心理

仪表是指导游人员的容貌、姿态、服饰等,是导游人员精神面貌的外观体现,它与导游人员的道德、修养、文化水平、审美情趣及文明程度有着密切的关系。

仪表产生吸引的原因一般认为有两个方面:第一,爱美是人的本质力量的一种表现,审美需要是人的一种高层次的、重要的心理需要;第二,较佳的仪表会使别人认为此人具有其他一系列良好品质,这就是人际知觉中"晕轮效应"带来的人际吸引力。

导游如果在旅游者心中树立起良好的形象,就有可能将旅游者团结在自己的周围;旅游者如果信任导游,就会帮助导游解决困难,正确对待旅游活动中出现的问题和矛盾,积极配合、协助导游顺利完成整个导游过程。导游人员的仪表应清新、高雅,保持端庄优美的风度,精神饱满、乐观自信、热情友好,努力使旅游者感到可信赖。

要塑造美好的第一印象,导游人员第一次亮相时需要重视:出面、出手、出口。"出面"指导游要显示出自己良好的仪容仪表、神态风度;"出手"指导游表现在动作、姿态等诸方面的形象美;"出口"指导游所使用的语言、语音、语调和语词的丰富性和正确性。

2. 气质与服务心理

气质是人的一种心理特征,它包括人与外界事物接触中反映出来的感受性、耐受性、反应的敏捷性、情绪的兴奋性以及心理活动的内向性与外向性等特点。在旅游服务中,导游人员为旅游者提供的是面对面的服务。要做好导游服务工作,服务人员必须具备特定的气质特征。

(1)感受性、灵敏性不宜过高。感受性是指人对外界刺激产生感觉的能力和对外界信息产生心理反应需要达到的强度。灵敏性主要是指服务人员心理反应的速度。

导游人员在工作中,由于接待的旅游者形形色色,来自四面八方,各个阶层、各个年龄段、各种文化背景、文化程度的旅游者都有,如果导游人员感受性太高,注意力则会因外界刺激的不断变化而分散,从而影响服务工作的有效开展。当然,导游人员的感受性也不可过低,否则将对客人的服务要求熟视无睹,会怠慢客人,降低服务质量。此外,导游人员的灵敏性不可过高,否则,会让客人产生不稳重的感觉,也无法使自己保持最佳的工作状态。

(2)耐受性和情绪兴奋性不能低。耐受性是指人在受到外界刺激作用时表现在时间和强度上的耐受程度和在长时间从事某种活动时注意力的集中性。有的导游长时间带团,仍能保持注意力的高度集中,而有的导游陪团时间一长,就感到力不从心。前者耐受性强,后者则耐受性弱。情绪兴奋性是指情绪发生的速度和程度。

在导游服务中,一位导游在自己熟知的景点,一遍又一遍地重复着自己早已烂熟于心的解说词,重复的工作使人感到厌倦,工作的热情会受到极大的影响,而这些情绪、思想却不能表露出来。因为,这些景点对旅游者来讲是第一次来,充满新奇和乐趣,导游要以旅游者愉悦为目的,不能让旅游者扫兴。它要求导游要有极大的克制力,在每天的工作中都能以微笑、诚信对待每位旅游者,使旅游者时时感受服务人员饱满的工作热情,高效、优质的服务。因此,导游必须具备较高的耐受性和情绪兴奋性。

(二)性格、情感与服务热情

1. 性格与服务热情

性格是指一个人在先天生理素质的基础上,在不同环境熏陶下和实践活动中逐渐形成的比较稳定的心理特征,如热情、开朗、活泼、刚强、淡漠、沉默、懦弱、温柔等。

良好的性格特征可以使导游始终保持最佳服务状态,使旅游者感受到被尊重,使主客关系变得融洽。对导游个人而言,良好的性格特征也可使其从客人满意的评价中,获得个人心理的满足。服务工作所要求的热情服务应内化为导游性格特征的自然流露,而不是表面上的"逢场作戏"。导游一般应该具备下列性格特征:独立、外向、热情、富有同情心、乐群、幽默、乐观、富于理性。导游应时时保持灿烂的笑容,用真诚和热情赢得旅游者的信任,用坚忍和耐心化解旅游者的不满,一定要记住在无人格和身体侵犯的情况下,旅游者一定是对的。这才是一个优秀导游应有的素质。

2. 情感与服务热情

导游对导游工作的热爱,对旅游者的爱都是其情感的体现,爱一行才能干好一行,工作起来才会有热情,而服务热情是对导游工作的基本要求。旅游业是一个与人"高接触"的行业,导游要不可避免地、频繁地与各种各样的旅游者打交道,要让旅游者在与自己的交往中感到轻松、亲切和自豪,就必须调整好情绪状态。

当旅游者刚刚接触到导游时,导游即使什么话都还没有说,但只要其情绪状态很好,就可以说其已经为旅游者提供了一种"心理服务"。

为什么呢?我们常讲"出门看天气,进门看脸色",当旅游者看到的不是一张"冷面孔",而是"笑容可掬、满面春风"时,旅游者那份由陌生引起的紧张感就放松了。相反,如果导游给旅游者的第一印象是垂头丧气,愁眉苦脸,旅游者会想:"怎么回事?怎么一见到我就这个模样?"尽管这位导游并不是成心要和哪位旅游者"过不去",他只是在为自己的事而烦恼,但是,旅游者怎么会知道你有什么烦恼呢?游客只会觉得这是你对他的不尊重。

人的情绪状态的变化,主要是在七种不同的状态之间变来变去,心理学家曾用七种不同的颜色来代表这七种不同的情绪状态,排列起来就成了下面这样一个"情绪谱":"红色"情绪——非常兴奋;"橙色"情绪——快乐;"黄色"情绪——明快、愉快;"绿色"情绪——安静、沉着;"蓝色"情绪——忧郁、悲伤;"紫色"情绪——焦虑、不满;"黑色"情绪——沮丧、颓废。

导游人员把这个七色"情绪谱"牢记在心,并经常用来"对照检查",看自己处于"情绪谱"上的哪一种情绪状态,久而久之,就会养成一种敏感性,能够及时觉察自己情绪状态发生了什么变化,及时调整情绪,避免将消极情绪传递给客人。

(三)意志、能力与服务水平

1. 意志与服务水平

作为导游,要想在接待服务中把自己锻炼成一名优秀的工作者,不断克服由各种主客观原因造成的困难,就要不断发挥主观能动性,增强自己的意志品质。

一个自觉性较强的导游,往往具有较强的主动服务意识,在工作中能不断提高业务水平,并积极克服工作中所遇到的困难。

具有意志果断性的导游在面对各种复杂问题时,能全面且深刻地考虑行动的目的及其达到目的的方法,懂得所做决定的重要性,清醒地了解可能的结果,能及时正确地处理

各种问题。

具有坚韧意志的导游能排除不符合目的的主客观诱因的干扰,做到面临纷扰,不为所动,同时能围绕既定目标做到锲而不舍,有始有终。

有自制力的导游能克制住自己的消极情绪和冲动行为,不论在何种情况下,无论发生什么问题,无论遇到多么刁蛮的旅游者,都能克制并调节自己的行为,做到不失礼于人。一般具有自制力的导游,组织性、纪律性特别强,情绪较稳定。

2. 能力与服务水平

服务水平的高低依赖于与之相适应的能力结构,一名合格的导游的基本能力应由以下几个方面所组成。

(1) 较强的认识能力。高水平的服务应该是导游尽量把工作做在旅游者开口之前。这就要求导游有较强的认识能力,能充分把握服务对象的活动规律。导游较强的认识能力包括三方面内容。一是观察能力,导游要善于观察旅游者的特点,并养成勤于观察的习惯,从而全面、迅速地把握情况;二是分析的能力,导游应善于透过现象看本质,分析旅游者的好恶倾向以及引起情绪变化的原因,并善于因势利导,采取恰当的方式和措施;三是预见能力,导游员有较强的预见能力,工作才能主动,才能根据事物的发展规律提早决定采取行动的方式。

(2) 良好的记忆能力。良好的记忆能力对于做好导游服务工作十分重要。良好的记忆能力能帮助导游人员及时回想出在服务环境中所需要的一切知识和技能,是导游提供优质服务的智力基础,也是其面对游客百问不厌的心理支柱。为此,强化导游人员的记忆力是提高服务能力的重要方面。

(3) 较强的自控能力。自控能力是导游必须具备的优良品质之一。导游的自控能力体现了其意志、品质、修养、信仰等各方面的水平,尤其在与旅游者发生矛盾时,能否抑制自己的感情冲动和行为,以大局为重,以旅游者为重,真正做到"客人至上",这是对导游人员心理素质优劣的重要检验标准之一。但自我控制并不是怯懦,而是大事讲原则,小事讲风格,这是一种品质高尚的表现。

(4) 较强的应变能力。导游人员的应变能力是指处理突发事件和技术性事故的能力。它要求导游人员在问题面前沉着果断,善于抓住时间和空间的机遇,排除干扰,使问题的解决朝自己的意愿发展。同时,在处理问题的过程中,既讲政策性,又讲互动性,善于听取他人的意见,从而正确处理各种关系和矛盾。

二、导游服务的心理策略

(一) 加强心理素质

导游人员在带团过程中需要克服羞怯,要自信大方、沉着冷静、临危不乱。导游在面对一群新的旅游者,在"破冰"的过程中属于主动方,不能害羞胆怯,需要尽快和团队旅游者认识并建立起良好的人际关系。刚从事导游工作的人员容易羞怯,在面对旅游者时唯唯诺诺、手足无措,会让旅游者质疑其工作能力,将自己置身于被动地位。可以通过多交流、多学习的方式克服心理障碍,展现出自信的一面。导游在带团的过程中,经常会遇到一些突发情况,例如旅游者脱离团队、旅游者在游览过程中受伤、食宿安排不妥当等。在这种情况下,导游应沉着冷静,梳理重要信息,尽快处理好突发事件。

（二）提高讲解能力

景点讲解是游览活动中极为重要的环节,导游讲解服务有途中讲解和景点讲解,讲解的内容包括历史文化、自然景观、风俗习惯等。提供讲解服务是对导游最基本的要求,"风景美不美,全靠导游一张嘴",导游在讲解过程中应做到讲解有针对性、有科学性、有趣味性。

1. 讲解有针对性

讲解的针对性有两个方面,一方面是针对景点类型讲解。景点可以讲解的内容包括景点位置、历史由来、文化底蕴、故事传说、地理知识、景点特色、景点价值等。自然景观讲解的着重点在地理知识、景点特色；人文景观讲解的着重点在历史由来、文化底蕴。讲解祖国大好河山时,导游人员应激情澎湃；讲解战争遗迹遗址时,导游人员应悲壮伤感。例如导游人员在讲解"5·12"地震北川老县城遗址时,应该是伤心悲痛的,而不是轻快的。另一方面是针对旅游者的类型讲解,来自四面八方的旅游者,有着不同的职业、不同的兴趣爱好。面对初次来访的旅游者,讲解要细致详尽；面对专家学者,讲解要谨慎规范；面对年轻旅游者,讲解要活泼流畅；面对老年旅游者,讲解要耐心从容。总之,导游在讲解不同类型的景点、面对不同的旅游者时,应合理选择讲解的内容和方式。

2. 讲解要有科学性

导游讲解的科学性建立在拥有丰富渊博的知识基础上,秉承科学的态度,充分了解景区的历史文化和发展,以事实为依据,不胡编乱造,不夸大其词,客观地描述景区的情况。导游作为景区文化传播的主要媒介,是旅游者获得信息的主要途径,讲解的内容必须正确,语言的表达必须准确,要让旅游者有所收获,从而获得旅游者衷心的敬佩和尊重。例如在讲解四川九寨沟五彩池的形成原因时,按照科学性的原则来讲解,形成原因是高山上的冰雪融水和地表水渗入冰碛物中,在松散的石灰岩下部形成浅层潜流,并在流动过程中溶解了大量石灰岩的碳酸钙物质,池中的碳酸钙在沉积过程中与各种物质结成不同质的钙华体。再加上光线照射的种种变化,便形成了池水的不同颜色。

3. 讲解要有趣味性

在游览活动中,行程的安排比较紧凑,旅游者容易产生疲倦感,为了调动旅游者的游览兴趣,要合理使用讲解技巧。第一,讲解词不要过于书面化。有些导游人员在讲解的过程中,过于注重讲解的科学性,怕讲解出错,直接生搬硬套典籍上"之乎者也"这样的文字,导游人员背诵得心力交瘁,旅游者听得索然无味。导游人员在讲解的过程中应将生僻难懂的文字转换为浅显易懂的口语,以便旅游者理解。第二,讲解语言要生动活泼。导游讲解基本要求是吐字清晰,语速适中,若导游长时间按照一种语速、语调来讲解,旅游者容易昏昏欲睡。导游可以通过调整声音大小、语速快慢来突出重点,或是语调抑扬顿挫来增加趣味性。第三,适当利用典故、神话。晦涩难懂的文字容易忘记,绘声绘色的故事则让人记忆深刻。同样是讲解四川九寨沟五彩池的形成原因,利用神话故事讲解就是五彩池是女神色嫫洗漱的地方,她洗下的胭脂水粉就变成了色彩斑斓的五彩池。在运用神话故事讲解时，要向旅游者说明情况，做到虚实结合，提高旅游者的积极性。

（三）尊重旅游者

旅游者是消费者，导游人员要正确看待客我关系。旅游者是来享受的，是有优越感的，而且是带有情绪的自由人，那么导游作为接待人员应该提供相应的服务，尊重旅游者，把旅游者放在首位，不与旅游者比高低、争对错，不要对旅游者评头论足。导游人员在安排行程和处理矛盾的过程中，要充分考虑旅游者的心理状态，顾及旅游者的面子、自尊心，礼貌待客，态度诚恳，避免不必要的冒犯，最大限度地满足旅游者的虚荣心，让旅游者感到被尊重，得到心理上的满足。

【案例分析】
傲慢的天文学家

（四）保持微笑服务

微笑是拉近导游与旅游者关系的桥梁，是提供心理服务不可或缺的重要内容。微笑是会互相感染的，能产生亲切感、安全感和愉悦感，能营造出和谐、友爱、互尊、互敬的氛围。导游人员提供的微笑服务应该贯穿始终，接团之初的微笑能迅速化解双方的陌生感和尴尬，传递出友好的信号，让旅游者觉得亲切友善，给旅游者留下良好的第一印象；带团途中愉快的微笑能让旅游者感到轻松自在，双方熟悉之后，笑容则是延续友谊的丝带，能让旅游者感受到导游的关心和尊重；送别时候的微笑能让旅游者感到真诚，离别的惆怅和真诚的祝愿通过微笑传递出来，就是最好的欢送词。

（五）提供个性化服务

导游人员提供的服务分为标准化服务和个性化服务。标准化服务是指导游在规定时间内，按照规定的程序来提供服务，达到统一的标准。个性化服务是指导游根据旅游者的个性需求提供针对个人的服务。导游人员提供标准化服务，如安排住宿、提供景区讲解等，只能让旅游者消除不满的情绪，达到没有不满意的状态。导游人员提供个性化服务才能让旅游者满意，起到激励的作用。

在游览活动中，旅游者对服务质量的要求越来越高，越来越重视细节，导游应细心观察旅游者的状态，在适当的时机提供个性化服务。例如，旅游者携带重物上下车时，导游人员主动帮忙拿重物；旅游者生病时，导游人员主动关心或是送医就诊、照顾病人；旅游者在旅游途中度过特殊的纪念日时，导游人员组织团队旅游者共同庆祝等。

（六）重视数字化手段

随着科学技术的发展以及人工智能的应用，旅游数字化成为旅游业发展的新趋势，并体现在旅游活动的方方面面，如 OTA 平台预订、大数据的运用、虚拟旅游、智能交通、云上直播等。导游人员可以利用数字化工具为旅游者提供线上服务。例如，导游将景点讲解录制为视频并上传至 OTA 平台或多媒体平台，或是利用 VR 技术让旅游者在移动设备上看到景区景观，为旅游者带来沉浸式体验。目前，有很多导游人员利用多媒体账号直播，与旅游者线上见面，在直播间与旅游者实时交流，让旅游者实现足不出户在家旅游。

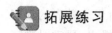
拓展练习

低价旅游团的陷阱

刚退休的王女士路过一家旅行社时看到门口放着一张显眼的宣传海报,从上海双飞到云南5日4晚的老年旅游团,因旅行社周年庆只需999元。王女士进店了解具体情况,接待人员告知这个旅游团原价3 599元,999是特别优惠价格,是退休老人的专属福利,价格包含景点门票、交通、酒店住宿(全程入住当地特色酒店)及8正餐4早餐(正餐标准40元/(人/餐),早餐由住宿酒店提供)。王女士担心是否会强制购物,但接待人员一再强调有购物点,但不强制消费。王女士当即决定和老伴儿一同参加这次旅行。

行程第一天,王女士二人到达机场办理登机,却被告知由于乘坐的是廉价航空,不提供行李免费托运服务,需额外缴费。王女士二人虽有不悦,但是想到之后的旅程,还是缴纳了行李托运费。到达昆明后,前两天游览了滇池、石林等景区,期间有养生茶和彝人古镇的自费项目,王女士二人均未参加。

行程第三天,早上八点,导游带着大家来到云南民族特色玉文化中心,在讲解了玉石知识之后就是自由购物时间。团内的游客都以未找到心仪的饰品为理由不购买产品,导游见状就开始劝说消费,见大家还是没有购买的意愿,导游逐渐不耐烦,开始冷嘲热讽,让大家离开购物中心,到车上等待。当大家到了旅行车旁,才看到车门未开,无奈之下,只能在风雨中等待导游和司机的到来。在等待了一个多小时以后,导游和司机才缓缓而来。前往餐厅的路上,导游讽刺游客不消费是无耻的行为,并扬言明天再不购物,会让他们过得很不舒心。到达餐厅后,原计划是十二点用餐,导游却不让上菜,等到一点才开始用餐,晚上又故技重施,让游客等了一个小时才开始用餐。游客们怨声载道,打电话到旅行社,却被告知导游是当地的旅行社安排的,组团旅行社管不了。

行程第四天、第五天,导游都安排了购物点,游客们不想再经历特殊的对待,纷纷购物消费,到离开云南之时,游客人均消费1 000元。

王女士二人回到上海后,连连叫苦,表示再也不参加低价旅游团了。

思考:王女士为什么不想参加低价旅游团吗?案例中的导游在接待过程中存在什么问题?

第三节 游览活动中的其他服务心理

一、游览活动中的投诉心理

旅游投诉主要是指旅游者因主观上认为未得到满意的服务,或认为损害了其利益,而向有关人员和部门进行反映或要求给予处理的行为。旅游投诉有书面投诉和口头投诉两

种形式。旅游投诉可能是因旅游服务工作中确实出了问题,也可能是由于旅游者的误解而造成的。旅游者的投诉,可能会直接向导游提出,也可能会向旅行社提出,严重时则可能会向旅游行政管理部门或消费者协会提出。不管旅游者是因为什么原因或是通过什么途径提出投诉,旅游服务人员和旅游企业都应以积极的心态处理投诉。

(一)旅游者投诉的原因

1. 主观原因

(1) 未受到尊重。不尊重客人是引起投诉的主观原因之一。旅游者在受到导游或其他旅游服务人员的怠慢时就会反感,如有的导游语言或行为不文明、不尊重旅游者的习惯等;有的导游对旅游者厚此薄彼,比如对海外旅游者或衣着光鲜、消费高的旅游者笑脸相迎,而对国内旅游者或衣着普通、消费低的旅游者不冷不热,这样使旅游者非常反感,严重时会导致旅游者的投诉。

(2) 对服务质量不满意。有少数旅游服务人员缺乏责任心,工作不负责任,服务水平低,对待旅游者马虎了事,对待工作粗枝大叶,不能为旅游者提供满意的服务,也是引起投诉的主观原因,如某些服务人员对旅游者的要求视而不见,或没有完成旅游者交代的事情等,这些都会导致旅游者的投诉。

2. 客观原因

(1) 服务标准众口难调。在对旅游服务的要求上,一千个旅游者心中有一千种标准。面对来自世界各地的旅游者,由于受语言障碍、自然环境、突发事件、风俗习惯等客观条件的影响,旅游服务很难尽善尽美。比如在客房的安排上,有的旅游者想住大间,有的旅游者想住小间;在饮食的安排上,有的旅游者吃辣椒,有的旅游者不吃辣椒等。

(2) 旅游者个性差异。由于旅游者的气质、性格、情绪等不同,对于同样的服务,有的旅游者满意,而有的旅游者不满意。在出现不满意的情绪时,旅游者处理问题的方法有着明显的差异。一般来说,外向、情绪不好的旅游者容易投诉,内向、情绪好的旅游者通常抱怨几句就算了。所以我们不能武断地认为旅游者没有投诉便是没有问题。最不容忽视的是将不满意埋在心里的无声投诉,这种无声的投诉意味着永远失去了这位旅游者。细心观察旅游者的言语、表情和动作,及时弥补服务的不足,才能让旅游者保持良好的心境,留住一个又一个旅游者。

(二)旅游者投诉的心理类型

1. 求尊重心理

旅游者作为被服务者、消费者,有权利获得价质相符的服务。在整个旅游活动中,旅游者求尊重的心理一直贯穿始终,而当旅游服务不能令人满意时,投诉更是其获得尊重的重要途径。

2. 求发泄心理

旅游者在遇到不称心的事情后,会产生挫折感,继而会产生抵触、焦虑、愤怒的情绪。只有通过适当的方式将这些情绪宣泄出来,旅游者才能恢复心理平衡。投诉便是一种最有效的发泄方式,通过口头或书面形式,将自己的烦恼、愤怒表达出来以后,挫折感会减少，心情才能平静、放松。

3. 求补偿心理

旅游者在遭受了物质损失或精神损失后，当然希望能够得到一定的补偿，以弥补自己的损失。例如，旅游者对饭菜质量不满意，希望更换或打折；对于旅行社擅自改变旅游线路、削减项目或降低服务标准，旅游者希望退还部分费用；被服务员弄脏的衣物希望能免费干洗；遇到交通意外，希望得到赔偿；买到假冒伪劣商品，希望退货；被虚假广告欺骗，希望补偿损失等。

4. 求保护心理

旅游者敢于投诉是自我法律保护意识的觉醒，通过合法的途径投诉，既是为自己，也是为所有的消费者寻求利益保护。通过投诉，使相关部门重视旅游者的反映，并不断改进，服务质量才能不断提高，旅游者才能在今后的旅游中得到更优质的服务。

（三）处理旅游者投诉的心理策略

旅游服务人员应正确地看待投诉，旅游者投诉能帮助企业和员工发现工作中存在的问题和不足，给服务人员提供服务补救的机会。妥善地处理旅游者投诉不仅能化解旅游者的不满情绪，而且会给旅游者留下良好的印象，有利于提高服务人员的服务质量、提高管理水平、树立旅游企业的良好形象，也是旅游企业吸引客源的重要方法。旅游企业在处理旅游者投诉时，可以采取以下策略。

1. 礼貌接待，耐心倾听

当旅游者投诉时，一般是直接找有关负责人进行投诉，这时不管旅游者投诉的问题是大还是小，不管投诉的对象是谁，工作人员都应采取积极的态度给旅游者以足够的重视，以诚恳的态度仔细倾听。条件允许的话，可以为客人倒杯茶，请他们坐下，让交谈变得轻松。不管旅游者当时的脾气有多大，态度有多差，言辞有多激烈，工作人员都要有耐心，冷静、克制地让旅游者把话说完。要让旅游者把怨愤发泄出来，不要做辩解和反驳，以维护旅游者的自尊心。投诉的旅游者往往把话说完，气也就消了一大半，然后解决问题就容易多了。

当旅游者在诉说委屈时，工作人员应拿出纸和笔，做一些必要的记录，并想办法让旅游者申诉得具体些，当记录做完后，请旅游者在记录上签字，便于以后核实，在心理上给旅游者以足够的重视，记录也是处理投诉的重要依据。

2. 表示尊重，诚恳道歉

无论真相如何，发生投诉，就意味着服务还存在缺陷，并给旅游者带来了不便与烦恼，他们发牢骚、投诉，是因为他们关心企业，对企业仍然是信任的，是因为他们确实遇到了问题和麻烦，需要得到帮助，而他们的投诉将有助于改进工作，提高服务质量。学会站在投诉者的立场考虑问题，以诚恳的态度向他们表示理解、尊重与歉意；注意聆听，注意平息旅游者的怒气；以旅游单位代表的身份欢迎并感谢他们提出批评意见。必要时还可以请职位高的经理或主管来向客人道歉，以示重视。

3. 弄清真相，妥善处理

成功处理投诉是旅游管理人员和旅游服务人员义不容辞的责任。当接到投诉后，要

尽快核实情况,对旅游者的申诉进行思考和分析,抓住旅游者申诉的核心,判断旅游者所申诉的服务缺陷是否真的存在。如果真的存在,应采取积极态度,立即道歉,在征得旅游者同意的前提下做出恰当的处理。如果不征求旅游者的意见,或处理方式不符合旅游者的要求,会使其不满情绪加重。

对于一些复杂或一时查不清真相的投诉,不要急于表达处理意见,更不能随便承诺,要立即与有关部门或相关领导联系后再做出答复,并让旅游者知道事情的进展,即使在事后处理的投诉,也应通过书面等正式形式告知投诉的旅游者。

若由于导游出错给旅游者带来伤害和损失,首先,要端正态度,及时而又真诚地向旅游者道歉,勇于检讨自己在言行方面的失误和过错。态度上要和气,语言上要使用敬语(如请原谅、对不起、很抱歉)。其次,在行动上既可鞠躬、敬礼,也可以写一张字条、赠送一束鲜花等。值得一提的是,导游在向旅游者表示道歉时应注意道歉的尺度,同时,也要认清自身存在的问题。

4. 吸取教训,记录存档

旅游者投诉事件处理好之后,应将投诉事件的原因、处理结果等重要信息记录存档,并定期进行统计分析,分析同一类型投诉事件的发生频率。若是同一类型投诉事件发生频率过高,则应深思事件发生的根本原因及投诉的规律,制定相应的对策,采取相应的措施,避免问题反复出现。导游人员也应吸取教训,反思投诉处理是否妥当,是否有更好的处理方法。不断地反思、改进,才能提升导游的综合素质。学会从失败中吸取教训,才能不断成长。在旅游服务的其他环节中,涉及的服务人员和企业都应以这样的态度来面对旅游者的投诉。

二、游览活动中的人际交往心理

人际交往是人们运用语言和表情传递思想、交换意见、表达情感和需求的沟通过程。旅游服务工作从本质上看是人与人打交道的工作。

(一)旅游人际交往的心理需要

1. 本能的需要

人际交往是一种本能,是在个体发展进化过程中为适应生活逐渐形成的一种能力,通过遗传传递给后代。例如,古猿在遇到外敌时,会采取集体行动抵御外敌,逐渐形成了集群的习性;婴儿出生后,在母婴的积极交往下学会了分享、合作等社会交往技能。人的人际交往需求是与生俱来的,在旅游活动中,形成良好的人际关系,才能获得安全感。

2. 合群的需要

心理学家做过关于个体合群需要的心理测试,测试结果显示,当个体心情紧张、有高恐惧感时,他们倾向于寻求与他人在一起,倾向于寻求他人的陪伴。而处于低恐惧感的情况下,这种合群的需要并不那么强烈。可见,与人交往能增加人的安全感,降低恐惧感。在人际交往中,当自己的意见不被所有人认可的时候,个体会感到孤独和恐惧。在旅游活动中,当旅游者被团队成员孤立的时候,旅游者也会失去旅游的兴趣,情绪低落。

3. 自我肯定的需要

在不断的学习和成长过程中,逐渐了解自己和他人的区别,就有了认识自己的需要。别人对个体的评价、态度,包括对待他们的行为方式就像一面镜子,使个体从中了解了自己,界定了自己,并形成了相应的自我概念。自我肯定的过程中,既要和别人相比,了解自己的优缺点,又要和自己相比,了解自己的进步和发展。在旅游活动中,导游和旅游者都需要自我肯定,增强自信心。

(二)旅游人际交往的心理策略

在旅游活动中,旅游服务人员需要处理好的人际关系有以下三种。

1. 和领队的关系

领队是旅行社安排的跟随旅游团,照顾团队成员,协调多方关系的工作人员。旅游者离开居住地到达陌生环境后,对领队的信任度越来越高,领队就成了协调双方关系的枢纽。旅游服务人员要想尽快得到旅游者的认可,取得较好的服务效果,取得领队的信任就变得至关重要。在安排住宿、调整行程这类棘手问题上需要与领队协商处理。

2. 和旅游者之间的关系

虽然领队是团队的代表,旅游服务人员要处理好和领队的关系,但是这并不代表可以无视旅游者的感受。旅游者才是旅游活动的核心人物,处理好和旅游者之间的关系更为重要。

(1)认真倾听。倾听是沟通的前提,是处理好人际关系的重要方法之一。在与旅游者接触之初,双方并不了解时,在发现旅游者情绪低落时,旅游服务人员应主动与其交谈。在交谈的过程中,旅游服务人员作为倾听者,引导旅游者多说。倾听的过程中,不要打断旅游者的谈话,并使用目光接触、点头、恰当的表情或是简单的发音来鼓励旅游者,通过诱导性的提问,了解旅游者的心理状态。

(2)善于赞美。在人们的潜意识中,都希望得到他人的认可和赞美,旅游者也有这样的需求。旅游服务人员在赞美旅游者时应做到以下几点。

① 赞美要因人而异,恰如其分。旅游者的年龄、性别、性格等都不相同,在赞美他人时,切忌使用同一句话夸赞所有的人。赞美的话应与旅游者的实际情况相符,不要违背实际情况或过分夸大,如面对身材矮小的男士,不能夸身材魁梧;面对体态肥胖的女士,不能夸身材苗条。

② 赞美要有内容,有理有据。赞美的内容要有具体的事例作支撑,这样能体现出赞美的真诚以及可信度,不能含糊其辞,刻意、虚假的赞美只会让旅游者反感。例如,赞美旅游者外形时,可以说"你今天的衣服真好看,特别衬肤色";赞美旅游者心地善良时,可以叙述清楚是什么原因让你觉得其心地善良。

③ 赞美要把握时机。赞美旅游者时,应该把握时机,及时赞美会让对方更容易接受;背后赞美比当面恭维的效果更好。

(3)交往有度。旅游服务人员在提供服务时要注意分寸,过度的热情,会让旅游者困扰,感到不适;热情不够,会怠慢旅游者。在服务过程中还应注意与旅游者保持距离,注意公私有别,不要与旅游者过分亲密。

(4) 自我暴露。旅游服务人员在与旅游者交往的过程中,适当地示弱,说出自己的心里话,将自己的情绪、焦虑、缺点表现出来,更能表现服务人员的真诚。在与旅游者交谈时,表露出工作的不易、辛酸和痛苦,能够引起旅游者的同情,在后续的交往中,旅游者会更加配合工作,旅游活动的进展会更加顺利。

3. 和合作伙伴的关系

旅游服务人员在接待旅游者的过程中,需要和同事或其他行业的人员接触,为了工作的开展,旅游服务人员需要处理多方的关系。以导游为例,导游在带团的过程中,需要和旅行社的同事对接旅游行程和旅游者信息;和司机沟通发车时间和路线;和酒店沟通用餐人数、时间以及房间安排;和景区沟通游览时间和讲解安排。

三、游览活动中的安全事故处理心理

旅游安全事故,是指在旅游活动的过程中,由自然或人为原因所引起,造成旅游者人身或财产损失的事件。

(一)处理安全事故的心理需要

1. 沉着冷静

在发生安全事故时,旅游者的情绪会非常不稳定,导游人员应尽快冷静下来,以平静的心态分析当前形势,果断做出决定,安抚旅游者的情绪。

2. 尽心尽责

在旅游活动中,导游人员有义务、有责任保护好旅游者,在发生安全事故时,导游应主动承担责任,组织旅游者尽快疏散或是自救。

3. 安全第一

发生安全事故时,导游应把安全放在第一位,特别是旅游者的人身安全。导游应采取一切措施,尽可能地减少人员伤亡和财产损失。

(二)处理安全事故的心理策略

1. 交通事故

交通事故是指车辆在道路上因过错或者意外造成人身伤亡或者财产损失的事件。交通事故的发生可能是人员违反交通安全法律规定造成的,也可能是地震、台风等不可抗拒的自然灾害造成的。这类事故的处理流程如下。

(1) 立即报警并严格保护现场。
(2) 协助抢救伤员,由领队陪同送往医院。
(3) 报告旅行社,并通知有关单位负责人和保险公司赶赴现场处理。
(4) 做好旅游团内其他旅游者的安抚工作,组织他们继续参观游览。
(5) 写出事故书面报告。

2. 治安事故

在旅游活动中,遇上坏人行凶、诈骗、偷盗、抢劫等,导致旅游者人身及财产受到损害的事件。这类事故的处理流程如下。

(1) 冷静应对,将旅游者的人身安全放在第一位。

(2) 及时报警。

(3) 及时向旅行社汇报,稳定旅游者情绪,落实好后续的参观游览。

(4) 做好善后工作和后续防范工作。

(5) 落实事件经过说明材料。

3. 火灾事故

火灾是指在时间或空间上失去控制的燃烧。导游应提醒旅游者游览过程中不要乱扔烟头、乘车时不要携带易燃易爆物品,避免火灾的发生。旅游活动中的火灾事故主要发生在酒店,这类事故的处理流程如下。

(1) 立刻通知领队和旅游者。

(2) 引导旅游者自救。

(3) 配合酒店工作人员,有序撤离。

(4) 协助处理善后工作。

4. 食物中毒

旅游活动中,旅游者会因为食用变质或是不干净的食物导致食物中毒。食物中毒发病快,要及时抢救,否则会有生命危险。为避免这类情况发生,导游应提醒旅游者在规定的就餐点就餐、发现食品变质应立即更换。这类事故的处理流程如下。

(1) 立即设法催吐,并让患者多喝水以加速排泄,缓解毒性。

(2) 立即将患者送往医院抢救治疗,请医生开具诊断证明。

(3) 立即报告旅行社,注意收集现场证据以便追究供餐单位的责任。

拓展练习

电梯事故

2021年4月13日,导游小张作为地接,接待了一个来自浙江的旅游团,游览时间为4天,游客们将于4月17日早上乘坐组团社的旅游车回到浙江。

小张接到旅游团之后,热情地接待了游客,在游览的途中,小张充分展现了导游人员的专业素质,无论是景点讲解还是行程安排都获得了游客的一致好评,游客也非常信任和依赖小张。4月16日晚,在结束了一天的行程后,小张与游客们道别,在表达了真诚的祝愿后,小张的接待工作也画上了句号。

本以为能睡个好觉的小张却在4月17日早上7点接到了这个旅游团游客的电话,在电话中游客告知小张,他们旅游团有10人被困在酒店的电梯里,现在不知道要怎么办。小张一边安抚游客的情绪,一边收拾东西准备出门。在赶往酒店的路上,小张联系旅行社说明了情况,并从计调处找到酒店负责人的联系方式,告知了负责人酒店电梯发生的事故,要求尽快处理。

等小张赶到酒店时,酒店已经安排物业公司进行电梯维修。电梯外的游客情绪很激动,既担心被困在电梯中的那名80多岁的游客,又担心电梯继续出问题,不敢乘坐电梯。

还在楼上的游客不停地给小张发消息说他们不敢乘坐电梯下楼,很害怕。无奈之下,小张只能乘坐其他电梯上楼陪同乘客下楼。半个小时后,电梯门打开了,电梯中的乘客都受到了不同程度的惊吓,最严重的是一名患有幽闭空间恐惧症的女士晕倒了。小张赶紧陪同晕倒的女士到医院治疗,并垫付了医药费。被困电梯的其他游客则在酒店要求酒店赔偿,但酒店以各种理由推卸责任,让游客找物业赔偿,但物业又不同意赔偿,让游客找维保公司维权,这样一来,几方就僵持不下。由于游客当天就要返回浙江,只能委托小张来处理后续的事情。

之后小张积极去和酒店、物业沟通,最终还是在政府机构的介入下处理好了这次的电梯事故。事后,游客对小张感谢不已,纷纷夸赞她是一名优秀的导游。

思考:导游小张获得游客认可的原因是什么?

知识归纳

游览活动服务的内容根据不同的角度可以分为四类:第一类是功能服务与心理服务,功能服务是基础保障服务,心理服务是附加服务;第二类是横向整体化服务,包括了服务态度、服务语言、服务技术等;第三类是纵向整体化服务,分为游览活动前期服务、游览活动中期服务、游览活动后期服务;第四类是旅游行业不同领域的服务。不同的服务内容,旅游者的心理需求不同,服务心理和策略也就不同。

导游工作是一项综合性很强的工作,对导游人员有严格的要求,因为导游人员不仅代表着自己的旅行社,而且代表着自己国家的形象。对导游人员的基本心理素质要求包括仪表、气质、性格、情感、意志等方面。导游服务的心理策略有加强心理素质的培养、提高讲解能力、尊重旅游者、保持微笑服务、提供个性化服务、重视数字化手段等。

旅游者在不满意旅游服务的情况下可能会投诉,投诉的心理类型有求尊重心理、求发泄心理、求补偿心理和求保护心理。在旅游者投诉时,导游处理投诉的心理策略是礼貌接待、耐心倾听;表示尊重、诚恳道歉;弄清真相、妥善处理;吸取教训、记录存档。

游览活动的服务心理还包括了人际交往心理、旅游安全事故处理心理等。

典型案例

"热情"的服务

在平时我们经常会遇到这种"热情"过头的接待:或在车站被"亲热无比"的揽客人员强行"接"进他的客车里;或在宾馆门前被"友好"的服务员劝进宾馆。某市日报报道:某旅游城市的两个旅行社的外联人员在争夺刚刚抵达码头的游客时,由于互不相让,大打出手,直到警察赶到,经劝解双方才罢手。而那些被外联人员"热情相邀"的游客早已吓跑,不知所踪。

讨论:为什么过度"热情"的服务不被旅游者接受?什么才是真正热情的服务?

知识测试

一、单项选择题

1. 旅游者在（　　）会出现紧张不安、兴奋的心理状态。
   A. 旅游活动初期　　　　　　　　B. 旅游活动中期
   C. 旅游活动后期　　　　　　　　D. 旅游活动的整个时期

2. （　　）是根据游览活动的时间进行归类，分为游览活动前期服务、游览活动中期服务、游览活动后期服务。
   A. 功能服务　　　　　　　　　　B. 心理服务
   C. 横向整体化服务　　　　　　　D. 纵向整体化服务

3. 旅游者在旅游途中度过特殊纪念日时，导游组织团队游客共同庆祝；旅游者携带重物上下车时，导游主动帮忙拿重物。导游的以上行为是（　　）的体现。
   A. 加强心理素质　　　　　　　　B. 保持微笑服务
   C. 提供个性化服务　　　　　　　D. 重视个性化手段

二、多项选择题

1. 导游服务心理策略包括（　　）。
   A. 加强心理素质　　　　　　　　B. 尊重旅游者
   C. 保持微笑服务　　　　　　　　D. 提供个性化服务

2. 导游讲解应做到（　　）。
   A. 科学性　　　B. 神秘性　　　C. 针对性　　　D. 趣味性

3. 旅游者投诉的心理类型有（　　）。
   A. 求发泄　　　B. 求保护　　　C. 求补偿　　　D. 求尊重

三、简答题

1. 游览活动服务心理的定义是什么？
2. 导游基本心理要求是什么？
3. 处理旅游者投诉的心理策略是什么？
4. 导游可以为旅游者提供哪些个性化服务？
5. 旅游者对旅游交通的心理需求是什么？
6. 发生食物中毒的安全事故时，导游应该怎么做？

实操拓展

旅游者在不同的旅游时期有着不同的心理需求，旅游接待人员应采用哪些措施来打动旅游者？试着实践模拟一下吧。

第五章 酒店服务心理

知识目标

1. 了解酒店服务的特点和类型。
2. 掌握旅游者在前厅、客房、餐厅的心理需求。
3. 通过对酒店服务心理各部分的学习,掌握前厅、客房、餐厅的服务策略。
4. 能够熟练运用酒店服务心理相关知识解决实际问题。

能力目标

1. 能够理解和掌握对客服务中的客人的心理需求和反应。
2. 掌握前厅、客房、餐厅的服务策略。

课程思政

1. 树立正确"三观"塑造良好人格,增强职业认同感、职业道德。
2. 明确以服务对象的需要为中心,切实做到爱岗敬业,践行工匠精神。
3. 理解心理和行为的关系,正确认识各种行为。
4. 具备理论联系实际的能力。

思维导图

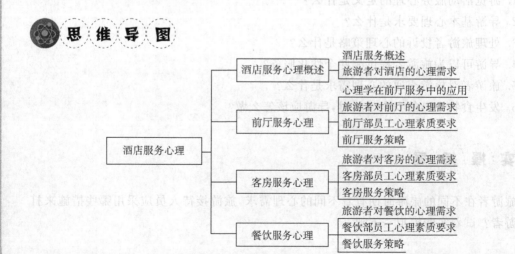

第一节 酒店服务心理概述

一、酒店服务概述

（一）酒店

1. 酒店的定义

酒店一词源于法语，原指贵族在乡间招待贵宾的别墅。后来，英美等国沿用了这一名称来泛指所有商业性的住宿设施。

现代酒店定义为通过向公众，特别是为外出旅游的人们提供以住宿服务为主的多种相关服务来实现自己利益的资金密集型服务企业。

酒店是一个利用多种生产要素（土地、资金、设备、劳动力等），在创造利润的动机和承担风险的情况下，运用现代技术和管理手段从事经营管理活动，以取得良好社会效益和经济效益的基本经济组织。酒店的经营活动要受到高额的经营成本、价值的不易保护性、空间的不可转移性和销售的季节波动性的制约。

2. 现代酒店业发展

（1）酒店的产品从统一化转向多元化，从标准化转向个性化和定制化。酒店产品包括有形产品和无形产品两个方面。有形产品是能被旅游者看到的产品，包括客房、菜肴、设施设备等；无形产品是不容易被旅游者看到但是能被感知到的产品，包括服务、气氛等。

（2）酒店服务由标准化、规范化逐步发展到个性化，崇尚"物有所值"的服务，提供"尽管不是无所不能，却一定要竭尽所能"的金钥匙服务。

（3）酒店的客源市场逐渐年轻化。中端酒店更受年轻人青睐，酒店业的结构从金字塔形逐渐调整为橄榄形。

（4）酒店的营销观念从以产品、市场为导向转变为以顾客为导向。以顾客的需求为营销的核心，关注顾客的潜在需求，使酒店产品最大化地满足顾客需求。

（5）酒店的竞争转变为酒店联盟或是连锁品牌的竞争。单体酒店的竞争力弱，酒店的发展趋势也逐渐转变为品牌化、连锁化。除此之外，酒店的竞争也变成了人力资源竞争和文化竞争。

（6）绿色酒店是指运用环保健康安全理念，坚持绿色管理，倡导绿色消费，保护生态和合理使用资源的酒店，目标是实现酒店经济、环境、社会的三重效益。

（二）酒店服务

1. 酒店服务的定义

酒店服务是在一定经济发展阶段的一种综合性服务，是发生在酒店服务提供者和接

受者之间的一种无形的互动作用现象,酒店服务的供需双方在交换中实现了各自利益的满足,但互动过程不涉及所有权的转移。

2. 酒店服务的属性

(1) 无形性。酒店服务是无形的,与有形的实物产品相比较,它无法被触摸到、看到。

(2) 同时性。酒店服务的生产和消费是同时进行的,客人停止消费,酒店服务也结束了。

(3) 不可储存性。酒店服务无法被储存和保管,如客人在酒店支付了入住一晚的房费,却因故未到客房休息,第二天到了退房时间,酒店提供的客房服务也就结束了。

(4) 不可转移性。这一方面是指酒店服务不同于实物产品,无法运输,无法转移;另一方面是指酒店为客人提供服务的设施设备的所有权不会发生转移,客人只享有使用权。

(5) 不稳定性。提供酒店服务的工作人员容易受到外界因素的影响,态度和情绪容易发生改变,因此提供的服务也是不稳定的。

3. 酒店服务的类型

(1) 酒店服务根据服务的性质可以分为技术性服务和功能性服务。①技术性服务包括:前厅接待、餐饮摆台、客房卫生打扫等。②功能性服务包括:服务态度、服务效率、服务程序、服务礼仪。

(2) 酒店服务根据服务的标准可以分为规范化服务和个性化服务。①规范化服务,是指酒店为了满足所有来店客人都具有的共性需求所提供的标准化服务,它对稳定酒店服务质量,提高工作效率具有重要作用。因此,规范化服务是酒店服务的基础,没有规范化服务,酒店服务质量就成为无本之木。酒店的服务规范有服务内容、服务程序、服务标准、服务衔接四个基本要点。②个性化服务,是指酒店为了满足不同来店客人所具有的个性需求所提供的针对性服务,它对培养酒店忠诚顾客、追求企业长远利益具有重要影响。个性化服务是规范化服务基础的延伸和具体化。

二、旅游者对酒店的心理需求

旅游者在选择酒店的时候会考虑很多因素,如价格、环境、卫生、服务、知名度等,客人对酒店的要求和标准如下。

(1) 一流的服务人员,一流的服务标准。

(2) 客房洁净、舒适、陈设高雅,环境宜人。

(3) 客人有"宾至如归"的感觉。

(4) 设有多种服务项目。

(5) 具有独特菜系和地方佳肴。

(6) 地理位置的选择十分恰当。

(7) 陈设与内部装修应具有民族风格和地方特色。

(8) 注意细节的服务和装饰。

(9) 有名人下榻和就餐。

(10) 应是举办历史上重要宴会的场所。

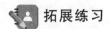 **拓展练习**

刘先生到南京出差再一次选择了南京某饭店,因为上次入住该饭店时酒店提供的贴心服务给他留下了深刻的印象,刘先生很期待这次入住也能享受到优质服务。

入住当天下午,刘先生在总台扫描身份证办理入住登记时,接待人员了解到刘先生是第二次入住酒店,热情地说:"刘先生,感谢您再次选择本饭店,您上次入住的房型是商务房,请问您对房型满意吗?这次需要更换房型吗?"刘先生表示还是入住之前的房型,同时惊讶于酒店有他的入住记录。之后行李员带领刘先生到客房并主动介绍房间设施设备的使用。晚上,刘先生应酬完回到客房,看到床头放着手写的晚安卡和牛奶,房间灯光也调暗了,这让刘先生感到很温馨。

第二天早上,刘先生到餐厅就餐,点了一碗鸭血粉丝汤,刘先生觉得味道偏咸就换了其他餐点。服务人员发现后上前询问就餐意见,刘先生反映了这个情况,服务人员也表示会反馈给厨房。让刘先生没有想到的是,第二天早上就餐时,服务人员主动上前再次道歉并向刘先生解释了味道偏咸的原因,并表示如果再点鸭血粉丝汤,服务人员会告知厨房刘先生的口味,不会再有昨天那样的情况。

就是这样细致、贴心的服务让刘先生给予该饭店极高的评价,并表示以后来南京还是会选择该饭店。

思考:案例中的饭店为刘先生提供了哪些细致贴心的服务?

第二节 前厅服务心理

一、心理学在前厅服务中的应用

(一)首因效应

首因效应使人们产生"先入为主"的第一印象。较好的第一印象可以使客人谅解后续服务中的差错,不好的第一印象则会使后续的努力大打折扣。

(二)近因效应

在入住酒店的知觉过程中,最后为旅游者提供服务的是前厅工作人员,这个过程会给旅游者留下深刻的印象,也会对旅游者评价酒店产生强烈的影响,这是近因效应。

首因效应和近因效应在不同情况下起作用。一般来说,在一个陌生的环境中,在与陌生人交往中,首因效应的作用更大;在一个熟悉的环境中,在与熟人的交往中,近因效应的作用更大,即后来的感觉信息较容易改变对原环境和对熟人的印象。

二、旅游者对前厅的心理需求

前厅部是为旅游者提供各种信息服务的部门,负责招待并接待旅游者,销售酒店客房及餐饮娱乐等酒店产品,协调酒店部门的对客服务,为酒店高级管理决策层及各相关职能部门提供信息参考。前厅部担负着重要的职能任务,旅游者对前厅的心理需求如下。

(一)审美心理

前厅部是酒店营业窗口,反映酒店的整体服务质量,是留给旅游者第一印象和最后印象的所在地。整个酒店的建筑外观、前厅的装潢和设计、前厅服务人员的形象都会影响旅游者对酒店的印象。

(二)求尊重心理

前厅部是旅游者接触酒店的第一个部门,前厅工作人员对旅游者的尊重会直接影响其入住体验,亲切的问候,规范周到的服务等都能满足旅游者求尊重的心理。在对待老客户时这一点尤其重要,如能准确称呼旅游者姓名,记住其喜好等会让旅游者感受到自己受到重视和尊重。

(三)求效率心理

旅游者在前厅无论是办理入住登记、结账手续,还是委托代办,都不希望在总台停留太长时间,都希望总台有高效率的服务。旅游者在经过长途旅行后,在开房入住环节迫切需要服务员能快速地为其办理入住登记、验证证件和信用卡等服务环节后入住客房休息。如果服务人员效率不高,做事拖沓,则极容易引起旅游者的厌烦情绪。例如,旅游者急于赶赴机场(车站)时强烈需要尽快办理退房结账手续。

(四)求沟通心理

前厅部是酒店建立良好的宾客关系的主要部门,具体表现在以下几个方面。

1. 服务的沟通

前厅部是酒店的神经中枢,负责联络和协调各部门的对客服务。前厅部提供的信息既有酒店内部信息,如服务项目、营业时间等,也有酒店外部信息,例如当地景点、交通信息等。

2. 语言的沟通

无论是办理入住,还是结账离开,旅游者都需要与前厅工作人员进行语言沟通。有效的沟通既能满足客人需要,也能提高前厅工作效率,这对前厅工作人员的语言沟通能力提出了较高的要求。

3. 个性化服务的沟通

随着旅游者个性化需求的增多,满足其个性化的需求成为前厅工作人员重要的工作任务之一,需求的提出和满足都需要服务人员和宾客之间进行有效的沟通来完成。

（五）求方便心理

1. 获取信息的方便性

前厅部承担着推销客房及其他产品和服务的职责，酒店的前厅部应备有完善的资料供旅游者参考，同时每位前厅服务人员都应对这些情况了如指掌，随时准备应答。此外，前厅部还应准备当地风景名胜、旅游交通等信息，满足旅游者异地旅游的求知心理。

2. 获得服务的方便性

前厅部提供的服务有入住办理、信息查询、委托代办、外币兑换等。此外，也可将前厅服务与旅行社、航空、铁路等部门的业务结合起来，使旅游者在酒店前厅就能完成相关事宜，充分地满足旅游者的需求。

三、前厅部员工心理素质要求

前厅部员工代表整个酒店接待客人，良好的外部形象（包括仪表、仪态、气质、风度等）能让客人感到心理愉悦，给客人留下美好的印象。前厅部员工要有成熟而健康的心理，能以强健和豁达的心态处事；与他人相处，能遵循平等和双赢的原则；在与他人交往中，善用选择和诱导的艺术；能自觉地进行自我沟通和自我整合，避免自我疏远和自我挫败。前厅部员工应机敏灵活，善于应变，以妥善处理日常所面临的复杂事务，发挥好酒店"神经中枢"的作用。

四、前厅服务策略

（一）客房预订的服务策略

1. 电话预订

电话预订是比较常见的客房预订方式，优点是方便、快捷，缺点是容易受到信号、语言表达的影响，导致信息出错。

受理电话预订的流程如下。

（1）接听电话。响铃三声内接起电话，主动问候客人。

（2）询问需求。询问抵店日期、入住天数、房型、数量，查询房态后回复是否能接受预订。

（3）询问信息。询问客人的姓名、联系方式、是否接机、是否担保，并告知客房保留时间。

（4）确认预订。复述需求和信息，避免出错，礼貌挂断电话。

2. 面谈预订

面谈预订是指客人直接到酒店，当面预订客房。优点是能带客人到客房参观，根据客人的语言表达和表情更好地判断客人的心理，再运用一定的销售技巧消除客人的疑虑。

3. 互联网预订

互联网预订目前是客人使用最多的订房方式，互联网订房的途径有三种，分别是酒店

官网、酒店集团官网和第三方平台。客人可以通过图片或是VR看房,全面了解客房情况并选定房型。互联网订房的优点是方便快捷、选择面广、价格实惠。酒店受理互联网预订要查看实时房态,避免重复排房。

4. 其他方式预订

酒店客房预订方式还有传真预订、信函预订、合同预订,这三种预订方式的共同点是准确正规、不容易发生订房纠纷。受理这类预订时,回复函应使用正式公文格式,以保证内容和程序的合法性。

(二)礼宾的服务策略

1. 门童的服务策略

门厅迎宾工作是在宾客进入酒店正门时所进行的一项面对面的服务。门厅迎接员,也称迎宾员或门童,是代表酒店在大门口迎送宾客的专门人员,是酒店形象的具体表现。门厅迎接员要承担迎送、调车、协助保安员、行李员等人员工作的任务,通常应站在大门的两侧或台阶下、车道边。门童要有亲和力、良好的记忆力和敏锐的目光,客人进入酒店时,门童应微笑、主动为客人服务。

2. 行李员的服务策略

行李员的主要工作职责是搬运行李、引领客人办理入住登记。此外,行李员还要回答客人问询、递送物品等。客人到达酒店门口,行李员应主动搬运行李,并询问是否有贵重物品,提醒客人自行保管。若是迎接团队客人或是行李较多的单独客人,应清点好行李数量,并检查行李是否有破损。行李员引导客人到总台办理入住登记之后带领客人到客房,并主动为客人介绍客房设施,最后做好行李搬运记录。

小知识

"国际金钥匙协会"于1952年成立,"金钥匙"一词的英文为concierge。广泛的社会关系和协作网络是"金钥匙"运作的必要条件,其服务哲理为:尽管不能无所不能,但一定要竭尽所能。在国际上,"金钥匙"被视为酒店个性服务的重要标志,有人称它为现代酒店之魂,首席礼宾身着的燕尾服,上面别着十字形的两把金钥匙,是"国际金钥匙协会"会员的标志,象征着如万能的金钥匙为宾客解决一切难题。在现实中,"金钥匙"又被宾客视为"百事通""万能博士"及解决问题的专家。我国于20世纪90年代初期成为"国际金钥匙协会"的成员国,我国第一把"金钥匙"产生于广州白天鹅宾馆,后来陆续有几家星级酒店获得了"中国酒店金钥匙"。

"金钥匙"是前厅部一个工作岗位,归前厅部经理直接管理。其岗位职责如下。①保持良好的职业形象,以大方得体的仪表、亲切自然的举止迎送抵离酒店的每一位宾客。②全面掌握酒店客房状态、销售现状、餐饮情况及其他有关信息。③全方位满足宾客提出的特殊要求,尽其所能提供多种服务,如安排钟点服务、医务服务、托婴服务、沙龙约会,推荐特色餐馆,导购服务等。遵循"宾客有求必应"的原则,多方协调合作,满足宾客要求。④协助大堂副理处理酒店各类投诉。⑤协助客务关系主任与宾客建立良好的关系。⑥协同安保部对行为不轨的宾客进行调查。⑦将上级指令、所发生的重要事件或事情详细记录在行李员、迎宾员交接班本上,每日早晨呈交前厅部经理,以便查询。⑧检查大堂及其他公共活动区域,消除隐患,确保安全。⑨对行李员工作活动进行管理和控制。并做好有关记录。⑩对抵店、离店的宾客给予及时关心。⑪对受前厅部经理委派进行培训的行李员进行指导、训练和督导。⑫确保行李房和酒店前厅的卫生清洁。⑬控制酒店门前车辆活动,确保畅通。⑭与团队联络员协调,确保团队行李顺利运送。⑮检查礼宾部各岗位值班情况,避免出现脱岗现象。⑯确保行李组服务设备运转正常。随时检查行李车、行李存放架、轮椅、伞架等。⑰完成前厅部经理下达的其他任务。

"金钥匙"的素质要求如下。①忠诚。国际金钥匙协会组织对"金钥匙"的最基本要求就是忠诚,包括对宾客忠诚,对酒店忠诚、对社会和法律忠诚。②具有敬业、爱业精神。应秉持"敬业是本分,奉献是美德"的心态,遵循"宾客至上,服务第一"的宗旨为宾客服务。③具有热心的品质及丰富的专业知识。热心与人交往,亲切、热情、想方设法帮助别人;熟悉酒店业务和旅游业有关方面的知识与信息,可担当"活地图"角色。④能够建立广泛的社会关系与协作网络。"金钥匙"应具备极强的人际交往能力和协作能力,善于广交朋友,从政府官员到普通民众,以酒店的优势为依托,建立一个广泛的社会关系网,这是完成宾客各种委托代办事项的重要条件。⑤身体强健,精力充沛,彬彬有礼,善解人意。⑥处理问题机智灵敏,应变能力强。⑦通晓多种语言。"金钥匙"服务只设在高档酒店的礼宾部,而高档酒店的宾客往往来自世界各地,且对服务的要求是针对性、个性化。因而,通晓多国语言是其工作的必备条件。⑧有极强的耐心和韧性。任何事情,哪怕只存一线希望,都应努力去实施,真正做到"想宾客所想,急宾客所急",为宾客多想一点,为宾客多做一点,让宾客再满意一点,让服务超越宾客的期望。

(资料来源:陈乃法,吴梅. 饭店前厅客房服务与管理[M]. 北京:高等教育出版社,2003.)

(三)总台的服务策略

总台接待的工作职责包括办理入住登记、销售客房、调整房价、延迟退房等。总台服务质量很大程度上体现着前厅服务质量,总台服务人员应礼貌热情地完成客人接待工作。

1. **办理入住登记手续**

根据客人求效率的心理,总台办理入住登记应在三分钟内完成。具体的流程如下。

(1)向客人问好。接待人员应做到"三米有眼神接触、两米有微笑、一米有声问候",表示对客人的尊重和欢迎。

(2)询问客人是否有预订。对有预订的客人,应请客人稍等,查询客人的预订信息并复述。对无预订的客人,若酒店有空房,应主动介绍酒店房型;若酒店无空房,可以为客人推荐其他酒店,设身处地地为客人解决问题,提高客人满意度。

(3)办理入住登记。办理入住登记需要对客人的身份证件进行扫描,根据客人的要求安排房间,填写入住登记表,请客人签字确认。

(4)收取房费和押金。押金是为方便客人在酒店消费,避免客人逃账或损坏酒店物品预缴的费用。酒店惯例是收取一晚的房费作为押金,告知客人押金将在离店结账时多退少补,并请客人签字确认。

(5)制作房卡、填写欢迎卡。酒店欢迎卡是为了表示对客人的欢迎,欢迎卡上是酒店

对客人的欢迎词和祝福语,让客人感受到酒店温馨的氛围。将房卡和欢迎卡双手递给客人,并提醒客人保管好单据和房卡,祝客人入住愉快。

(6) 完成后续工作。将客人入住信息通知客房,制作客人账单,制作表格资料。目前,有些酒店推出了酒店自助入住系统。客人可以在自助入住终端系统上预订客房、选择房间、办理入住登记手续、获取房卡、完成续住手续等。自助入住系统还能以图片或视频的形式,全方位地展现客房特点,帮助客人选择心仪的房型。这样的方式能简化手续,在30秒内完成入住登记,有效地提高了酒店前台的工作效率,并且客人可以运用自助服务终端系统进行账单查询、缴费、结账等操作,可以最大限度地保护客人隐私。

2. 销售客房

未预订的客人到酒店办理入住时,总台接待人员应以热情的态度向客人推荐酒店客房,把握客人的心理动态,运用一定的销售技巧,完成客房销售工作。

(1) 介绍客房产品而非酒店价格。客房产品包括酒店地理位置、设施设备、服务等,总台接待人员在销售客房时应对客房产品的价值进行讲解,以此消除客房价格带来的消极影响。

(2) 选择适合的报价方式。低价客房适合冲击式报价法,先报房价,再介绍客房,用房价吸引客人;中档客房适合鱼尾式报价,先介绍客房,再报房价,让客人觉得物美价廉;高价客房适合夹心式报价,先介绍客房,中间报价,之后再次介绍客房,削弱价格对客人的影响。不同的客房适合不同的报价方法,若是推荐高价客房采用冲击式报价,只会让客人望而却步。

(3) 善用打折的权限。客人可能会因为房价过高要求总台接待人员打折,虽然接待人员有打折的权限,但要慎用权限。若是爽快地答应打折的要求,客人会觉得房价有商量的余地,借机要求更低的折扣;若是坚决不打折,而对方又是常客时,则会让客人觉得酒店不近人情,可能会失去这位客人。在为客人打折时,应找到正当的理由(常客有折扣、新会员有优惠、酒店限时活动),既满足客人要求,又不带来负面影响。

(四) 收银的服务策略

收银的岗位职责有处理客人账务、外币兑换、办理离店结账手续等。

1. 处理客人账务

客人入住之后,需要建立客人账户,客人的每笔消费都应及时记录,完成冲减、转账、拆分、结账等工作。

2. 外币兑换

酒店为方便客人,代办外币兑换业务。收银员进行外币兑换过程中,要注意以下几点。

(1) 弄清客人的兑换要求。

(2) 了解客人外币兑换的方式。现金兑换应清点现钞、辨别钞票真伪;旅行支票兑换应核对客人证件是否相符、核对支票的初签和复签是否相同。

(3) 查核当时的汇率,准确进行换算。

(4) 请客人在水单上签字确认。

(5)检查复核,确保无误。
(6)将兑换的现钞付给客人,并请客人当面清点确认。

3. 办理离店结账手续

(1)礼貌地询问客人房号并收回房卡。
(2)通知楼层服务员查房,检查客人是否有遗留物品、是否有物品损坏、是否有其他消费。
(3)委婉地询问客人是否有其他消费。
(4)打出账单,请客人结账并签字确认。
(5)感谢客人,祝其旅途愉快,欢迎其再次光临。

前台收银对客人来说是个非常"敏感"的地方,也是最容易引起客人不满的部门。在通常情况下,长住客人在饭店内用餐后都喜欢用"签单"的方式结账,简单易行而且方便,但是客人容易忽略单次消费的金额,以至于结账时觉得账单有误。处理矛盾时,收银员应先向客人道歉,合理地运用语言技巧,耐心地给客人解释,并整理出花费较多的消费项目,帮助客人回忆各项消费,消除客人疑虑。

酒店在推进自助入住服务系统的同时,也能运用自助服务终端系统办理离店手续,实现"零秒退房"。这样的方式可以省去查房等待时间,体现了酒店对客人的尊重和信任。

(五)总机的服务策略

总机就是负责为客人及酒店经营活动提供电话服务的部门。每一位话务员的声音都代表着酒店的形象,是酒店的幕后形象大使。话务员要做到"只闻悦耳声,不见微笑容",通过甜美的嗓音、礼貌的语言传递热情的服务态度,提供优质的服务。

1. 电话叫醒服务

话务员接到客人要求叫醒的电话后,应在叫醒记录表上填写客人的房号、叫醒时间,并在酒店叫醒系统设置自动叫醒。客人是否接通叫醒电话可以通过系统打印的叫醒报告查看。若客人未接听叫醒电话,则改为人工叫醒,并做好记录。若客人还是未接听人工叫醒电话,则立即联系客房部,安排楼层服务员叫醒。

2. 紧急电话的处理

当酒店出现紧急情况时(如发生火灾、水灾、伤亡事故、刑事案件等),话务员要严格做到以下几点。

(1)保持冷静、不惊慌。
(2)立即向报告者问清事情发生地点、报告者身份、姓名,并迅速做好记录。
(3)即刻使用电话通报酒店有关领导和部门,并根据指令,迅速与相关部门联系。
(4)坚守岗位、沉着冷静、安抚客人、稳定其情绪。
(5)详细记录电话内容,以备事后检查。

情况紧急时,总机应充当酒店的临时指挥中心,播放疏散通知,保证客人的安全。

(六)商务中心的服务策略

商务中心是为客人的商务活动提供打字、复印、翻译、传真收发、秘书服务、会议室租用等服务的部门,服务流程如下。
(1) 主动问候客人,介绍各项收费标准。
(2) 提供周到的服务。
(3) 根据客人消费开出账单,请客人核对签字后及时上报前厅收银处。
(4) 向客人致谢,目送客人离去。

随着信息技术的发展,酒店商务中心生意逐渐冷清。客人可以通过随身携带的笔记本电脑传送邮件、编辑资料,酒店的部分房间也为客人提供了计算机和打印机,客人不用到商务中心办理业务。因此,商务中心应顺应时代变化,调整业务范围,如未来商务中心提供的服务可以转向为办公设备的租用、办公设备的维护或是提供会议配套服务(接待服务、翻译服务、秘书服务)等。

拓展练习

魏女士作为某酒店的常客,提前预订了客房于9月10日入住,并租用了一间小型会议室于9月11日使用。

9月10日下午三点,魏女士一边急急忙忙地进入酒店,一边接听着电话。门口等候的大堂副理隐约听到魏女士说半个小时后开视频会议,赶紧上前将魏女士带到VIP接待处迅速办理了入住登记手续,引领魏女士回客房的途中,听到魏女士咳嗽。快到房间的时候,魏女士挂断了电话,并告知大堂副理,下午四点要租用明天开会的小型会议室,请大堂副理提前准备。下午四点,魏女士来到会议室时,会议接待人员已在门口等候,并告知会议会用到的设备已经完成了调试。可是在魏女士使用过程中,话筒突然出现了问题,魏女士转头询问缘由的时候看到服务人员拿着新的话筒过来了,魏女士夸赞了酒店的服务效率高。晚上,魏女士回到房间,发现床头上放着一张小卡片,上面手写着"魏女士,感谢您对酒店的支持!请多喝热水,保重身体!水壶中有烧开的热水,并已调整至恒温状态,请放心饮用!如有任何问题,请致电前台,非常高兴能为您服务",落款是大堂副理。

魏女士再次感受到了酒店优质服务,第二天的会议也顺利进行。离店时,魏女士在意见簿上写上了对大堂副理和会议接待人员的认可,感谢酒店提供的贴心服务。

思考:魏女士认可酒店的原因是什么?

第三节 客房服务心理

客房是酒店的基本设施,客房部肩负着为客人提供清洁、美观、舒适、安全的住宿环境,为其他部门提供一系列服务的重任。客房部因其所承担的工作而成为酒店的最基本职能部门,此外,销售客房是酒店主要的收入来源,客房部也是酒店最主要的部门之一。

一、旅游者对客房的心理需求

（一）求干净整洁心理

旅游者对客房最基本的要求就是干净整洁，这也是酒店客房卫生管理最基本的要求。近年来，网络上出现了很多博主对酒店卫生进行测评，测评对象包括经济型、中档酒店、高档酒店，测评内容包括客房布草的更换、卫生间的清理、茶杯、水壶等客用品的卫生等，测评结果不尽如人意。这些测评视频的发布、新闻的报道，引发了社会大众对酒店卫生质量的关注，以至于很多入住客人自带洗漱用品。在酒店客房的物品很多是重复使用的这个前提下，旅游者希望酒店做到客房布草一客一换、卫生间全面消毒、洗漱用品是塑封的、茶杯和酒杯是经过清洗消毒的。

（二）求安全心理

旅游者求安全的心理包括对人身安全和财产安全的需求。近年来，有许多酒店发生安全事故的报道，如客人贵重物品被盗、有嫌疑人尾随单身女士、客房门被其他客人打开等。由于这些酒店安全事件的传播，导致客人对酒店安全的要求逐渐升高，客人入住酒店希望免受人身安全、财产安全的威胁，不希望在酒店发生抢劫、盗窃、火灾等安全事故，也希望安全事故发生之时，酒店能及时采取措施，避免客人受到伤害。目前，部分酒店推出了女性客房、女性楼层，女性楼层只允许女性进入，客房服务员也由女性担任，并且女性楼层的安保巡逻也更加频繁，最大限度地保护入住客人的安全。

（三）求舒适心理

客房的主要职能是为客人提供一个安全舒适的休息、睡眠空间。旅游者在异地他乡产生紧张不安的情绪，客房营造出的温馨、舒适感能消除客人不安的情绪。旅游者参加游览活动对体力的损耗较为严重，良好的睡眠能为客人带来充沛的精力。因此，客人希望酒店客房的气氛是温馨的、客房是安静的、提供的床具是舒适的、客房服务人员是亲切的、服务项目是全面的。基于客人求舒适的心理，四季酒店开启了定制睡床服务。入住酒店的客人可自行选择上层床垫（柔软、适中、较硬），客人还可以选择是否需要护颈枕或低致敏床上用品。不仅如此，再次入住的客人若是提前预订，酒店会提前准备好客人所需要的床垫和床上用品，给客人带来极致的体验感。

二、客房部员工心理素质要求

（一）强烈的责任心

客房部员工应具有强烈的责任心，能保证客房的卫生安全，为客人提供周到的服务，让客人宾至如归。责任心体现在以下两个方面。

1. 规范性

客房服务人员在工作时应严格遵守酒店的规章制度，履行工作职责，遵守作业标准，在规定的期限内完成工作。有些客房服务人员由于工作量大，在工作中不按照清扫标准打扫客房，出现不清洗马桶、不清洗水杯、不清洗浴缸、只有一名客人入住时只更换一个枕套或一件浴袍的情况。这些行为就是工作没有规范性的表现。

2. 自觉性

客房服务人员在工作中应有自觉性，不推卸责任，主动完成工作。例如，开夜床时发现衣架不够，客人把衣服搭在椅子上，客房服务员应主动为客人拿来衣架；发现客人房间放着感冒药，客房服务员应烧开水、调高空调温度。

（二）坚强的意志

客房清扫工作是单调的，对客服务工作是复杂的，客房服务人员在工作中应该用坚强的意志、乐观的心态来对待工作。客房服务员在工作中会遇上形形色色的客人，当客人无理投诉时，客房服务员应保持乐观的心态，主动道歉，安抚客人情绪，以礼貌谦卑的态度来影响客人。工作中有各种突发事件，客房服务员应不怕挫折，克服障碍，处理好突发事件。清扫客房的工作是单调重复的，在日复一日、年复一年的工作中，客房服务员应坚持规范和标准，坚持始终如一，在自己的岗位上发光发热。

三、客房服务策略

（一）客房清扫策略

客房卫生是客人对酒店服务质量评判的重要依据，客房卫生管理应遵循严格的卫生管理规定，包括服务人员清扫规范、领班查房标准、主管及经理抽查标准。

1. 客房清扫原则

（1）从上到下。擦衣柜、擦镜子时应从上到下进行。

（2）从里到外。收拾垃圾、擦桌子、吸尘应从里到外进行。

（3）先铺后抹。先铺床再擦灰，若是先擦灰，铺床的扬尘会再次附在家具上。

（4）环形清理。在清洁房间时应环形清扫，依次清扫，避免遗漏。

（5）干湿分开。干布和湿布的使用要区分开，不能混用。

2. 客房清扫流程

（1）进。进入客房前先检查物品的准备，站到房间门口，敲门三次，每次敲门三下并自报身份"客房服务员"或"housekeeping"，每次敲门需间隔几秒。确定房内无人应答后，使用房卡开门，轻轻推开房门的三分之一并自报身份，确认房内无人后推开房门，将工作车横放在门口，进入房间。进入房间后开灯、拉窗帘、开窗通风。

（2）撤。从里到外撤走垃圾袋，撤走客人使用过的餐具、茶杯和烟灰缸，撤走房间内的脏布草。撤床上布草时，应逐件撤下，检查是否有客人遗留的物品。

（3）铺。铺床的顺序是包单、套被套、套枕头、放枕头、整理。包单时注意床单的中心线应与床的中心线对齐,床单四角式样一致、均匀紧密。套被套时注意被套四角饱满,被芯与被套边缘重叠,将套好的被子平铺在床上。在整理过程中,先将床推进,紧靠床头板,整理被子和枕头,保持床面平整。

(4)洗。铺床结束后,先清洗卫生间,等铺床的扬尘下落后再抹尘。使用玻璃水擦洗镜面,使用清洁剂清洗面盆、浴缸和马桶。清洗卫生间时,不能将其他抹布和马桶布混用,不得将客人使用过的布草用于清扫。

(5)抹。抹尘时应注意干湿抹布的使用,将房内家具和物品抹干净。

(6)补。补充房内用品,例如饮用水、茶包、杯子、面巾纸等。补充卫生间用品,例如"三巾"、洗漱用品、卷纸等。补充的用品需按标准摆放,面巾纸和卷纸需折角,方便客人使用。

(7)吸。吸尘时应从里到外,注意角落和缝隙。吸尘时若有家具阻挡,应先移开家具,吸尘后再复原。

(8)检。检查客房设施设备能否正常使用,检查客房清扫是否按照要求完成。

(9)灯。关灯,拉上房门,填写客房卫生清扫表。

3. 领导查房

酒店为保证客房卫生质量,应设置领导逐级查房制度。楼层领班要每天查看所有房间的卫生情况;楼层主管对客房进行抽查,查房率一般要求在10%以上;客房部经理定期查房。领导查房能督促客房服务员认真对待客房清扫工作,对下级的工作进行监督,了解客房信息。逐级检查制度应上级比下级严格,设置相应的奖惩制度,激发员工的工作积极性。

案例分析

床单上的脚印

某日,酒店客房部接到客人投诉床单上有脚印,客人认为客房干净整洁是星级酒店客房最基本的要求,怀疑酒店没有在上一位入住客人离店后更换床单,要求客房部经理来处理。李经理赶到客房后先诚恳地向客人道歉,并在客人的抱怨声中了解到客人生气的原因,主动提出为客人升级房型,客人的情绪才稍有好转。之后,李经理引领客人来到升级后的房间,再次道歉并向客人解释了酒店客房的卫生管理规定,表示会查明情况,严惩相关人员。

安抚好客人的情绪后,李经理先到客人投诉的房间仔细查看了床单上的脚印,再调出监控了解具体情况。原来是客房服务员在打扫客房卫生时,没有按照要求将工作车放到房间门口,而是放在了过道上,路过的客人在经过工作车时不小心将床单撞落在地上,捡起来时不小心踩了一脚,床单上才出现了脚印。根据酒店客房卫生管理规定,客房服务员应在铺床时检查布草,在客房打扫完之后再次检查客房卫生,确认无误后,客房服务员才能离开房间。另外,按照规定,楼层领班应检查每一间可供出租的客房卫生情况。如果当班服务员和领班按照酒店规定来执行,那么就不会出现床单上有脚印的情况。李经理在询问了客房服务员和领班后才查清了事情的真相:客房服务员因偷懒未检查布草,领班未

查房并在客房卫生检查表上做了假。

李经理严肃处理了领班和服务员，带着果盘再次来到客人房间登门道歉，向客人解释了事情经过及处理结果，请求得到客人谅解。客人很满意酒店处理问题的方式，也不再计较酒店的过失。

思考：案例中的酒店出现了什么失误，是如何补救的？

（二）客衣送洗服务策略

1. 收取客衣

当客人有洗衣需求时，客房服务员应尽快到客人房间收取客衣。收取客衣时要注意检查客人的衣服是否有破损、是否有可能无法洗净的污渍、口袋中是否有遗留物品，若有以上情况，应及时告知客人，并在洗衣单上注明。洗衣单的填写要注意客人姓名、房号的准确性，衣服件数应在仔细清点后再填写，衣服的洗涤方式要标注清楚，避免发生洗衣纠纷。客人签字确认后，客房服务员将衣服和洗衣单交至洗衣房。

2. 客衣洗涤

洗衣房收到衣服后，打码并分类处理，客衣的洗涤和熨烫要严格按照规定进行，不同材质的衣服采用不同的洗涤方法和洗涤剂，避免衣服受损。洗涤完成后，按照房号将客衣包装，若有遗留物品则应核对清楚，和客衣一同送回。

3. 送还客衣

客房服务员送还客衣时，应请客人当面检查清点衣服，确认无误后，客人签字验收，客房服务员将衣服挂入衣柜即可。

（三）房务中心服务策略

1. 信息处理

与客房部相关的信息基本上都是通过房务中心进行传递的。对内，房务中心要传达领导的要求、获取楼层房态、管理客房部档案资料。对外，房务中心要和酒店各个部门沟通协调。

（1）房务中心与前厅部的沟通。两个部门相互之间需要不断地交换最新客房状况信息，确保房况的一致性，最大限度地提高客房出租率。房务中心保管客人的遗留物品，当前厅部接到客人反馈有遗留物品时，则应交由房务中心处理。因此，房务中心也是前厅部向客人交还物品的中转站。

（2）房务中心和营销部的沟通。营销部肩负着销售酒店客房的重任，客房部是酒店产品的提供者。两个部门通过房务中心进行良好的沟通和协调，对保证销售的完美性、最大限度地提高客房的出租率和平均房价具有重要意义。

（3）房务中心与餐饮部的沟通。餐饮部是客房部的主要服务部门，客房部通过房务中心向其提供餐饮前台的清洁保养、环境布置及布件和制服的洗涤与保管服务。客房内提供的客房送餐服务是由餐饮部来完成的。

（4）房务中心与工程部的沟通。客房部通过房务中心与工程部主要沟通客房设施设备的维修。两个部门的工作配合默契程度,直接关系到酒店的设施、设备能否得到良好的保养,能否正常使用。

(5) 房务中心与安保部的沟通。客房往往是全酒店建筑面积最大、投资最多,也是客人在酒店逗留时间最长的区域,因而对安全性要求很高。当客房部接到楼层有醉酒客人的信息时,当楼层有闲杂人等或行为怪异的客人时,客房部应第一时间通过房务中心通知安保部,由安保部协助处理,保障客人安全。

(6) 房务中心与财务部的沟通。房务中心需要和财务部沟通酒水统计、物品申购、物资报损等信息。

(7) 房务中心与人事部的沟通。客房部是一个劳动密集型部门,其定岗、定员、招工、培训、辞退、奖惩和升迁工作的需求较大,需要通过房务中心和人事部频繁沟通,得到人事部门的指导和帮助。

2. 对客服务

房务中心的对客服务工作有接听客人有关客房需求的电话、协助客人借还物品、处理客人遗留物品、接待客人并满足客人对客房服务的要求。在为客人提供服务的过程中,要做到真诚主动、耐心周到、礼貌热情、尊重隐私。

(四) 智能客房服务策略

在酒店数字化发展的进程中,客房也发生了改变,很多智能客房设备也相继出现在客房中。客房房门开启的方式由钥匙改为房卡,再到现在手机应用程序开门、密码开门、人脸识别开门等。客人可以通过客房内的智能控制面板控制空调、灯光、音响、窗帘等;能通过语音控制客房内的大多数电器设备;能通过客房电视查询房间消费记录;能在手机应用程序中远程控制房间内的灯光、空调等设备。除此之外,在推行无接触服务的过程中,智能机器人也闪亮登场,酒店服务人员将客人需要的物品放入智能机器人"体内",输入房间号后,智能机器人就能自行将物品送至客人房间门口。

案例分析

喻先生带着一岁的孩子旅游,入住某酒店。入住当晚十一点半,孩子发烧了,喻先生致电酒店前台询问是否能提供水银温度计,孩子发烧了需要测体温。前台服务人员回复说只有额温枪,没有水银温度计,现在就安排客房服务员将额温枪送到客房,并告知如果需要水银温度计请稍等,酒店工作人员将去附近的药店购买。很快,客房服务员就将额温枪送到了客房。

凌晨十二点,前台打来电话告知附近的药店都已经关门了,没有买到水银温度计,但是在酒店员工宿舍借到了水银温度计,并已消毒处理,询问喻先生是否需要。在得到肯定的回复后,客房服务员几分钟就将水银温度计送到了客房。

所幸的是孩子只是低烧,并不严重,在经过一晚的照顾后已经好转,精神状态也很好。喻先生非常感谢酒店提供的帮助,坚持向昨晚提供帮助的工作人员当面道谢。

思考:案例中酒店的做法有哪些可取之处?

第四节 餐饮服务心理

餐饮部是指酒店生产和销售饮食产品,为宾客提供相应服务的部门。餐饮部与客房部、前厅部合称为酒店三大部门,是满足客人需要的主要服务部门,餐饮部的收入是酒店营业收入的主要来源。餐饮是旅游者在游览过程中必不可少的环节之一。

一、旅游者对餐饮的心理需求

(一)求尊重心理

客人到餐厅消费,是去享受服务的,会带着主观情绪要求服务人员提供优质服务。客人在公众场合会格外重视自己的形象,餐厅服务人员应尊重客人。由于客人的饮食习惯不同,不要刻意展示自己的专业素质让客人难堪,更不要对客人评头论足,引起客人不满。如何体现对客人的尊重呢?微笑待客,尊重习俗,常说"请""谢谢""对不起"等文明用语。

案例分析

餐厅服务员小何正在接待一桌商务宴请的客人,小何上了冰镇小龙虾这道菜后,为各位客人分派了洗手盅洗手去腥。洗手盅使用的是带花纹的玻璃碗,里面是矿泉水和柠檬片。小何还没来得及告知客人这是洗手盅,主宾就端起洗手盅把水喝了。小何看着大家疑惑的表情,也不知道该怎么做了。

思考:你认为小何应该怎么处理?

(二)求卫生心理

1. 食品卫生

食品卫生是客人对餐厅最基本的要求。俗话说"病从口入",旅游者对食品卫生非常重视。餐厅要保证食品储存的安全,将食品分类储存,按照先进先出的原则取用食品,变质食品应及时清理。在食品加工阶段,要保证菜点配备专用的盛器,忌生熟交叉使用,关注食品加工的各个环节。

2. 餐具卫生

餐厅的餐具包括餐碟、碗、筷子、勺子、杯子等,餐具清洗应严格执行"一刷、二冲、三洗、四消毒、五保洁"的制度,保证餐具上无污渍,客人能放心使用。

3. 环境卫生

餐厅的墙面、天花板、桌椅应整洁,无卫生死角,室内无苍蝇、蟑螂、老鼠等。窗明几净、明亮整洁的环境会给客人带来安心、愉悦的感受。

4．服务人员的卫生

服务人员应按照卫生操作规范提供服务，统一穿着工作服，定期清洗工作服，戴健康证上岗，养成良好的卫生习惯，坚持做到勤洗手、勤剪指甲、勤洗澡、勤换衣服。

（三）求效率心理

旅游者经过长时间的游览活动后，来到餐厅就希望能立刻享受到美味佳肴，等待用餐的时间过长，就会产生紧张和焦虑的情绪。在饥饿的情况下，客人的焦虑情绪还会放大。对于团队旅游的客人，餐厅应与导游及时沟通，掌握就餐时间，提前准备。在客人用餐过程中，对客人的需求应及时满足，提高服务效率。

（四）求公平心理

旅游者到异地用餐，希望能从各个方面得到公平合理的对待。有些餐厅将客人区别对待，对本地客人热情，对异地客人冷漠；本地客人收费低，异地客人收费高。这样的情况让旅游者心理不平衡，认为受到了歧视和欺骗。

二、餐饮部员工心理素质要求

（一）良好的性格

良好的性格是餐饮部员工为顾客提供优质服务的重要心理条件。良好的性格包括礼貌热情、真诚友善、乐观自信、豁达宽容。礼貌热情和真诚友善能让客人感到亲切，服务中的真诚体现在想客人所想，竭尽所能地帮助客人，获得客人的信任和依赖。乐观自信能让服务人员正视挫折，不怨天尤人，在工作中不卑不亢。豁达宽容能让服务人员以宽广的胸襟去处理与同事、与客人的矛盾。

（二）积极的情感

餐饮部服务员要有强烈的责任感，肩负起岗位责任，不推卸，不逃避，主动工作。长期重复的工作会让员工失去工作的热情，要以积极的情感全身心地投入工作中，以饱满的热情对待每一天的工作。面对客人的刁难，要有抗压抗打击的能力，及时调整好心态，正视服务工作的特殊性，微笑着面对下一位客人。

案例分析

酒店管理专业大三的学生小岳在酒店餐饮部门实习，在经过为期半个月的培训后，小岳正式走上了中餐厅服务员的岗位。因为小岳性格比较内向，不怎么与同事接触和交流，领导就安排小岳跟着老员工开餐，完成一些辅助工作。

某日，餐饮部工作繁忙，所有服务人员都安排了接待任务，小岳也被安排单独对客服务了。小岳非常紧张，在给人上菜的时候没把盘子端稳，不小心将汤汁洒到了一位女士的

衣服上,他急忙道歉,也不知道该做什么,就一直道歉解释,那位女士也没为难他,说算了,让他之后注意一点就好。在犯错之后,小岳更紧张了,觉得自己很没用,一起实习的同事早已经开始独立工作,可是自己过了这么久连上菜都做不好,小岳开始泄气了。

在后续的服务中,为客人斟倒白酒时,本就紧张的小岳在客人的催促声中,不小心将白酒倒得太满,洒得到处都是。客人当时很生气,责问他怎么回事,他被吓得不敢说话了,也不知道该怎么解释,直接放下酒瓶,跑出了包间。客人看到小岳离开更生气了,当即叫来餐饮部经理投诉,客人认为小岳做错了事,不敢承担责任,客人说他的时候,他还不服气,直接就走了,无视客人的存在,是极不尊重客人的行为。经理耐心解释并找来小岳一同向客人道歉,在给客人赠送了优惠券并换了包间服务员后,客人的情绪才有所好转。

思考:小岳在服务过程中出现了哪些问题?

三、餐饮服务策略

(一)中餐服务策略

1. 餐位预订服务

餐位预订对客人来说,能提前安排好行程,避免长时间的等待。对酒店来说,能提前了解当天的就餐率,做好采购和接待准备。

客人通过电话预订餐位时,要在响铃三声内接起电话,自报身份并主动向客人问好。预订员要记录客人姓名、用餐时间、用餐人数、餐位要求、预留餐位等信息,询问客人是否需要提前点菜,并告知餐位保留时间,请客人准时就餐。重要信息记录完整后,还需复述一遍,等待客人确认。确认无误后,欢迎客人的光临,礼貌挂断电话。

随着第三方订餐平台的兴起,很多年轻顾客会通过互联网订餐、排位。互联网订餐方便快捷,深受年轻人的喜爱。

最传统的订餐方式是现场预订,优点是能详细了解客人的需求,缺点是客人需要前往酒店,浪费时间,比较麻烦。

2. 餐前准备

(1)形象准备。餐厅服务人员应整理仪容仪表,检查餐厅卫生,以最好的形象和状态迎接客人。

(2)信息准备。餐厅服务人员应了解餐位预订情况及客人的基本信息。

(3)物品准备。餐厅服务人员根据预订信息提前摆台,准备配餐用品。

3. 迎宾服务

迎宾员提前了解并熟记预订信息,提前到餐厅门口迎接客人的到来,若是迎接的客人是常客或VIP,应加上客人姓氏称呼客人,让客人感受到酒店的个性化服务。接到客人后,礼貌询问客人是否有预订,若是有预订,应核对预订信息并将客人引领至餐位。引领时,走在客人左前方1米处,提醒客人"小心台阶""小心脚下"。进入包间时,应先敲门再进入,引领客人至餐桌旁,为主人拉椅让座。餐厅服务人员应在客人坐下后,为客人递上毛巾和茶,询问客人是否开始点菜。

4. 点菜服务

主动为客人递上菜单,询问客人忌口的菜肴和喜欢的口味,介绍菜肴时,推荐餐厅特色菜、畅销菜,避开客人忌口的菜肴。点菜时,通过"一看二听三问"来预测客人的需求。点菜时冷热搭配、荤素搭配、不同菜式搭配。可以按饮食习惯点菜,南甜北咸、东辣西酸,南爱米、北爱面,沿海城市多海鲜,劳力者肥厚,劳心者清甜。多使用选择性、建议性的语言,必要时可以对客人所点的菜量和食物搭配提出合理化建议。

5. 上菜服务

上菜以不打扰客人为原则,不在老人、小孩旁边上菜。上菜的顺序是冷菜、主菜、热菜、汤菜、点心、主食、水果。上菜时要注意提前挪出菜肴摆放的位置,上菜时报菜名,必要时介绍菜肴。菜肴摆放遵循一定的规则,冷热间隔、荤素间隔、重心平衡、间距相等。餐桌上严禁盘子叠盘子,应随时撤去空菜盘,保持台面美观。如果满桌,可以大盘换小盘、合并或帮助分派。分菜时,从主宾位开始,顺时针进行。

6. 酒水服务

客人点酒后,向客人展示酒水,询问是否可以开瓶,开瓶后将酒倒入小分酒器,倒往小杯时,白酒倒8分满,葡萄酒不超过1/2杯,啤酒8分酒2分泡沫。斟酒顺序是从主宾位开始,顺时针进行。

7. 席间服务

中餐巡台时,客人餐碟里盛装1/3残渣时,及时撤换餐具。客人用餐中可随时提供毛巾服务,客人用完餐后,再次提供毛巾服务。

8. 餐后服务

在客人用餐完毕后,餐厅服务员尽快准备好账单,做好结账准备。把握结账的时机,不得催促客人,结账后引领客人离开,提醒客人带好随身物品,感谢客人的光临,期待客人的再次光临。撤台时注意零点撤台应在该桌客人离开后进行,宴会撤台应在所有客人离开后进行。撤台结束后,重新摆台,同时关闭餐厅水、电开关,关好门窗。

(二)西餐服务策略

1. 餐前准备工作

根据要求布置场地,检查餐厅环境。摆好餐具、椒盐瓶、鲜花、烛台,准备好工作台及配餐用品,做好开餐准备。

2. 迎宾服务

迎宾提前了解并熟记客人信息,见到客人主动问好,询问是否有预订,将客人引到相应的位置入座。在为客人拉椅时,应先为女士拉椅入座。

3. 点餐前酒

询问选择哪种餐前酒,常见的餐前酒有味美思、比特酒、茴香酒,根据客人点的酒为客人提供酒水服务。

4. 点菜服务

认真记录客人所点菜肴,适时推荐菜肴,点菜完毕后,复述一遍,待客人确认后开单。

5. 点佐餐酒

客人点菜后，呈递酒单，记录客人点的酒水。开单后送上酒水，向客人展示酒水，询问是否开瓶，开瓶后请客人试酒，确认之后再为客人倒酒，依旧从女士开始。

6. 就餐服务

客人就餐途中，要为客人提供上菜、撤盘、更换烟灰缸、斟酒等服务。

7. 餐后服务

客人结账后引领客人离开，提醒客人带好随身物品，感谢客人的光临。撤台结束后，重新摆台，同时关闭餐厅水、电开关，关好门窗，做好餐后工作。

案例分析

李总经理在当地有名的海鲜酒楼宴请非常重要的合作伙伴钟先生，因为钟先生来当地出差，李总要热情接待以尽地主之谊。李总和钟先生进入大厅后，钟先生对酒楼的设计和装修风格赞不绝口，李总也顺势推荐了这家酒店的特色菜肴。

到达包间后，服务人员已安排妥当，热情地为钟先生拉椅入座。上菜后看着极具特色的餐盘、精致的摆盘、可口的海鲜，大家心情愉悦，开始用餐。用餐过程中，大家喝酒聊天，气氛融洽。可是，当李总准备夹菜时，却看到刺身拼盘上方有苍蝇在飞。李总随即找来服务员，让她想办法把苍蝇赶出去。但是过了好一会儿服务人员都没有来驱赶苍蝇，大家的注意力全被苍蝇吸引了。这时，又飞来了一只苍蝇，两只苍蝇在桌子上飞来飞去，时不时还停留在餐盘上，大家全然没有了用餐的兴致。李总生气地叫来了服务员，询问情况，服务人员解释道是因为昨天负责这个包间的同事离开前开窗通风忘了关闭纱窗，导致苍蝇飞进来了，现在只有点蚊香来驱赶苍蝇。宴请还在继续，但是钟先生却只喝酒，没再动筷。

用餐结束后，李总不停地给钟先生道歉，认为这次宴请没有让钟先生满意。事后，李总向酒楼经理投诉了这件事，并在一气之下取消了与该酒楼的合作。

思考：案例中的酒店存在哪些问题？

知识归纳

本章以酒店服务的概念和特征导入，介绍了旅游者在酒店的心理需求，重点介绍了酒店核心部门中旅游者的心理需求以及在这些部门工作的员工的心理要求和如何提供针对性的服务。主要内容包括前厅服务心理、客房服务心理和餐饮服务心理三个部分。

前厅服务中主要运用的心理学知识有首因效应和近因效应。旅游者对前厅的心理需求有审美、尊重、效率、沟通、方便。前厅服务策略从预订、礼宾、总台、收银、总机、商务中心这几个职能部门为主进行了服务策略的介绍。

旅游者对客房服务的心理需求是干净整洁、安全、舒适。客房服务人员的心理素质要求是要有强烈的责任心和坚强的意志。根据客人的需求，本节主要介绍了客房清扫服务、客衣送洗服务、房务中心服务、智能客房服务的策略。

旅游者对餐饮服务的心理需求是尊重、卫生、效率、公平。餐饮部员工的心理素质要求是要有良好的性格和积极的情感。餐饮的服务策略则分为中餐服务策略和西餐服务策略。

典型案例

小龚的迷茫

服务员小龚第一天上班,被分在饭店主楼12层做值台,由于她刚经过三个月的岗位培训,对做好这项工作充满信心,自我感觉良好。一个上午的接待工作确也颇为顺手。

午后,电梯门打开,"叮当"一声走出两位客人,小龚立刻迎上前去,微笑着说:"先生,您好!"她看过客人的住宿证,然后接过他们的行李,一边说:"欢迎入住本饭店,请跟我来。"一边领他们走进客房,并随手给他们沏了两杯茶放在茶几上,说道:"先生,请用茶。"接着她又用手示意,一一介绍客房设备设施:"这是床头控制柜,这是空调开关……"这时,其中一位客人用粤语打断她的话头,说:"知道了。"但小龚仍然继续说:"这是电冰箱,桌上文件夹内有'入住须知'和'电话指南'……"

未等她说完,另一位客人又掏出钱包抽出一张纸币不耐烦地给她。霎时,小龚愣住了,一片好意被拒绝甚至误解,使她感到既沮丧又委屈,她涨红着脸对客人说:"对不起,先生,我们不收小费,谢谢您!如果没有别的事,那我就离开了。"说完便退出房间回到服务台。

此刻,小龚心里乱极了,她实在想不通自己按服务规程给客人耐心介绍客房设备设施,为什么会不受客人欢迎。

【讨论】 为什么小龚的服务不受客人欢迎?

知识测试

一、单项选择题

1. 客人来到餐厅刚坐下,还没来得及看完菜单,服务人员就来催客人点菜,导致客人不高兴。这说明服务人员没有能够(　　)。
   A. 随机应变　　　　　　　　B. 掌握灵活性
   C. 提供针对性服务　　　　　D. 掌握服务时机

2. 某楼层服务员在查房时观察到王先生将原来床上配置的毛毯撤出换成棉被,服务员应采取的措施是(　　)。
   A. 按日常标准铺床,将棉被叠放在床尾
   B. 按日常标准铺床,将棉被叠放在柜内
   C. 将棉被铺在床上,毛毯叠放在柜内,并在工作日志上注明某房间王先生喜欢用棉被
   D. 还是按日常标准铺床,将毛毯和棉被都整齐叠放在床尾

3. 旅游者安全需求在餐厅的反映表现为(　　)。
   A. 求食物合口味的心理　　　B. 求知的心理

C. 求食品及用具干净卫生的心理　　　D. 求尊重的心理

4. 某酒店规定:在为客人办理入住登记时至少要称呼客人名字三次,这是为了满足客人(　　)的心理。

A. 求效率　　　B. 求沟通　　　C. 虚荣　　　D. 求尊重

二、多项选择题

1. 旅游者对客房的心理需求是(　　)。
 A. 求舒适心理　　　　　　　　　　B. 求尊重心理
 C. 求安全心理　　　　　　　　　　D. 求沟通心理
2. 酒店前厅部员工的心理素质要求有(　　)。
 A. 成熟、健康的心理　　　　　　　B. 强健、豁达的心态
 C. 自我沟通、自我整合的能力　　　D. 乐观、积极的心态
3. 以下行为中,符合旅游者求卫生心理的是(　　)。
 A. 进入餐厅检查餐具是否干净、是否消毒
 B. 查看餐厅桌椅是否有灰尘、油渍
 C. 查看菜肴中是否有头发、虫子
 D. 关注服务人员是否留长指甲、是否披头散发

三、简答题

1. 简述酒店服务的特性。
2. 旅游者在前厅的具体心理表现有哪些?
3. 旅游者在客房的具体心理表现有哪些?
4. 旅游者在餐厅的具体心理表现有哪些?
5. 酒店针对旅游者的心理应如何提供服务?

实操拓展

1. 2018年,阿里无人酒店正式营业,作为国内首家无人酒店,酒店内部科技感十足。客人可以通过天猫精灵智能管家对客房空调、灯光等进行语音控制,吸引了很多客人到酒店入住打卡。无人酒店和传统酒店相比其优劣势分别是什么?传统酒店会被代替吗?为什么?

2. 某楼层服务员在打扫某房间时发现陈先生房内桌上放了一瓶未喝完,但是没有瓶盖的"干红"葡萄酒,服务员应采取哪种措施最为合理?

旅游交通服务心理

第六章
Diliuzhang

知识目标

1. 了解旅游交通的概念以及旅游交通在旅游业中的重要作用。
2. 了解旅游交通的特点。
3. 理解并掌握旅游者对交通服务的多种心理需求。
4. 理解并掌握旅游者对不同交通工具的知觉特性。
5. 掌握旅游交通服务的心理策略。

能力目标

1. 通过研究旅游交通发展状况,能够判断旅游交通发展趋势和方向。
2. 能够根据旅游者的交通心理需求特征,提供高质量的旅游交通服务。

课程思政

1. 树立正确的职业价值观,塑造良好的人格,增强职业认同感、职业道德。
2. 通过学习了解国家在旅游交通方面的高质量发展成果,增强民族自豪感。
3. 明确个体在提升旅游交通服务水平中的作用,以旅游交通服务对象的需要为中心,切实做到爱岗敬业,践行工匠精神。
4. 理解旅游者对交通的心理需求与消费行为之间的关系,提升职业认知,培养职业态度。
5. 具备分析问题和解决问题的能力。
6. 具有利他心理。

思维导图

旅游交通服务心理 —— 旅游交通服务概述

- 旅游交通的作用
  - 旅游者完成旅游活动的先决条件
  - 旅游业发展的关键
  - 旅游收入和旅游创汇的重要来源
- 旅游交通的特点
  - 服务对象具有特殊性
  - 空间具有异地性
  - 时间具有季节性
  - 产品具有不可储存性
- 旅游者选择旅游交通工具时的不同心理
  - 经济收入水平与旅游交通需要
  - 旅游动机与旅游交通需要
  - 年龄与旅游交通需要

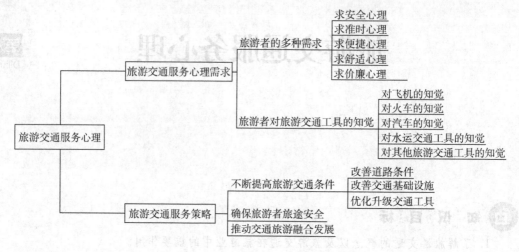

第一节 旅游交通服务概述

旅游交通是指旅游者利用某种手段和途径,实现从一个地点到达另一个地点的空间转移过程,主要涉及航空、铁路、公路、水路客运四个方面。

一、旅游交通的作用

(一)旅游交通是旅游者完成旅游活动的先决条件

旅游以旅行为基础,旅游者外出旅游时,需要解决从其出发地到旅游目的地的交通问题,不同旅行方式所需要的费用、时间和精力等成本,以及不同交通方式的安全性和舒适度等,是旅游者常常要考虑的问题。旅游沿途的风景也可以成为旅游活动的重要内容。

由于旅游者可用于旅游的闲暇时间通常是有限的,如果从出发地到旅游目的地所需要的时间超过其能够承受的限度,旅游者就会调整对旅游目的地的选择,甚至会放弃旅游计划。

(二)旅游交通是旅游业发展的关键

旅游交通与旅游业的发展两者之间是相辅相成、相互制约并相互促进的。旅游交通运输业的发展推动了旅游经营活动的产生和发展,而旅游经营活动行为的加速升温,也相应地促进了旅游交通运输业改善落后的不相适应的基础设施设备建设,建立一系列完整的交通运输网络,以满足旅游业迅速崛起所带来的交通运输需求,同时也为旅游业的迅速发展提供了便捷的交通运输渠道。在当今大众旅游时代,旅游经营活动范围已由以城市为中心的区域扩展到省内外乃至不同的国家,一个重要的原因就是现代交通的发展。

(三)旅游交通是旅游收入和旅游创汇的重要来源

旅游交通是旅游业重要的收入来源,交通旅行费用是旅游活动中主要的支出费用之一。历年《旅游统计年鉴》资料显示,欧美游客来我国旅游,交通费用的支出,包括国际往返交通费,以及在我国旅游期间的城市间交通费和市内交通费,往往要占其旅游费用的一半以上。

二、旅游交通的特点

(一)服务对象具有特殊性

旅游交通的服务对象是旅游者。不同于一般旅客,旅游者要求旅游交通必须适应其在旅途中的多方面需要,提供不同于一般旅客的特殊服务,如旅途中的餐饮服务、休闲娱乐服务、旅游信息服务、导游讲解服务等。也就是说,除了要确保旅游交通安全和快捷,舒适性和服务的多元化同样不可忽视。因此,大型客机、高速直达列车、高性能汽车以及内部设施豪华、乘坐舒适的游船等技术先进的现代化旅游交通工具的使用,各种运输方式、交通线路、部门和地区间的联运等,都是发展旅游交通所必需的。

(二)空间具有异地性

旅游交通使旅游者发生位置或场所变动,这种产品是以距离长短来计算的。旅游交通产品的使用价值就在于改变空间位置,其价值等于使旅游者发生空间位置变动所需要的劳动量,包括物化劳动量和活劳动量。

(三)时间具有季节性

由于受气候、地理位置、节假日等条件的制约,旅游者的旅游活动在一年中的分布极不均衡,因而对旅游交通的需求具有明显的季节性,会在很短的时间内明显地呈现高峰和低谷态势,成为旅游交通发展的一项挑战。

(四)产品具有不可储存性

旅游交通所生产的产品不能储存,不能脱离生产和消费过程而独立存在,只能在生产的同时被消费。因此,旅游交通建设要具有前瞻性,旅游交通运输能力必须大于旅客流量,才能保证旅游交通的正常运转。同时,旅游交通产品的无形性给安全质量和服务质量的管理增加了一定难度,要改善经营管理,提高服务质量,充分利用旅游交通的运力,最大限度地提高客座利用率。

三、旅游者选择旅游交通工具时的不同心理

旅游者对旅游交通工具的选择带有明显的层次性和多元性。

(一)经济收入水平与旅游交通需要

从经济收入水平来看,高收入的旅游者对旅游交通要求高,十分重视服务质量,选择旅游交通工具时,追求高档、舒适、豪华;中等收入水平的旅游者对旅游交通要求一般,对服务质量要求较高,倾向于选择中档、价格适中的旅游交通工具;经济收入水平较低的旅游者对旅游交通要求偏低,会选择价格低廉的交通工具,可以容忍不到位的服务。

(二)旅游动机与旅游交通需要

1. 放松身心动机

我国全面进入大众旅游时代,在此新发展阶段,大众由注重观光向兼顾观光与休闲度假转变,旅游渐渐成为人们放松身心、缓解压力的有效方式。旅行时,融身于大自然的美景、浓重的历史文化或独特的人文景观中可以帮助人们消除烦恼与忧愁,使身心得到放松和洗礼,感受最原始的快乐。国外有一份研究发现,常到城郊森林公园游览的人,在手指温度、血氧饱和度、心率和呼吸等生理健康指标方面有明显的改善;心境状态量表测试显示,心境状态也显著好转,压力得到了缓解,情绪更加稳定,心理健康水平有着明显的积极变化,感到更加舒适。

出于放松身心的旅游者多偏好闲庭信步、悠然自在的旅游方式,所以其对旅游交通的需求比较大众化,多选择常规交通工具,如旅游列车、旅游巴士等。

2. 求知探索动机

好奇和探索是人类基本的心理性内在驱动力。在信息化高度发展的社会,虽然可以实现足不出户就能了解世界和欣赏美景,但人们探索求知的需要并不能完全得到满足,人的内心中充满着身临其境、亲身体验的欲望。通过旅游可以在世界各地寻求不同的经历和体验,从而获取知识,丰富阅历,比如自然探索旅游、摄影旅游、研学旅游等。我国全面建成小康社会后,大众旅游消费需求从低层次向高品质和多样化转变,以此为旅游动机的人越来越多。

抱有求知探索动机的旅游者会因旅游内容的不同而采用非常不同的旅游方式,其既会选择大众化的交通工具,也可能选择特殊、特别、高科技、非大众化的交通工具。

3. 商务动机

人们会为了各种商务或公务而外出旅游。现代社会,因公务或商务出行的人越来越多,旅游业对这一类型旅游者的关注也越来越多。该类型旅游者目的地和出行时间没有选择余地,也不受季节影响,所以在选择交通工具时尤其注重快捷性。对于那些想在旅行途中办公的旅游者,高铁和飞机都可以提供较合适的办公环境;但是如果需要密集地与客户进行电话或网络沟通,高铁比飞机更具有优势。

4. 审美动机

带着审美动机的旅游者会将旅行过程和旅游目的地体验视为同等重要,把对交通条件的要求与其审美相结合,多倾向于自己安排合适的交通工具。比如为了更好、更舒适地观赏风景,体验历史文化和人文气息,会选择一些符合其审美需求的交通工具,比如坐黄包车游览北京胡同、坐滑竿登峨眉山、坐齿轮小火车游览阿尔卑斯山等。

（三）年龄与旅游交通需要

青年旅游者追求个性，表现自我，勇于猎奇，喜欢走马观花的旅游方式，希望去尽可能多的旅游目的地，会选择与众不同、别具一格、类型多样、独特的交通工具；中年旅游者具有求实、求信、求廉等需要，偏向考察式旅游方式，多选择实用、适合的交通工具；老年旅游者具有怀旧感及追求长寿的心态，喜欢悠闲自得的旅游方式，会选择与身体状况相适应、价格适中的交通工具。

第二节 旅游交通服务心理需求

一、旅游者的多种需求

旅游者对旅游交通服务的需求具有明显的多样性，主要体现在以下几个方面。

（一）求安全心理

对旅游者来说，安全是其出门旅游的首要需求。人人都希望"一路平安"，不希望发生交通事故。安全感是旅游活动发生的前提，只有认为旅游交通服务是安全的，人们才敢放心地出行旅游。例如，对爱好自驾游的旅游者来说，以前自驾去云南藏区游玩，山高路远既耗时又存在很大安全隐患，随着云南藏区第一条高速公路、云南省海拔最高的高速公路香丽（香格里拉—丽江）高速公路的修建，这一区域将吸引更多的自驾游旅游者。

（二）求准时心理

人们外出旅游，往往按既定的计划进行。何时何地启程，换乘何种交通工具，何时到达目的地，何时返回等，这其中的旅行时间、游览时间、休息时间，都有事先的安排。因为旅游交通带有严密的连贯性，前一站的误点和滞留要影响下一站的游览活动，甚至会发生一系列的经济责任事件问题，如房费、交通费、餐费等的结算问题。所以，旅游者对旅游交通服务普遍具有准时的心理需求。如果旅游交通服务不能按照计划要求准时运行，必然会打乱旅游者的旅游计划，影响整个旅游活动顺利进行，打破旅游者的心理平衡，使其不安、不满、烦躁、恼怒，有时可能会达到无法容忍的地步。结果不仅给旅游者造成时间、精神、物质上的损失，还会让旅游业的信誉受损。

（三）求便捷心理

方便快捷也是一般旅游者最常见的心理需求。闲暇时间作为形成旅游需求的基本条件之一，对旅游者来说十分宝贵，所以外出旅游时，旅游者更愿意把有限的闲暇时间更多

地用于游览活动,而不是大量地消耗在旅途之中。在许多旅游者看来,旅途大多是无意义的、枯燥乏味的,尤其是长距离的旅行会给旅游者带来身心疲劳之感,所以旅游者对旅游交通服务有求方便快捷的心理需求。有的旅游目的地虽然风景优美、民俗独特,但交通不便、耗时费力,旅游者也不愿前往。旅游者总是期望尽量缩短时空距离,现代交通工具正是为适应人们求方便快捷的心理需求而发展起来的。无论国际旅游还是国内旅游,飞机都已成为常用的交通工具,此外,高速列车的广泛使用、不断修建的高速公路等,都体现了方便快捷对旅游者和旅游发展的重要性。

当然,随着旅游业的发展,旅游者的需求也在不断发生变化,对一些相信"最好的风景在路上"的旅游者来说,快捷并不是必要的,"在路上"即是旅行。

(四)求舒适心理

人们闲暇时外出旅游,是为了放松自己,得到身心的快乐享受,舒适也自然成为大多数旅游者的心理需求。进入大众旅游时代的今天,旅游者不仅期望旅游目的地能够提供快乐享受,也希望快乐享受可以贯穿旅游活动的全过程,包括旅游交通过程。旅游交通服务不仅要为旅游者提供"出行"的方便,还要为旅游者提供"出行"的舒适快乐,旅游交通服务设施的条件状况,直接影响旅游者的"出行"体验。例如,旅游者希望使用设施完备、环境优雅的候机(车、船)场所;希望乘坐外形美观、宽敞明亮、清洁卫生、舒适平稳、便于休息和游览的交通工具;希望享受健康美味的餐饮、多样的旅途休闲娱乐节目。

▶ 小知识

更舒适更智能更快捷　乘车感觉超级棒　京广高铁开启畅爽"350时代"

2022年6月20日,G85次列车由石家庄出发,运行时速350公里。G85次是京广高铁高品质标杆列车之一,今后将以常态化时速350公里高标准运营,石家庄与武汉间的运行时间进一步缩短了16分钟,2小时52分即可抵达。

据石家庄客运段高铁一队七彩服务组列车长介绍,G85次列车使用的是CR400AF-Z智能动车组,与以往的复兴号列车相比,智能动车组设施更加完善,更能满足旅客的多方面需求。餐车增设自动售货机,可为旅客提供自助购买服务。

列车4号车厢为无障碍车厢,特别增加盲文标识,配置了更宽阔的通过门、卫生间和轮椅放置区;车厢顶部设置29英寸宽屏电视;卫生间内设置智能照明,自动检测调整灯光亮度,并增加"禁止吸烟"语音提示;二等座椅靠背增设了USB充电接口,方便旅客手机充电。

(资料来源:燕赵都市报.更舒适更智能更快捷,乘车感觉超级棒,京广高铁开启畅爽"350时代"[EB/OL].[2022-06-21].https://baijiahao.baidu.com/s?id=1736204901440998825&wfr=spider&for=pc.)

(五)求价廉心理

无论经济收入高低,旅游者都希望旅游交通部门有更多的可供选择的旅行工具和价格,都希望用经济划算的费用享受安全、快捷、舒适的交通工具。出于求价廉的心理,一般旅游者在出行购票时都尽量选择优惠价,如选择淡季出行或红眼航班,搭乘具有价格优势的民营航空公司航班,购买套票等,以达到节省旅游交通费用的目的。

二、旅游者对旅游交通工具的知觉

（一）对飞机的知觉

飞机是航空旅游的交通工具,其优点是快速和舒适,适用于远程旅游和讲究时效的商务旅游者,缺点是票价昂贵。旅游者对飞机的知觉主要有以下几个方面。

（1）安全性。一般来说,旅游者会根据航空公司的规模、美誉度、执飞机型等来评价一家航空公司的安全性。

（2）时间。时间包括起降时间、准点率、中途着陆次数。旅游者更倾向于起降时间合适、准点率高、中途着陆次数少的航班。

（3）价格。航空公司票价折扣幅度会大大削弱或刺激旅游者的出游意愿。

（4）空中服务质量。空中服务质量不仅仅指空乘人员的服务态度和质量,还包括配餐质量、客舱娱乐、机上购物等,但是一切服务只围绕一个核心问题:安全送达。

> **小知识**
>
> **旅客最关心航班准点率**
>
> 坐飞机选航班时会考虑什么？除了价格和时间外,越来越多的人开始考虑飞机的准点率。携程旅行网联合飞常准发布的《航班舒适度指数报告》显示,购买机票时,以准点率为首的一系列航班舒适度指标已成为旅客挑选航班的新标尺。超过21%的受访旅客认为,准点率是衡量航班舒适程度最重要的指标。此外,人们也越来越关注飞机上吃什么、离廊桥近不近、座位是否舒适等因素。
>
> （资料来源:搜狐网. 选航班时看重什么？旅客最关心航班准点率[EB/OL]. [2022-06-21]. https://www.sohu.com/a/111508925_119815.）

（二）对火车的知觉

火车是陆地旅行的重要交通工具,我国的火车主要包括普通快车、动车和高铁。火车旅行优点是安全性强,可以欣赏沿途风光,是中、短程旅游的主要交通工具；缺点是普通火车耗费时间长,高铁、动车票价并不便宜。旅游者对火车的知觉影响因素主要有以下几点。

（1）安全性。乘坐飞机出行确实可以很快到达目的地,但是飞机一旦发生问题,生还可能性渺茫,因此,很多人还是觉得踏踏实实在路上走的交通工具更可靠。

（2）运行速度。随着近些年的高速发展与建设,中国高铁逐渐成为一张国家名片,在取得举世瞩目的成绩的同时大大方便了国民出行,运行速度每小时可达350千米左右的高铁让旅游者出行的空间距离逐渐增大。

（3）票价。相较于机票而言,火车票的价格会比较便宜,尤其是在旅游旺季。但高铁票价比普通火车贵1.5倍左右,导致旅游出行成本变高,所以乘坐高铁出去旅游的乘客并不如预期多。

(4) 服务质量。高铁列车提供宽大的空间、自由的走动、自由上网这些飞机所不能满足的服务。有观点认为高铁不应与火车一概而论,高铁的竞争力并非作为一种廉价的交通工具,而是在于它的安全性与舒适性。概括来说,高铁环境舒适,便捷但价格较高;普通快车速度较慢但经济实惠。

(三) 对汽车的知觉

汽车是近距离旅游和旅游景区内的交通工具,一般包括私人小汽车、短途客运汽车和长途公共汽车。乘坐汽车旅游的优点是方便、自由、灵活,缺点是乘坐舒适度不高,路况条件参差不齐。近年来随着经济水平的提高,私家车的普及让自驾游成为一种广受欢迎的旅游方式。影响旅游者对汽车知觉的因素体现在以下几点。

(1) 车况。如汽车型号,车窗的大小,座椅舒适度,有无空调和视听设备,有无卫生间等。

(2) 路况。如是否走高速公路,是否走景观公路,路面状况,旅行途中堵车情况等。

(3) 汽车旅游相关服务。如导游服务,服务区和加油站的设置等。

自驾游旅游者与参团游旅游者或使用公共汽车交通的旅游者,对汽车的知觉体验存在一些区别。自驾游旅游者,尤其是使用租车自驾游旅游者,可以根据个人需求选择宽敞性、座椅舒适度、动力性适合的汽车;而参团游旅游者可选范围较小。

(四) 对水运交通工具的知觉

水路因为较之铁路和公路在速度方面的劣势而率先从一般客运中淡出,目前我国水路普通客运已经很少见了,水路客运基本都转向旅游交通服务。用于旅游交通的船舶,按航行目的可分为游船、客船和客货船。游船就是专门运送旅游者、供旅游者欣赏沿途风光的船舶。水路旅游交通工具有运载量大、票价低、耗能少、舒适等优点。从旅游角度看,水运是融旅与游于一体的运输方式。旅游者可在航行途中欣赏沿途风光,悠然自得,舒适安逸,回味无穷,这是其他交通方式无法比拟的。但水路旅游交通也存在较大的局限性:速度慢,难以准时到达目的地,这一点很难满足旅游者的需要;灵活性较差,受自然条件影响大,要求能见度高。对于选择水运交通工具的旅游者来说,影响其知觉的因素主要有以下几个。

(1) 旅游线路的吸引力和审美性。旅游者放弃了对交通快捷性方面的要求,自然希望欣赏到的美景值得其在时间上的付出,例如旅游者会乐于乘坐竹筏慢慢漂流体会阳朔遇龙河美景。

(2) 水运航程的距离。游客的游览时间是有限的,需要评估时间是否允许其选择水运交通工具。

(3) 水运交通工具的设施设备。如游船上的客舱设置,餐饮服务,娱乐活动或项目,导游讲解服务等。

(五) 对其他旅游交通工具的知觉

参加特种旅游的旅游者,对交通服务的心理需求与众不同,他们追求新奇刺激,勇于冒险,比较能吃苦,比如愿意骑骆驼穿越沙漠,驾车在山路上颠簸,乘皮筏在江河漂流。在观光游览或体验当地民俗风情中,要根据不同需要乘坐特殊的交通工具,如骆驼、马车、缆车、木筏、小舟、游船等。

【案例分析】
航空公司如何满足旅游者的多种要求

第三节 旅游交通服务策略

一、不断提高旅游交通条件

交通条件包括道路条件、交通基础设施和交通工具三个方面。

(一) 改善道路条件

由于地域经济发展、自然状况、地理条件等限制,目前我国道路交通的发展还不是十分平衡,与东部经济发达地区相比,中西部经济欠发达地区拥有较少的高等级公路,甚至西部地区近几年才修通公路,例如西藏地区部分县城由于受到恶劣自然环境的限制,2011年才修通公路,且修成的公路经常遭到泥石流和高山落石的破坏,严重影响当地的交通及旅游业的发展。

一地是否能吸引旅游者,除了旅游资源,交通条件也很重要。早期民族风情浓郁、山川秀美的贵州,交通一直是阻碍其大发展的瓶颈。而近年来随着高速路网、高铁路网的建设,对于贵州省来说,交通不再是阻碍旅游者的拦路虎,这是贵州的旅游者暴增的主要原因之一。

我国《"十四五"旅游业发展规划》提到,加快建设国家旅游风景道、旅游主题高速公路服务区、旅游驿站,推动地方政府和中国国家铁路集团有限公司建立平台,合力打造主题旅游列车。推进自驾车旅居车旅游,实施自驾游推进计划,形成网络化的营地服务体系和比较完整的自驾车旅居车旅游产业链。完善邮轮游艇旅游、低空旅游等发展政策。优化重点旅游区域机场布局,规划建设一批对沿线旅游发展具有重要促进作用的干线铁路、城际铁路和资源开发性支线铁路,强化交通网"快进慢游"功能。规划将进一步完善交通体系,让人们的出游更便捷、更高频,这将对中西部地区的旅游发展产生尤为明显的影响。中西部空间辽阔,高铁降低了游客出行的时间成本,出游舒适性也更高。由此,可以带动旅游者将更多的时间花在目的地景区、餐饮等消费上,增加过夜消费,进一步优化了旅游结构。

(二) 改善交通基础设施

交通基础设施是指车站、机场、码头等设施。只有高质量的基础设施才能打造较高水平的旅游交通,因此区域旅游交通建设应该抓住我国基础设施建设的政策优势,逐渐加大旅游交通基础设施建设的投入。只有通过高水平的交通建设,才能摆脱目前旅游发展的

交通瓶颈问题。以我国的九寨沟景区旅游交通建设为例，20世纪90年代九寨沟的名胜风景在国内没有很高的知名度，当2003年建成了黄龙机场及高等级公路后，九寨沟便与庐山、黄果树、桂林山水等著名景区扬名国内，一切都得益于旅游交通的基础设施建设。

（三）优化升级交通工具

现代化的交通工具是现代旅游业发展的主要原因，它不仅大大缩短了时空距离，还为旅游者的出行提供了安全、方便、快捷和舒适的服务。如现代化的交通工具都应提供减音装置和空调设备，解决旅游者在旅行途中遇到的噪声和温度异常等问题。

二、确保旅游者旅途安全

安全是旅游交通服务最基本也是最重要的工作。不论旅游者对旅游目的地多么向往，只有旅游者认为出游是安全的，其才会前往一游，旅游活动才会真正发生。在旅游过程中旅游者会选择乘坐各种不同的交通工具以享受旅行的乐趣，这就要求旅游交通部门在满足旅游者对不同旅游交通需求的同时，务必确保旅游者的安全。

各种交通工具在运行过程中难免会因发生机械故障或技术事故，遇到自然灾害等原因，发生交通事故。旅游交通相关部门在确保旅游者生命财产安全的前提下，要经常检测和维修交通工具，强化对司乘人员的安全教育和管理，并通过各种渠道加强旅游交通安全的宣传和教育，增强旅游者自身交通安全的保护意识。

三、推动交通旅游融合发展

（一）重视交通旅游融合产品的设计

将不同交通方式的技术经济特征与地域属性相结合，加强规划与产品设计，促进交通与沿线特色产业、旅游资源的对接融合，打造旅游专列、旅游风景道、旅游航道、自驾车房车营地、邮轮游艇旅游等精品交通旅游产品。

（二）提升交通旅游融合服务品质

大力推动交通、旅游服务数据跨部门共享、融合、开放和综合利用，提升交通、旅游等跨部门协调联动效能和公共服务能力。依托大数据、区块链、人工智能等技术，大力发展共享交通、定制旅游、互联网租赁等新业态，加强多种交通运输方式的无缝衔接，为旅客出行提供便捷的零换乘服务，打造精准客群定位的定制化、多样化的交通旅游服务，构筑全程无忧的旅游交通服务链条，实现旅游交通一路畅行。

知识归纳

旅游交通是指旅游者利用某种手段和通过某种途径，实现从一个地点到达另一个地点的空间转移过程，主要涉及航空、铁路、公路、水路客运四大方面。

旅游交通对旅游业发展起着重要作用,它是旅游活动的先决条件,对旅游业的发展起着决定性影响,交通也是旅游收入和创汇的重要来源。

旅游交通的特点在服务对象上具有特殊性,在空间上常常存在异地性,在时间上受季节性影响,旅游交通产品也具有不可储存性。旅游者对旅游交通服务的心理需求表现为求安全、求准时、求便捷、求舒适和求经济价廉。这些特点和心理需求影响了旅游者对交通工具的选择。

旅游者对飞机、火车、汽车、水运交通工具的知觉主要在体现在交通工具的安全性、时间、价格和服务质量等方面。旅游交通服务策略包括不断提高旅游交通条件、确保旅游者旅途安全、推动交通旅游融合发展。

典型案例

航班取消后

上岗不久的导游小李带着一队有15名游客的旅游团在机场已办理好登机手续,进入安检后在相应登机口等待飞往昆明的飞机。原本是下午3点的航班,广播和地面工作人员多次通知延误。终于在晚上9点时确认航班由于技术故障原因而取消,改为第二天下午3点起飞。经过长达6个小时等待之后,小李团队的游客对这个结果非常不满,个别游客要求退团,一些游客要求补偿,纷纷找小李为他们解决。小李认为航班取消是航空公司的原因,游客应该自己与航空公司进行交涉,寻求退票和补偿处理。游客认为他们既然报名参加了旅游团,机票都是旅行社代订的,此类情况应由旅行社工作人员处理,双方争执不下。

【讨论】 导游遇到上述情况应该如何进行妥善处理?

案例评析:导游带团时遇到航班因为各种原因取消的情况很常见,作为导游的小李应该了解这种情况的应对预案,按照旅行社和游客签订的合同规定为游客解决问题。机票既然是由旅行社代游客预订的,小李却让游客个人与航空公司交涉,显然不符合规定,应由旅行社跟民航方面交涉,代游客争取航空公司的赔偿。同时,游客如果认为耽误了时间产生了损失,也有权向旅行社索取一定的赔偿。

知识测试

一、单项选择题

1. 旅游者可用于旅游的闲暇时间通常是( )。
   A. 无限度的　　B. 有限度的　　C. 固定的　　D. 短暂的
2. 现代旅游之所以具有世界性、群众性,一个重要原因是( )的发展。
   A. 旅游市场　　B. 现代文化　　C. 现代交通　　D. 现代科技

3. 统计资料显示,长途旅游交通外汇收入所占的比重一直保持在(　　)以上,占旅游总收入的第一位。
  A. 25%   B. 20%   C. 15%   D. 10%
4. 受气候、地理位置、节假日等条件的制约,旅游者的旅游活动在一年中的分布(　　)。
  A. 集中在冬季 B. 集中在夏季 C. 很均衡 D. 极不均衡
5. 讲究时效的商务旅游者在选择交通工具时会选择(　　)。
  A. 汽车   B. 邮轮   C. 高铁   D. 飞机
6. 选择飞机出行时,除了价格和时间外,越来越多的人开始考虑飞机的(　　)。
  A. 机上饮食   B. 与廊桥的距离
  C. 机龄   D. 准点率
7. 一个地方是否能吸引旅游者,除了旅游资源,(　　)最为重要。
  A. 地理条件 B. 经济发展 C. 交通条件 D. 人力资源
8. 不会影响旅游者对汽车知觉的因素是(　　)。
  A. 停车服务区的设置   B. 车上的餐饮服务
  C. 路况   D. 车况
9. 参加(　　)的旅游者,对交通服务的心理需求与众不同,他们追求新奇刺激,勇于冒险,比较能吃苦。
  A. 特种旅游 B. 休闲旅游 C. 商务旅游 D. 医疗旅游
10. 餐饮服务和娱乐服务对(　　)这种交通工具来说相对没那么重要。
  A. 飞机   B. 火车   C. 轮船   D. 汽车

二、多项选择题

1. 乘坐火车旅行的优点是(　　)。
  A. 安全性强   B. 可以欣赏沿途风光
  C. 适合中途旅游   D. 适合短途旅游
2. 提高旅游交通条件的方法包括(　　)。
  A. 改善人们的认识   B. 改善道路条件
  C. 改善交通基础设施   D. 优化升级交通工具
3. 旅游交通相关部门为确保旅游者生命财产安全,需要(　　)。
  A. 经常检测和维修交通工具
  B. 强化对司乘人员的安全教育和管理
  C. 加强旅游交通安全的宣传和教育
  D. 增设交通线路

三、简答题

1. 旅游交通的服务对象与一般旅客相比具有哪些特殊性?
2. 旅游者的旅游交通安全需要是如何体现的?

3. 分析旅游者对旅游交通服务的多种心理需求。
4. 水路旅游交通工具存在哪些局限性？
5. 提升旅游交通服务的策略有哪些？

实 操 拓 展

1. 分析并讨论：旅游企业如何确保旅游者的旅游交通安全？
2. 考虑到出行成本，很多旅游者并不会选择高铁出游。对同类市场进行调研，给出高铁服务可以吸引更多旅游者乘坐的建议。
3. 拓展阅读和分析：飞行员酒驾可能带来的严重后果；可以采取哪些措施杜绝飞行员酒驾情况发生？

飞行员开飞机前不能喝酒，那么航医是如何查酒驾的呢

亲朋好友相聚，总忍不住要把酒言欢，端起酒杯前，总有人会问："没有开车吧，可不能酒驾啊！"是的，汽车驾驶员禁止酒驾，偶尔行驶在公路上还会被交警拦截，检测血液中的酒精含量。可你知道吗？飞行员开飞机同样不能酒驾，他们不仅每次航前要接受航空公司酒精检测，还随时可能接受民航局的抽查。

飞行员有专门的仪器——航卫一体机，可以检查人体体温、酒精含量、心率、血压四项数值，每位飞行员执行飞行任务前都要在仪器上接受检测。某机长表示，公司规定执飞普通航线时，起飞前8小时内不能饮酒；执飞高原(1 524米以上，2 438米以下，如丽江、昆明)或高高原(2 438米以上，如拉萨、林芝)航线时，起飞前24小时以内都不能饮酒，这是因为高海拔会导致人体缺氧、反应力下降。不过，飞行员们一般都很自律，即使是飞普通航线，起飞前一天就不会饮酒。

按规定，呼气酒精浓度检测结果为0.000克/210升时，判定为合格，可执行航班任务；呼气酒精浓度检测结果大于0.000克/210升而小于0.02克/210升时，就会询问飞行员是否有饮酒史，如饮酒，立即中止航班任务，如否认饮酒史，需做人体平衡步行回转实验，通过后方可执行航班；呼气酒精浓度检测结果大于0.02克/210升时，直接中止其执行航班任务。

除了酒精检测，每次飞行前，航医还会对飞行员进行口头问诊，如是否有感冒症状或其他身体不适症状，视航路情况决定是否签字放飞。

据了解，飞行员不仅每次航前要接受公司检查，有时还会接受民航局的抽查，如果被查出体内酒精含量超标，情节严重的将终身不能再参与飞行工作。但目前，我国飞行员飞行前被查出饮酒的案例少之又少。

飞行无小事，每一次的飞行任务都应该谨慎又谨慎，严格把控每一个环节。

(资料来源：搜狐网飞行邦.飞行员开飞机前不能喝酒，那么航医是如何查酒驾的呢？[EB/OL].[2018-10-07].https://m.sohu.com/a/257986578_739809?ivk_sa=1024320u.)

第七章 旅游购物服务心理

知识目标

1. 了解旅游购物的含义、作用及行业背景。
2. 掌握旅游者购物时的心理特点。
3. 理解并掌握影响旅游购物心理的因素。
4. 掌握购物服务策略。

能力目标

1. 能够根据旅游者的购物心理需求特征,提供高质量的旅游购物服务。
2. 具有在相关的旅游服务情境中分析问题和决策的能力。

课程思政

1. 树立正确的"三观",塑造良好的人格,增强职业认同感、职业道德。
2. 爱岗敬业,提升旅游从业人员的专业能力和个人修养,以服务对象的需要为中心,切实做到爱岗敬业、践行工匠精神。
3. 依照行业道德规范或标准,分析旅游业从业人员应该如何更好地提高技能,提高工作效率。
4. 提高旅游从业人员自身的服务意识,强化职业道德。
5. 培养分析和解决问题的能力,培养团队协作能力。

思维导图

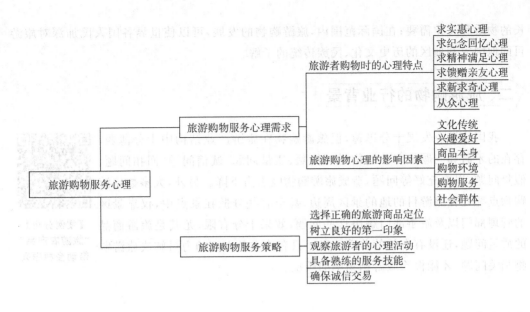

第一节 旅游购物服务概述

提供丰富的旅游购物资源，满足旅游者的购物体验需求，已成为某些旅游目的地最具吸引力的内容之一。旅游商品是旅游购物资源的核心，也是吸引旅游者旅游购物的根源。

一、旅游购物的含义与作用

（一）旅游购物的含义

狭义的旅游购物是指旅游或旅游业的一个领域或要素，具体指以非营利为目的的旅游者离开常住地，以购物等为旅游目的，为了满足其需要而购买、品尝，以及在购买过程中观看、娱乐、欣赏等行为。

广义的旅游购物是指旅游者在旅游目的地或在旅游过程中购买商品的活动以及在此过程中附带产生的参观、游览、品尝、饮食等一切行为。旅游购物不是单纯的购买商品的行为，与日常生活中的购物不同，其中包括了与旅游相关的休闲娱乐等活动，通常与特产店、景区门票、农家乐、酒店住宿组合在一起，以增加旅游购物的乐趣。旅游购物作为一种旅游行为，对当地社会文化、经济及其他领域，以及旅游政策都会产生影响。

（二）旅游购物的作用

发展旅游购物是提高旅游整体经济效益的重要途径，也是增加收入和就业机会，振兴地方经济的重要手段之一。就国内而言，旅游购物的发展，可以直接满足本国人民日益增

长的物质和文化需要;在国际范围内,旅游购物的发展,可以使世界各国人民加深对旅游目的地国家和地区的历史文化、民族传统的了解。

二、旅游购物的行业背景

我国旅游业发展十分迅速,但旅游购物在旅游产业结构中十分薄弱,存在的矛盾和问题最多。购物场所简陋、质量问题、诚信问题、回扣问题、假货问题、以次充好等问题,造成旅游购物吸引力下降。另外,大多数旅游购物点都处在旅游目的地的景区周边,甚至有些分散在景点中,仅靠景区的管理部门以及旅游部门解决这些问题,效果十分有限,尤其是旅游商品的质量问题,还没有有效的监管手段。只有依靠各方面的力量解决旅游购物相关问题,才能根除旅游购物中的顽疾。

【案例分析】
"旅游农产品"
带动乡村振兴

第二节 旅游购物服务心理需求

旅游购物心理这个概念,目前学术界未见明确定义。旅游购物心理是指旅游者对旅游过程中旅游购物品和购物服务的能动反应。从心理要素的角度看,包括购物的知觉、需要、动机、态度、兴趣、情绪等心理过程和个性心理;从心理内容的角度看,包括对旅游商品和旅游服务的心理反应。

旅游购物心理既存在于旅游者购物行为之中,也存在于旅游者购物行为之前和购物行为之后,即在整个旅游购物过程中,旅游购物心理始终影响旅游者的购物行为,例如,对旅游商品的数量、种类和花色等的选择和购买。所以,旅游者的购物心理十分复杂。

一、旅游者购物时的心理特点

与日常购物心理相比,旅游者购物时的心理特点主要体现在以下几个方面。

(一)求实惠心理

追求价廉实用是旅游者购物时一种常见的心理需求,很多旅游者在购买时会考虑到现实生活中的需要,希望买到的商品实用、实惠,在这种心理需求的支配下,旅游者购物时一般会精打细算、仔细挑选,注重商品的品牌、功能和质量,不易受到广告宣传的影响,一般不会冲动性购买。比如在电子商务还不普及的年代,人们普遍认为如果在产出地购买自己常用的某种商品,除了在质量方面有保证,价格方面还会比在自己的居住地有优势,但这种情况随着电子商务的发展已经发生了变化。人们在旅游地购买的商品不总是更好、更便宜,再加上携带不便和运输费用等原因,使得旅游购物满足旅游者求实惠的心理变得越来越难。

（二）求纪念回忆心理

对旅游者来说，亲身体验过一个地方，仅有照片的记录是不够的，更重要的是能够买到心仪的纪念品带回家，看到它会时常回想起自己的旅游经历，具有永恒的纪念意义。因此，旅游者会希望购买到具有鲜明地方特色的旅游产品。在旅游结束以后，每当看到购买的旅游纪念品，都能触景生情，唤起对过去旅游经历的美好回忆。虽然现在很多物品可以通过网络购买，但身临其境之时旅游者的购买欲望和购买体验是不一样的。如有的旅游者热衷购买并不贵重但具有旅游目的地特色的冰箱贴，帮助其经常回忆起去过的地方，小小的冰箱贴对于旅游者却具有不一般的纪念意义。

▶ 小 知 识

冰箱贴为何成为风靡全球的旅游礼物

顾名思义，冰箱贴就是贴在冰箱上或钢铁材质上的家居饰品。最初，它其实是以辅助便签的形式存在。拥有冰箱较早，也习惯于超市购物的西方家庭，最初会用磁贴将便笺纸贴在冰箱上，记下购物清单，或者提醒自己，或者提醒家人。尤其是有些家庭习惯周末一次性购买一周所需的食材，列清单就成为必不可少的一步。

为什么冰箱贴能成为纪念品中的宠儿？因为它兼顾了地域特色和易保存等特征。先说地域特色，冰箱贴说起来是个小玩意儿，但地域特征明显。你在巴黎见到的冰箱贴，肯定跟在伦敦见到的完全不一样。即使是同一个国家，你在不同城市见到的冰箱贴也不一样，比如布拉格的冰箱贴，你能见到城堡山、提恩教堂、跳舞的房子等造型，但前往七十公里外的库特纳霍拉，你见到的冰箱贴就多半是当地最著名的人骨教堂。因此，冰箱贴带有鲜明的地域特色，看冰箱贴上的地标猜地名，也是旅行控"卖弄"见识的好机会。

冰箱贴比明信片优胜之处，在于保存方便。旅行时常会经过跳蚤市场，总会见到有人出售旧明信片。那些泛黄的明信片，背面是素不相识者留下的笔迹，却能让人望见过往，是一种很奇妙的感觉。但不管怎样，纸质物品的收藏难度都比较大，冰箱贴则更耐保存。

有了这些优点，冰箱贴想不火都难。而且，冰箱面积相对较大，又是日常使用频率最高的电器之一，这让冰箱贴在你眼前出现的概率也更高，旅行纪念的意义也更加突出。

（资料来源：叶克飞.冰箱贴为何成为风靡全球的旅游礼物？[EB/OL].[2022-06-21].https://baijiahao.baidu.com/s?id=1634124701543538203&wfr=spider&for=pc.）

（三）求精神满足心理

与日常购物需求相比，旅游购物需求体现出更多的高级需求成分。通常日常购物是人们必须进行的日常消费活动的一部分，大多是为生活所需而进行的消费，例如，柴、米、油、盐、酱、醋、茶等，是一种例行的"差事"，目的是满足人们的基本需求。然而旅游购物则不同，它是调剂身心、扩大视野、陶冶情操、享受快乐的旅游活动的重要组成部分，主要不是为工作所需、生活所迫，而是在旅游过程中的一种纯自由的乐事、趣事，是旅游者在旅游过程中为了追求精神上的享受而发生的购买行为，例如，旅游者购买北京潘家园市场上的

老物件、西安兵马俑博物馆的书籍等。

（四）求馈赠亲友心理

除了自用和留作纪念外，旅游者也会将购买的旅游商品作为礼物，馈赠给自己的亲戚朋友、同事邻居等，用以联络感情、增进情谊。旅游购物时的这种心理在人情文化浓厚的亚洲国家，尤其是我国，更为常见。礼物馈赠是人类社会重要的社会交往方式，其中，旅游礼物馈赠已成为现代人际关系网络建构与维系的重要手段。中国传统观念的浸染，特别是人情、面子、关系、礼等观念影响着旅游礼物馈赠行为。即使在其他国家，这种求馈赠亲友的心理也是很多人购买旅游商品的动机。

（五）求新求奇心理

追求新奇是人们旅游的动机之一。旅游者在购物的过程中，好奇心起一种导向作用。人们在旅游地看到一些平时在家看不到的东西时，就会产生好奇和购买的欲望。如到西藏，旅游者会选购高原特产牦牛肉、青稞酒；到意大利的威尼斯，旅游者会购买面具或玻璃制品等。

（六）从众心理

一些旅游者原本并没有购买计划和意愿，但随着旅游行程中具有吸引力的商品不断出现和刺激，加上同行旅游者或其他人争相购买的行为，导致这部分旅游者会从众性地产生购买欲望和行为。

在旅游活动中，一般情况下旅游服务人员接待的是一些个性迥异、具有不同旅游动机和消费行为的旅游者。在客我交往中，旅游服务人员要根据每个人的特点向他们提供服务。此外，旅游活动的复杂性和特殊性，又使同一社会阶层、同一文化背景的人聚集在一起组成旅游团，其在消费过程中容易出现从众、模仿、对比等群体消费特征。因此，旅游服务人员在客我交往中要注意个体和群体的兼顾、个性与共性的兼顾。

二、旅游购物心理的影响因素

（一）文化传统

社会文化传统是一个社会在其发展过程中长期演进而约定俗成的，对该社会的全体成员的心理和社会活动影响巨大。具有不同文化传统的人，其生活方式、心理活动、兴趣爱好、行为模式、审美观念都有极大差异，从而决定了其消费和购物心理的差异性。例如，中国人在购买酒水用于馈赠时，尤其是白酒，通常为两瓶或双数。在中国的传统文化中，一直有着"好事成双"的说法，双数寓意好。因此在购买红酒用于馈赠时，一些人会遵循国内之前送酒送双数的讲究。但红酒是近些年才从国外传过来的，而在国外赠送红酒基本都是"送单不送双"的，传入国内后有些人也沿用了这种做法。

（二）兴趣爱好

兴趣爱好有助于旅游者积极地认识商品，为未来的购买活动做准备，从而促发其购买的动机。从心理学的角度讲,兴趣具有很大的动机成分,如果旅游者对某种商品感兴趣,就会在平时的生活中注意该种商品有关信息的搜集,为以后的购买做好准备。另外兴趣爱好能够使旅游者较快地做出购买决策并付诸实施。兴趣是人们积极探究某种事物的认识倾向。一般来说,兴趣越高,则行动的积极性就越高。兴趣爱好还可以刺激旅游者对某种商品的重复购买和长期使用。旅游者对某种商品产生了持久性的兴趣,由此形成的消费习惯和偏好会让旅游者具有重复性购买行为。例如,爱好饮用咖啡的旅游者到了一处种植咖啡的旅游地,购买了此地出产的咖啡,回家后慢慢饮用,并且出于喜欢,以后会专门购买这种咖啡,而不喜欢喝咖啡的人就没有这种购买热情。

(三)商品本身

商品本身由商品的价值、价格、品种、质量、包装等要素构成。旅游者在购物时,首先考虑的就是商品的价值。旅游商品的价值,既包含使用价值,也包含审美价值。旅游者的购买欲望往往与商品的价值大小成正比。价值大的商品自然容易激发旅游者的购买欲望,价值小的商品则不容易激发购买欲。旅游者对于商品的价格具有敏感性,想要购买的商品价格是否适中会影响旅游者的购买信心。商品的品种、质量同样影响购物心理。品种丰富,质量优良,旅游购物心理容易得到满足,相反则不满足。看起来属于商品附属的包装,却会影响商品的吸引力和价值。精美的包装可以一定程度上弥补商品的普通,往往会引发旅游者情绪性购买行为。

(四)购物环境

购物环境是指商品销售所需要的场所和空间,以及与其相配套的服务设备和附属场所,主要包括销售场所位置、营业建筑及外观环境、商店的外观、商店的招牌、橱窗设计等。购物环境设计必须充分为消费者着想,周到完善、富有人情味的购物环境对商品营销起着主要作用。

好的购物环境给人们带来愉悦的心情并增进其购买欲望。澳门大运河购物中心因其具有特色的购物环境而吸引了许多旅游者,如图7-1所示;而那些硬件条件不足,软件服务又跟不上的购物环境在激烈的市场竞争中,将会让顾客却步。

图7-1 澳门大运河购物中心

（五）购物服务

购物服务包括售前服务、售中服务和售后服务，它是影响购物心理的最重要因素之一。优质的购物服务会让旅游者如沐春风，甘愿解囊；低劣的购物服务会让旅游者如遇冰霜，购买欲望全无。另外，宽松的退换条件、免费送货上门或邮寄托运服务、服务人员对商品的详细介绍、对顾客礼貌热情的接待等，都是为旅游者提供优质购物体验的必备要素。

（六）社会群体

几乎所有的人都需要与别人进行交流，因而每个人的消费心理也直接或间接地受到他人的影响，对旅游者购物心理具有特殊的影响作用的相关群体包括家庭、朋友、正式社会群体和旅游者所处的旅游团体。

家庭成员由于交往频繁，彼此在价值观、态度和行为模式上广泛相互作用，因而旅游者购物时总是会以家庭的价值观或需求为出发点。

朋友是仅次于家庭的典型非正式群体，朋友的观点和好恶是旅游者选择旅游商品的重要参考，朋友的一句赞成或者反对的话，可能比导游或者商家的很多宣传都有分量。朋友的意见与旅游者的意见越相似，其越容易做出决策。

一般人加入正式社会群体通常是为了发展个人的事业、开阔眼界、满足特殊兴趣或完成特殊使命等。如果旅游者作为正式群体的一分子随团购物，那么就会受团体氛围的影响，不会做出较另类的购物决策。

旅游团体是与旅行社经营活动直接相关的群体形式，同团旅行者之间虽然表面看来并没有太多的联系，然而同作为到异地旅游的客人，其会具有共同的心理感受。例如，新奇、紧张和不安、焦虑等。旅游者的购物需求和动机也容易互相影响，即使导游给予热情的信息帮助，旅游者也更倾向于彼此之间的信息沟通，而且此时会显现出较强的从众心理。

【案例分析】
值得借鉴的旅游文创案例

另外，社会阶层也是社会群体的类型之一，对购物心理有重要影响。在购物时，旅游者总是趋向于选择能被自己所属社会阶层或更高的社会阶层所接受的商品，而对那些被视为更低阶层的人使用的商品则从心理上有一种抵触感。

第三节 旅游购物服务策略

随着出行旅游者人数的增加，旅游购物热的持续升温，提高旅游购物服务人员的服务水平成为打造优质购物环境的迫切需要。旅游购物服务人员要了解旅游者的心理需求，提供有针对性的、有温度的服务，有效促进销售工作。

一、选择正确的旅游商品定位

无论是一处旅游景点还是一座购物中心,无论是一个城市还是一个国家,要在旅游活动中既可以通过旅游商品创造收入,又可以利用旅游商品彰显其文化特色,就要根据自身的比较优势和目标旅游者群体的需要开发、销售合适的旅游商品。游客每到一个地方,自然想购买那些名气最响亮的产品。例如,北京稻香村的点心、法国巴黎的香水、瑞士的巧克力、云南宣威的火腿。所以,旅游商品销售主体要卖那些带有浓郁的地域或民族特色,能集中反映当地的人文景观、风土人情,在一定程度上能丰富旅游者旅游生活和旅游情趣,而且在总体上具有一定的旅游观赏价值和商业价值的商品。有资料显示,从当今世界旅游消费的情况来看,旅游者的花费中约有60%是用来购买旅游商品的。旅游商品在旅游的"食、住、行、游、购、娱"六大要素中,占有重要的地位。

二、树立良好的第一印象

当旅游者走进购物场所时,服务人员不要急于促成旅游者购买,使其产生警觉心理和反感情绪。服务人员首先要争取旅游者的心理认同,让旅游者觉得在这里购买商品是可靠的,而后旅游者便会自然地做出购买行为。服务人员要精神饱满,注意身体姿态,既不可漫不经心,也不能过度热情,要用礼貌的眼神关注旅游者的举动,选择恰当时机去接触旅游者,努力给旅游者一个良好的第一印象。

三、观察旅游者的心理活动

(一)辨别旅游者的真实动机

旅游商品的销售人员必须善于察言观色,通过对旅游者的言行、打扮、性别、年龄、神态等方面的观察,经过思维分析、比较、做出判断,识别旅游者的真实购买动机。主动发现旅游者身上明显的生理特点、情绪需要,有针对性地为其提供服务。为了避免因为旅游者过多而顾此失彼,服务员要做到"接一问二联系三",即同时接待多位旅游者时,应有先后、依次接待。注意力要合理分配,注意范围要广,服务人员在接待第一位旅游者时要问候、兼顾其他的旅游者,使每一位旅游者都感到尊重,不要让旅游者受冷落,这是留住旅游者的有效方法。

(二)准确掌握推销时机

进入购物场所的旅游者,有的只是参观欣赏为主,并无确定购买目标。这类以游览为目的的旅游者有时也会接近柜台或商品,但却不久停,目光也不专注于某个商品,无明显购物动机。这时服务人员不必主动招呼旅游者,否则会使其尴尬窘迫,仅向旅游者微笑示意,表示热情欢迎即可。

通常具有购买意向的旅游者目光专注,脚步停留,注意力集中于某一商品,服务人员对这类旅游者要亲切招呼,热情接待。

在恰当的时间接触旅游者很重要。服务人员既要主动热情服务,又不能纠缠旅游者,以免将旅游者吓跑。

(三)根据旅游者的个性特点进行针对性服务

一般来说,性子急的旅游者碰到排长队或服务人员的动作缓慢都会让其失去购买的耐心和欲望。这类旅游者购买商品时容易冲动,购物之后容易因后悔而想退货,服务人员为这类旅游者服务时不可怠慢,并要提醒旅游者认真考虑,以免其购买之后后悔退货。

性子比较慢的旅游者选购时花费时间较长,遇到些许干扰即会中断购买行为。对待这种性格类型的旅游者,服务人员要平静耐心地等待,不可流露出不耐烦的情绪。

总之,针对性服务就是根据旅游者个体心理与行为的差异提供相应的服务。

四、具备熟练的服务技能

服务人员具备娴熟的服务技能,能减少旅游者的等候时间,提高工作效率;能使旅游者增加信任感与安全感,同时也是对商店声誉的一种无声宣传,使旅游者对商店产生良好的印象和评价。员工的服务技能包括掌握商品的知识、展示商品的技巧、包装商品的技能、具备语言交谈的技巧等。

服务人员也要善于利用旅游者的模仿和从众心理。在旅游购物中,模仿和从众心理现象是十分普遍的。服务人员要善于运用这种心理,观察并选择旅游者中比较有影响的人物作为重点对象,首先促其购物,以带动其他旅游者。

五、确保诚信交易

很多旅游者异地购物时,会有层层顾虑:害怕被宰被骗,托运退换货物不方便等。尤其是在贵重物品的选购过程中,旅游者会因为这些心理顾虑而打消购买的念头。只有解决旅游者的后顾之忧,规范销售服务,旅游者才能放心购物。诚实守信也是吸引回头客的最有效方法。

【案例分析】
别让旅游业被购物绑架

知识归纳

广义的旅游购物是指旅游者在旅游目的地或在旅游过程中购买商品的活动以及在此过程中附带产生的参观、游览、品尝、餐饮等一切行为。旅游购物本身就是旅游资源,提供丰富的旅游购物资源,满足旅游者的购物体验需求,已成为某些旅游目的地最具吸引力的内容之一。旅游商品是旅游购物资源的核心,也是吸引旅游购物的根源。

发展旅游购物是提高旅游整体经济效益的重要途径,是增加收入和就业机会,振兴地方经济的重要手段之一。就国内而言,旅游购物的发展,可以直接满足本国人民日益增长的物质和文化需要;在国际范围内,旅游购物的发展,可以使世界各国人民加深对旅游目的地国家和地区的历史文化、民族传统的了解。

旅游者购物时的心理特点主要体现在以下几个方面:求实惠心理;求纪念回忆心理;求精神满足心理;求馈赠亲友心理;求新求奇心理;从众心理。旅游购物心理,它既存在于旅游者购物行为之中,同时也存在于旅游者购物行为之前和购物行为之后,即在整个旅游购物过程中,旅游购物心理影响旅游者的购物行为。

旅游购物心理的影响因素主要有文化传统、购物者的兴趣爱好、商品本身、购物环境、购物服务、社会群体等。

随着旅游者人数的增加,旅游购物热的持续升温,提高旅游购物服务人员的服务水平成为打造优质购物环境的迫切需要。旅游购物服务人员要了解旅游者的心理需求,提供有针对性的、有温度的服务,是促进销售工作的有效方法。可以采取的措施包括:正确的旅游商品定位;树立良好的第一印象;观察旅游者的心理活动;具备熟练的服务技能;确保诚信交易。

 **典型案例**

旅行购物的变化趋势

2022年4月13日,安永发布《2022中国旅行购物白皮书》,分析了中国旅行购物市场、中国消费者的消费行为与消费理念发生的变化,指出中国旅行购物将发生五大变化。

一是旅行消费重心将由境外转移至境内。在全球旅行受到限制,国内公共卫生措施取得有效成果的背景下,中国的出境游客开始回流,旅行消费重心将逐渐转移至境内。短途旅行将成为中国旅游消费群体新偏好。某旅游平台数据显示,由于某些地区的出行限制,2021年国庆假期的短途旅行预订量增加了56%。

二是"商务+休闲"旅行将成为市场新需求。远程办公由于其自身的灵活性和自主性,成为新的工作趋势,也为"商务+休闲"的新型旅行模式提供了基础。某旅游展会机构对200家中国旅行社和公司进行市场调查,超过60%的受访者会在未来的商务旅行中安排私人旅行,"商务+休闲"旅行或将成为新的蓝海市场。

三是科技将引发旅行消费变革。虚拟现实、数字身份识别服务、无接触入住以及依托于大数据的旅游流动态等科技技术将保障旅客安全出行,提升旅行效率及满意度,并为市场产品、服务创新和过程优化提供新的方向。

四是免税市场将恢复增长。2021年全球旅游市场零售渠道受阻,但2021年中国免税市场却迅速恢复增长态势,同比增长66.8%。其中,2021年海南10家离岛免税店销售额人民币601.73亿元,同比增长84%。我国首个以消费精品为主题的国家级展会——中国国际消费品博览会的设立,将为免税零售商提供崭新交易平台,集聚全球消费领域资源,满足全球消费精品企业和品牌参展交易需求,促进国内外消费精品落地。

五是农村居民旅行消费能力将增强。随着农村居民收入的增加,农村消费市场日益活跃。2008—2019年,农村旅行人数与旅行支出均呈现增长趋势,城乡居民人均旅行支出差距由人民币574.1元降至人民币427.9元,城乡差异逐渐缩小,农村居民旅行消费潜力逐渐释放。

【讨论】 旅游购物的经营应该做出哪些改变?

知识测试

一、单项选择题

1.（　　）是旅游购物资源的核心。
　A. 广告宣传　　　B. 销售人员　　　C. 购物场所　　　D. 旅游商品

2. 中国游客到法国购买香水,内陆的旅游者去海滨城市游玩会购买一些海产品,这些体现了旅游者购物的(　　)心理。
　A. 求实惠　　　B. 从众　　　C. 求纪念　　　D. 求新奇

3. 香港被称为"购物之都",是因为那里的商品引领时尚潮流,吸引着时尚青年前往购物,满足了这部分旅游者购物的(　　)心理。
　A. 求实惠　　　B. 从众　　　C. 求纪念　　　D. 求新奇

4. 所谓(　　)服务,是指根据旅游者个性特点提供相应的服务。
　A. 标准化　　　B. 针对性　　　C. 贴身　　　D. 金钥匙

5. 在国外购买红酒用于馈赠时通常都是送(　　)。
　A. 两瓶　　　B. 单瓶　　　C. 整箱　　　D. 双数

6. 旅游购物是(　　)。
　A. 必须进行的日常消费的一部分　　　B. 一种例行"差事"
　C. 一种高级需求　　　D. 满足人们最基本的生活需求

7. 旅游者在购物时,首先考虑的就是(　　)。
　A. 价格　　　B. 品种　　　C. 质量　　　D. 商品的价值

8. 处于同一个旅行团的旅游者所持的购物需求和动机是(　　)。
　A. 容易相互影响的　　　B. 不会相互影响的
　C. 一致的　　　D. 完全不同的

9.（　　）是吸引回头客的最有效方法。
　A. 商品质量　　　B. 商品价格　　　C. 诚实守信　　　D. 服务质量

10. 当旅游者刚刚走进购物场所时,服务人员(　　)促成客人购买。
　A. 要立即　　　B. 不要在意　　　C. 不要急于　　　D. 要强势

二、多项选择题

1. 发展旅游购物是提高旅游整体经济效益的重要途径,可以(　　)。
　A. 增加收入　　　B. 增加就业机会
　C. 振兴地方经济　　　D. 促进旅游宣传

2. 影响旅游购物心理的因素包括(　　)。
   A. 文化传统　　　B. 商品本身　　　C. 购物环境　　　D. 社会群体
3. 旅游购物作为一种旅游行为,对当地(　　)都产生影响。
   A. 社会文化　　　B. 经济　　　C. 旅游政策　　　D. 其他领域

三、简答题

1. 旅游购物具有哪些积极作用?
2. 分析旅游者购物时的心理特点。
3. 影响旅游者购物心理的因素有哪些?
4. 旅游购物服务人员如何准确把握推销时机?
5. 可以采用哪些旅游购物服务策略促进销售?

实操拓展

1. 分析并讨论:设计旅游商品时实用性重要还是纪念性重要?
2. 根据旅游者购物时的心理特点,选择一座城市或旅游景点,为其开发具有竞争力的旅游商品提供建议。
3. 拓展阅读和分析:数字化如何推动旅游商品创新发展?

数字化正推动旅游商品创新发展

数字博物馆、数字景区、数字藏品、数字旅游线路产品、数字导游服务……随着数字技术的快速发展,数字化技术手段渗透到旅游的方方面面,旅游的信息时代正逐渐升级到数字时代。

在数字时代,不同国家和地区的人可以通过现实的数字信息基础设施,包括智能通信终端、电信光缆、路由交换设备、移动通信基站、分布式数据中心、卫星通信系统等,运用互联网等数字技术手段,在相对于现实物理空间而言的虚拟空间,即数字空间里发布和获取信息、交流思想、进行交易等。

数字时代改变了人们获取信息、设计产品和互动交流的方式,逐渐使人们的社交活动、交易活动在虚拟的数字环境中进行。人们可以在数字空间里多角度欣赏世界各地的美景、美物等,与同样进入数字空间的人或者机器进行互动交流、开会、谈生意,甚至和虚拟世界的人或机器谈恋爱。

数字空间的构建和运行离不开现实世界的物质。数字空间里交易的实物商品也离不开现实世界的物质。在数字空间里吃再多饭,喝再多水,也不可能果腹和解渴,因为真实的人体还存在于真实的世界。在数字时代,一方面,个人的身体、身份、偏好、习惯、心理等都将被数字化,用于研究个人、群体未来的行为,并在数字空间构建个人、群体的数字行为模型。另一方面,产品的产业链、供应链等将被数字化,形成智能化产业链和供应链。

有人说数字藏品就是旅游商品。其实,数字藏品如果不销售,就只是一般意义的产品;如果销售出去,就是商品;如果销售给旅游者,就是旅游商品。如果把可以免费到公共博物馆看的文物用数字技术直接做成数字藏品进行销售,而没有经过二次创作,那么这只能叫作文物数字信息的销售。

在数字时代,数字旅游商品肯定会存在,但不会成为旅游商品的主流。数字旅游商品只具有纪念性、观赏性,少有实用性,类似于旅游商品销售中占比微乎其微的旅游纪念品和旅游工艺品。但数字化对旅游商品开发、制造、营销、物流等却至关重要。

首先,数字化有利于旅游商品的设计创新。数字信息可以作为旅游商品的设计参考,由此得到较为准确的现有市场数字信息。数字资料可以作为旅游商品设计的资料库,在设计时可节省时间、快速取得设计效果。数字空间则可以将设计出来的虚拟旅游商品进行虚拟市场销售测试,并进行数字空间市场调研,获得新品反馈,进而完善设计参考等。

其次,数字化有利于旅游商品的制造创新。数字信息能够作为旅游商品制作的参考,数字空间的生产线可以检验生产的产量、投产时间、易出现的问题等,并在数字空间研判解决方案。数字技术还可以使产品各零部件的加工更精准、成本更低、管理更有效。在工业旅游项目中还可通过数字化实现在现实中不易体验的内容,例如将生产过程展现在数字空间,让人们在数字空间去操作生产旅游商品。

再次,数字化有利于旅游商品的营销创新。数字空间可以对旅游商品进行全角度的展示,并根据个人、群体数字信息实现定制化旅游商品营销。比如,服装、鞋、帽等已不是简单的平面效果,而是根据个人数字信息构建的数字模型,游客可选择新款且更合身的服装、鞋、帽等。在数字空间还可以进行旅游商品的虚拟体验,这种体验不局限于了解旅游商品生产工艺,还包括体验旅游商品的性能、操作等。通过体验,增强游客对旅游商品的了解,使其产生购买欲望,并在数字空间进行交易。

最后,数字化与旅游商品实体店结合可形成旅游商品的新零售模式。在实体店购物的人不仅有视觉、听觉,还有触觉、味觉等。实体店的体验数字空间虽然无法代替,但二者可以结合,例如与异地的实体店里的人进行交流,在数字空间的辅助下,体验商品的使用感觉等,由此产生购物愉悦感,是一种新零售模式。

有人说数字空间的体验可以代替真实的旅游体验,这是对旅游的误解。旅游是真实的人离开居住地,到真实的地方,走真实的路,爬真实的山,看真实的景,吃真实的饭,喝真实的水,与真实的人接触,产生真实的情感。在家中进入数字空间,游览数字旅游景区、数字博物馆,体验数字导游服务等,不是真实的旅游,只能称为"宅游"。

如果是有关部门投入以旅游宣传为目的的数字空间,须根据目标定位进行搭建,并能够吸引源源不断的人进入,才是成功。如果是投资者以经济效益为目标定位搭建的数字空间,不仅需要吸引足够多的人进入,更要让人们在数字空间里形成足够的交易额,使其利润足以收回数字空间的投资,才能算成功。没有足够的收入,产业就是虚的,没有产业,经济就是空中楼阁。

实体经济是国家实力的重要支撑,数字经济是建立在实体经济基础之上的。数字经济是继农业经济、工业经济之后的主要经济形态。数字化将推动实体经济的发展,也将推动旅游商品的创新发展,旅游商品向数字化转型已成不可逆的趋势。

(资料来源:陈斌.数字化正推动旅游商品创新发展[EB/OL].[2022-08-09].https://baijiahao.baidu.com/s?id=1740683830105929999&wfr=spider&for=pc.)

第三篇
旅游工作者心理

第三篇

施工者的心理

旅游工作者心理特点和心理健康

第八章 Dibazhang

知识目标

1. 掌握合格的旅游工作者应具备的心理素质。
2. 了解现阶段旅游工作者的心理状态。
3. 掌握工作压力的概念、来源、影响因素。
4. 掌握减少压力来源的方法和途径。
5. 掌握职业倦怠形成原因,了解其克服途径。
6. 掌握挫折的概念、影响因素、应对方法。
7. 掌握良好人际关系的有效途径。
8. 了解旅游工作者存在的心理压力和职业倦怠的基本知识。
9. 掌握旅游工作者心理保健的基本方法。

能力目标

1. 能够初步分析旅游工作者的心理特点;理解旅游工作者的心理规律。
2. 能够分析实际案例中旅游工作者职业倦怠的类型和原因,并加以调适。
3. 能够应用心理学知识对旅游工作者的心理问题进行分析和疏导。
4. 能够分析实际案例中旅游工作者的心理发展特点。
5. 能够初步分析旅游工作者的心理压力来源,积极寻找解决办法。
6. 能够分析实际案例中职业倦怠,提升心理健康水平。
7. 能够初步分析旅游工作者挫折的来源和强度,提出缓解方法。
8. 能够清晰认识旅游工作者人际关系的重要性,明确提升的技巧。

课程思政

1. 明确旅游工作者的心理特点,学会自我调适,提升旅游职业人的心理健康水平和职业素养。
2. 树立正确的"三观",懂得压力和职业倦怠存在的客观性,适度接纳并合理利用,增强职业认同感。
3. 促进学生对旅游工作者心理健康重要性的认识。

4. 促进学生正确认识自身不良心理存在的客观性,并培养积极解决问题的意识。
5. 促进学生心理健康水平的提升。
6. 帮助学生梳理分析和解决问题的意识。
7. 培养学生的团队协助、团队互助等意识。

思维导图

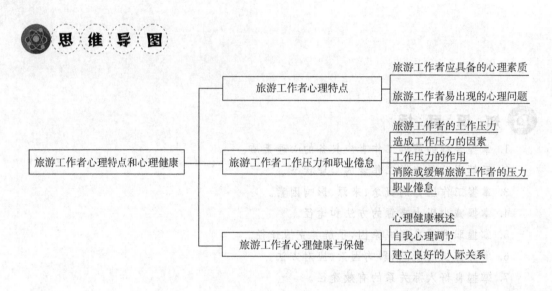

第一节 旅游工作者心理特点

旅游工作者主要涉及旅行社服务人员、旅游景区服务人员、旅游饭店服务人员等。比如导游就是在旅行社从事一线服务的工作人员,其运用专门知识和技能,为旅游者组织、安排旅行和游览事项,提供向导、讲解和旅途服务。

在心理学中,心理素质是指个体在心理过程、个性心理等方面所具有的基本特征和品质。它是人类在长期社会生活中形成的心理活动在个体身上的积淀,是一个人在思想和行为上表现出来的比较稳定的心理倾向、特征和能动性,是一个包括能力、气质、性格、意志、情感等智力和非智力因素有机结合的复杂整体。

一、旅游工作者应具备的心理素质

旅游工作者主要是为旅游者提供各种各样的旅游服务,借助各种设施、设备、方法、途径,创造出和谐气氛,满足旅游者生理、心理、物质和精神的需要,激发旅游者交流和消费欲望的一种活动。合格的旅游工作者应具备以下心理素质和能力。

（一）独立执行政策和独立进行宣传讲解的能力

旅游工作者必须具有高度的政策观念和法制观念，要以国家的有关政策和法律法规指导自己的言行和工作；要严格执行旅行社的接待计划；要积极主动地讲解中国悠久灿烂的历史文化、现行的方针政策；介绍中国人民的伟大创造和社会主义建设的伟大成就及各地区的建设和发展情况；回答旅游者的各种询问等。

（二）较强的组织协调能力和灵活的工作方法

旅游工作者领受任务后要安排落实旅游活动计划，带领全团人员游览好、生活好。这就要求旅游工作者具有一定的组织、协调能力，在安排活动日程时有较强的针对性并留有余地，在组织各项具体活动时讲究方法并及时掌握变化着的客观情况，灵活地采取相应的有效措施，尽力当好参观游览活动的导演。

（三）较强的人际关系处理能力

旅游工作者面向的群体具有多样性，善于和各种人建立良好的人际关系是旅游工作者最重要的能力之一，这就需要旅游工作者掌握一定的公关知识并能熟练运用，具有灵活性和较强的理解能力并能适应不断变化着的氛围，能够随机应变地处理问题。

（四）独立分析、解决问题、处理事故的能力

果断、沉着、正确地处理意外事故是旅游工作者最重要的能力之一。旅游活动中有时会发生一些突发状况，能否妥善地处理事故是对旅游工作者的一种严峻考验。临危不惧、头脑清醒、遇事不乱、处事果断、办事利索、积极主动是导游处理意外事故时应有的品质。

二、旅游工作者易出现的心理问题

很多业外人士认为在旅游企业工作有着良好的工作环境，比如在酒店工作，环境优雅、四季如春；在旅行社工作，免费旅游，工作轻松。但是事实并非如此，深入了解旅游工作者的生活和工作后，就会发现其中很多人工作辛苦，从而滋生了一些困扰他们的心理问题。

（一）个性心理特征与职业要求冲突产生的心理不适

首先，旅游工作者的心理特征完全切合职业要求纯属理想，这些个体之间存在差异性。在能力方面，有人善于表达、领悟能力强，善于处理客我关系；有人记忆好、长时稳定注意的能力强，但不善于交际；在心理活动的强度、速度、稳定性、灵活性上，有人做事快速灵活，有人则做事迟钝稳重，这种差异源于旅游工作者气质的差异；有人内向，有人外向，或有人活泼开朗，有人则沉默寡言，因此他们的现实态度和相应的行为方式上存在差异。

其次，许多旅游工作者个性心理特征与职业要求存在抵触性。一些服务人员在服务

方面的能力不足,导致与人交往出现不顺畅和不和谐的情况,其情绪也会随之发生变化。服务人员性格方面的一些品质,如倔强固执、争强好胜、高傲刻薄,容易导致人际关系紧张,使旅游者产生不满情绪,服务人员的工作热情也消失殆尽。性格和能力都有较强的可塑性,可以通过职业技能和职业素养的培训,使服务人员符合职业要求,适应服务环境。但是一些服务人员的气质类型与服务要求相悖,而且较难改变,如一些服务人员感受性很高,很容易因旅游者的一言一行产生心理反应,而有的服务人员感受性太低,对周围发生的一切现象熟视无睹,又会怠慢旅游者。一些服务人员的忍耐性较低,对一些要求比较苛刻的旅游者,控制不了情绪,甚至和旅游者发生冲突。可见,近乎完美的工作要求与服务人员的个性心理会产生矛盾,这种矛盾无疑会增添服务人员的心理压力,使其产生心理不适。

为了减少以上的心理不适,旅游企业在招聘员工之前,要制定较明确的岗位需求;招聘时,要履行一套严格的招聘程序。一方面,可以通过面试,考察应聘者的能力和性格;另一方面,可以运用心理测试或笔试题目,系统地了解其个性心理特征和人格特质。

(二)社会认知偏差以及旅游者的欠尊重,导致了员工问题行为的产生

从心理学的角度可以把员工的问题行为分为两大类:攻击性问题行为和退缩性问题行为。攻击性行为是外向的,有明显的破坏性;而退缩性行为是内向的,主要表现为消极、冷漠和疏远。由于受传统思想观念的影响,现在很多人对服务工作比较鄙视,认为服务工作是低等的工作,从事服务工作是没有出息的表现,也没有前途可言。部分服务人员在这种负面的社会暗示下,会认为自己所从事的服务工作低人一等,质疑自己的工作意义和价值,对将来忧心忡忡。还有很多第一线的服务人员,工作量大,工作强度高,有时还要遭受少数客人的有意刁难甚至是人格侮辱。在挫折面前,有的服务人员产生怨恨、愤怒和不满情绪,可能会采取一些不理智的行为去发泄,舒缓心中的压力;有的服务人员因为"怒而难言"产生退缩行为,变得自卑抑郁、怀疑敏感。

为了让社会偏见的负面影响降到最小,必须加强从业者的职业意识培养,让服务人员认识到其从事的职业是社会分工的结果,服务工作并不是低人一等的,从而准确地把握在服务工作中所扮演的角色,正确理解和旅游者的关系。

(三)人际关系紧张与企业氛围不和谐,滋生员工的不良反应

同事之间友好、融洽地相处,创造一种和谐良好的人际关系,会使人心情舒畅、精神焕发,使企业融合为一个友好、和睦的大家庭。相反,企业人员之间如果缺乏信任、尊重、关怀、理解、谦让、体谅,那么一些员工就会缺乏心理的归属感,情绪低落,产生烦恼、压抑、妒忌、疑心等心理反应。这种情况在旅游饭店企业中尤为多见。服务性行业服务的要求及标准都很高,内部管理都很严格,员工的点滴过失都会受到严厉的惩罚,所以员工往往为寻求自我保护而淡化同事间的关心和友爱。管理层对下属员工的大棒政策,使员工缺乏被爱和被接纳认可的归属感觉。加之许多一线操作员工自身素质不高,员工之间的关系冷漠,某个员工出现工作上的过失,其他的员工不是关心、安慰和帮助,而是冷冷地观望,

甚至是幸灾乐祸。而部门之间又涉及利益分配的问题,所以部门之间关系也不够融洽。

现阶段旅游工作者因人际关系和企业氛围问题产生的心理疲劳问题日益突出,主要表现为厌倦工作、上班迟到次数增多、心情烦躁、注意力涣散、思维迟钝、反应迟缓。服务性行业确实要注重员工心理按摩,训练员工调控自己的情绪,同时旅游企业应把"和为贵"作为企业重要的经营思想,从最高层开始倡导友谊和爱心,彼此信任、尊重、关怀,互相理解、谦让、体谅,互相学习,共同进步,创造一个充满爱的氛围。

【案例分析】
旅游者要求换餐时的处理方法

第二节 旅游工作者工作压力和职业倦怠

来自职场的压力有很多,比如工作负荷、人际关系、职位变动以及环境压力等。面对诸多的压力,作为旅游工作者又该如何降低和消解?这就是本节要研究的问题。

【案例分析】
旅游者用餐时导游的注意事项

一、旅游工作者的工作压力

(一)工作压力的概念

工作压力是指个体在环境中受到种种刺激因素的影响而产生的一种紧张情绪。工作压力会高度调动人体内部的潜力,以应对各种刺激因素,而出现一系列生理的和心理的应激变化。

关于工作压力前人已经有过很多的研究,形成了各种各样的理论。目前影响较大的理论依其本质,主要划分为两类:一类是以员工个体特征为核心的模型,如交互理论,此类模型认为对压力的管理应该放在个体水平上,通过改变个体对环境的评价,适用较好的应对措施来减轻个体感到的压力;另一类是以工作特征为核心的模型,如指导工作压力的传统理论,此类模型认为对压力的管理应重点放在组织水平上,例如,通过组织和工作设计创造出好的工作环境,以此来减少工作人员的工作压力。

(二)旅游工作者工作压力的特点

旅游工作者的工作压力主要来自旅游者的逆向行为和自身的情绪劳动两个方面。旅游工作者在工作过程中常常需要对自己的情绪进行管理,付出相应情绪劳动与旅游者进行接触,以提高旅游者的满意度。当旅游者逆向行为发生时,旅游工作者的自信与感情受到了伤害,进而造成工作压力。逆向行为在旅游服务业中主要表现为旅游者不愿意支付相关费用,同其他旅游者吵闹及损坏服务设施,对旅游工作者口头侮辱或暴力行为,不遵守或破坏服务流程等。情绪劳动是旅游工作者为了维护与顾客良好的相互关系,按照组

织的情感规定要求,管理自己的情绪、情感,以创造一种可见的面部和肢体的表现,努力实现游客满意的目标,这同样会造成旅游工作者的工作压力。

二、造成工作压力的因素

压力是由多种压力因素(压力源)引起的。不同的压力作用于不同的个体,产生不同的生理、心理反应,表现出个体差异,强烈、持久的压力终将导致严重的后果。造成工作压力的因素主要包括个体因素和人际因素。

(一)个体因素

1. 生活压力

美国著名精神病学家赫姆斯(Holmes)根据对5 000多人的社会调查,列出了43种生活危机事件,并以生活变化单位(LCU)为指标对每一个生活危机事件评分,编制了社会再适应评定量表(SRRS)。赫姆斯指出,如果一年内LCU不超过150分,来年健康无病;如果LCU在150~300分,来年患病的概率为50%;如果LCU超过300分,来年患病的概率超过70%。调查表明,高LCU与心脏病猝死、心肌梗死、结核病、白血病、糖尿病等的关系明显。

知识链接

表8-1所示为社会再适应评定量表。

表8-1 社会再适应评定量表(SRRS)

排序	生活压力事件	LCU	排序	生活压力事件	LCU
1	配偶死亡	100	14	子女出生	39
2	离婚	73	15	生意上的变化	39
3	夫妻分居	65	16	经济状况变化	38
4	被判入狱	63	17	好友去世	37
5	家中亲人死亡	63	18	工作性质变化	36
6	个人受伤或生病	53	19	与配偶争吵	35
7	结婚	50	20	中等数额贷款抵押	31
8	被解雇	47	21	贷款或抵押品赎取权取消	30
9	复婚	45	22	工作职责变化	29
10	退休	45	23	子女离开家庭	29
11	家庭成员患病	44	24	和儿媳或女婿相处困难	29
12	怀孕	40	25	杰出的个人成就	28
13	性生活问题	39	26	妻子开始或停止工作	26

续表

排序	生活压力事件	LCU	排序	生活压力事件	LCU
27	学业开始或结束	26	36	社会活动变化	18
28	生活环境变化	25	37	小额贷款或抵押	17
29	生活习惯改变	24	38	睡眠习惯改变	16
30	和老板相处困难	23	39	家庭成员数量改变	15
31	工作时间或环境改变	20	40	饮食习惯改变	13
32	搬家	20	41	休假	13
33	转学	20	42	过圣诞节	12
34	娱乐方式变化	19	43	轻微触犯法律	11
35	宗教活动改变	19			

2. 个体差异

(1) 认知水平差异。员工对压力的反应基于其对情境的认知，而不是基于情境本身。如在实际工作中，同样一件工作，对于富有挑战性的员工来说，是挑战、是机遇，而对于害怕困难的员工来说，则是负担、是压力。同样，如果员工认为此项工作对于自己来说是主动控制的，就是积极的；如果是被动的，就是消极的。

(2) 态度差异。员工如果在生活中总是抱有积极向上的态度，那么在遇到困难和压力时，就会想办法去解决问题，处理各种压力事件。反之，员工如果是消极的，则会导致压力的增加，甚至产生心理疾病。

(3) 意志力差异。员工如果具有坚强的意志，那么，在遇到困难和压力时，就能勇敢面对；反之，会被困难吓倒。

(4) 兴趣差异。员工如果对所做的工作感兴趣，就会积极主动地工作，不会感到有很大的压力；反之，就会感到有很大的压力。

(5) 性格差异。A-B型人格理论是福利曼和罗斯曼提出来的。A型人格性格急躁，缺乏耐性，成就欲高，上进心强，有苦干精神，工作投入，有时间紧迫感和竞争意识，动作敏捷，说话快，生活处于紧张状态；社会适应性差，属于一种不安定型人格。B型人格性情温和，举止稳当，对工作和生活的满足感强，喜欢慢节奏的生活，可以胜任需要耐心和谨慎思考的工作。福利曼和罗斯曼的研究也表明，A型人格者比B型人格者更能承受压力。

(6) 工作经验差异。个体如果变换工作，来到一个新的环境中，面对新的不确定的因素，就会产生很大的压力。而过一段时间，随着经验的增加，对工作的熟练程度增加，这种压力感会减少，甚至消失。

(7) 社会支持差异。个体如果在组织中能够与上司、同事很好地相处，关系融洽，就可以很好地缓解由于工作的高度紧张带来的压力；反之，与上司、同事关系紧张，就会增加职业倦怠感和压力感。如果员工不能很好地得到组织中人的支持，可以更多地依靠家庭、朋友的支持，减缓工作压力。而如果一个人不能被生活中的群体接受，得不到支持，势必导致个体压力增加、孤僻，甚至导致自杀等极端现象。

3. 家庭问题

现代社会正进入一个高速发展的时代,企业之间的竞争也越来越激烈。这就要求员工对工作更加投入,不可避免会对家庭带来一定的影响。家庭是幸福的主要来源,也是压力的主要来源。良好的家庭氛围,对于一个人的成长至关重要,可以缓解工作中带来的压力。而恋爱、结婚、离婚、搬迁、子女的健康和学业,夫妻工作时间的冲突,或者一方成功、一方失败,都会使人感到压力。这些压力会直接影响员工的工作。

(二)人际因素

人与人之间存在一定的人际关系。依据群体自身的性质,人际关系可以分为正式关系和非正式关系。正式关系是指正式群体中明文规定的关系,群体成员的职责、权利及相互关系均得到正式群体的认可和维护,形成群体内部的组织结构,其中包括上下级关系,即群体成员之间的领导和被领导关系。非正式关系是指非正式群体中自发形成的成员之间的关系,这种关系没有明文规定,不一定要受正式群体的认可和维护,成为与正式群体并列的非正式关系。

一个员工与其领导、同事、亲属、朋友等存在着各种各样的人际关系。良好的人际关系使人心情舒畅,体验到安全与友谊,有助于身心健康。不良的人际关系,特别是长期持续的不良的人际关系,使人烦恼,降低机体的抵抗力,容易导致疾病。一般而言,造成工作压力的人际因素主要包括以下几个方面。

1. 来自工作关系的压力

在工作中,压力来自和其他人的合作。个体与上司、同事、客户的关系都会对个体产生压力。老板宠爱心腹、办事机械、不理解下属;同事不诚实、不合作等;客户经常提出过分要求,自私并且态度强硬,这些都会导致压力的增加。如果不能很好地缓解这些压力,就会导致员工工作效率的降低,人际关系的紧张,影响正常的人际交往。

2. 来自家庭关系的压力

来自家庭的压力主要来源于与配偶、父母和子女之间的冲突。与配偶感情的好坏,收入的变化,对待父母和子女的态度都会对个体产生压力。父母的身体状况、不同的价值观念都会影响到个体的心理,产生不同的压力。

3. 缺少人际支持的压力

人与人之间的支持建立在信任的基础上。人际支持把人们亲密地联系在一起,缺少信任会使人际关系走向破裂,诚实是人际关系牢固的基础。支持和信任是一个积极的支持性环境最主要的因素,无论这些支持是来自上司、同事、配偶、家庭成员,还是朋友。当人们感到自己被支持和信任时,心情愉悦,愿意为别人提供支持和帮助,工作效率提高。反之,当个体感觉不到别人的支持和信任时,心理压力增加,职业倦怠感增加。一个积极的、支持的环境,可以帮助员工更好地进行人际交往,更好地工作。

4. 对他人负有职责所产生的压力

相对于做事而言,一个人对他人的责任越多,心理压力越大,越有可能患上高血压和高胆固醇相关疾病。当管理其他人时,人通常会感受到压力。

三、工作压力的作用

员工存在工作压力,不能绝对地说是好事情或是坏事情,因为压力有正负两方面的作用,具体表现如图8-1所示。

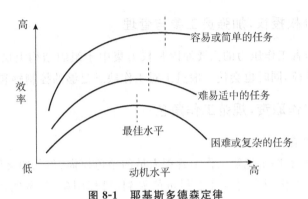

图8-1 耶基斯多德森定律

(一)工作压力的积极作用

在生活和工作中有压力,从某种程度上是一种好现象,因为在许多重要的时刻,情绪的紧张可以使人的思想高度集中,潜在能力得到充分发挥,产生一种增力的作用,这样可以把事情办得更快、更好。例如,许多员工在劳动竞赛的时候,就可能发挥超水平的能力,把工作干得比平时更加出色。再如,有些员工会在有领导在场,或者有重要人物参观的时候,表现出超常的能力。首先,员工只有充满信心,高度重视工作,保持适当压力的状态下才能达到最佳的水平。因此在从事某项重要工作时,特别是当这一工作到了关键时刻,应当保持一定的压力,这样才能集中精力,发挥潜力做好工作。其次,适度的压力,可以更好地调动人的智慧,可以使人的思维能力得到更好的发挥,提高心理素质的效能。人在适当的压力下,思维能力会亢进,反应速度会加快,动作比较灵敏,记忆力比较好,员工的工作效率和学习效果都会明显增加。最后,适当的压力会引起一系列的生理变化,使体内较多的能量来应付当前的问题,可以加快呼吸,增强体内的氧化作用,使心跳加速,血压增高,肾上腺素增加,血液循环加快,使个体能够迅速适当地表现出必要的反应。这些反应都可以使个体比平时有更大的力气、更快的速度、更敏捷的思维去应对各种紧急状态。因此适当的压力对于员工从事工作,尤其是在执行重要工作时,是十分必要的。

(二)工作压力的消极作用

压力虽然有一定的积极作用,但是也有不容忽视的消极作用,尤其是压力过大、持续时间过长时,会产生一系列的消极作用。其一,压力过大,有时反而会使人的机体受到抑制作用,也就是说压力过大,有的时候人反而动作更慢、力量更小、手脚发颤,技术、经验、知识、能力发挥不出来,使工作受到不必要的损失。其二,持续的、超强度的压力对人体特别有害。有人曾把持续的压力称为体内的定时炸弹,会使人的内分泌失调等。应该在适当的场合制

造一定的压力,但是不能过多、过久地制造压力,这样会对员工产生不良影响。

四、消除或缓解旅游工作者的压力

作为旅游工作者,消除或者缓解工作中的压力,可以从以下两个方面着手。

(一)合理分权授权,加强员工参与管理

造成旅游工作者工作压力的主要原因是权力集中于组织结构上层,无形中加重了旅游工作者的工作负荷,同时也会使一般员工对工作缺乏足够的控制感和主动性。

(二)明确工作职责,规范工作角色

1. 明确工作职责

工作职责明确,有助于化解工作中管理人员的角色模糊、角色冲突等方面的压力。企业有关部门在明确工作职责时要注意尽可能做到:目标明确、任务明确、权限明确、责任明确。

2. 规范工作角色

角色规范化是消除角色压力最为有效的手段。组织对不同管理层面和不同部门的管理人员的权利和义务都应有较明确的规范,这是现代组织体系中维护管理角色正常行为和避免角色冲突的基础。当组织体系中旅游工作者的角色权利和义务划分清楚时,角色冲突和角色模糊就会减少到最低程度。

(三)改善薪酬福利待遇和文化氛围

不良的组织结构和氛围会给管理人员带来相当大的压力感。压力源主要包括管理人员对薪酬、福利待遇不满,组织对工作情况的反馈不足,工作中缺乏上级的认可、支持和鼓励。因此,首先,在福利和薪酬的设计上应着重考虑中年管理人员和工作时间较长的管理人员由于生活中各方面的需要对福利和薪酬的要求。其次,制定有效的工作反馈机制,及时反馈管理人员的工作情况和对工作绩效的评价。最后,要改善组织氛围,强调上级对下级提供工作和精神上的鼓励与支持,并逐渐成为组织文化的一部分。

(四)做好职业生涯规划

管理人员的职业发展压力主要来自工作中晋级升职困难,工作与进一步学习、培训冲突,工作中培训机会不多,职业发展前景不明朗等方面。组织开展职业生涯规划是降低管理人员职业发展压力的重要措施。开展职业生涯规划应将个人需要和组织需要统一起来,从以下两个方面着手:做好组织的人力资源规划;重视对管理人员的培训与开发。

(五)制订工作—家庭平衡计划

对企业而言,工作—家庭平衡计划是组织发展的帮助管理人员认识和正确看待家庭生活同工作间的关系,调和职业和家庭的矛盾,缓解由于工作和生活关系失衡而给组织成

员造成压力的计划和活动。工作—家庭平衡计划不仅有助于管理人员缓解工作和家庭冲突带来的压力和造成的危害，也有助于提高个体的工作热情与工作效率，降低其职业倦怠感。企业的工作—家庭平衡计划必须考虑管理人员职业生涯周期，以及家庭生命周期的变化，企业必须了解管理人员职业生涯不同阶段的特点，以及生活各阶段的需要、工作情景对家庭生活的影响，然后给予适当的帮助。

（六）构建和谐的人际关系，建立畅通的沟通渠道

构建和谐的人际关系对降低管理人员的消极压力反应有两个方面的意义：一是减少人际矛盾，避免人际关系紧张；二是在管理人员的工作压力较大时可以及时获得必要的帮助和支持。因此企业应致力于营造互相尊重、彼此信赖、公正平等的和谐人际关系。而要构建和谐的人际关系，最重要的就是通过各种方式建立畅通的沟通渠道。

五、职业倦怠

（一）职业倦怠的概念

职业倦怠的研究始于弗罗伊登贝格尔（Freudenberger）等人。当时主要基于服务业及医疗领域工作者的经历，因为这些职业属于情绪性工作，有较多的人际压力源存在，工作者长年精力耗损，工作热诚容易逐渐消退，进而产生对人漠不关心以及对工作持负面态度的症状。之后经过20多年的发展，职业倦怠的研究不断地走向深化。目前，人们对于职业倦怠的定义存在不同的理解，其中最具影响的是马斯拉奇（Maslach）的定义。该定义指出职业倦怠包含三个维度：情绪耗竭，去人性化和个人成就感低落。职业倦怠主要发生在从事人际服务的工作中，即那些主要与人打交道的职业（如护士、教师等），而不是以物（如一线工人面对的机器等）或信息（如计算机代码）作为工作对象的人身上。

情绪耗竭被认为是职业倦怠最具代表性的指标。它的特征是缺乏活力，有一种情绪资源耗尽的感觉。此外，情绪耗竭经常伴随着挫折、紧张，所以员工会在心理层面上自认为无法致力于工作。实际上，情绪耗竭是一个与传统的职业压力研究中的压力反应如疲惫、情绪低落、焦虑等非常相似的维度，这一点已经得到了许多研究的证实。更重要的是，情绪耗竭与一般的压力反应具有相近的工作压力源（工作负荷、角色问题等），以及相近的态度与行为结果（离职意向、缺勤等）。因此，可以说情绪耗竭与压力反应一样，并不是人际工作者所独有的，而是具有普遍意义的心理现象。

（二）职业倦怠的表现

1. 生理症状

职业倦怠包含各种生理上的症状，表现为耗竭感、缺乏精力、持续疲劳、身体虚弱；对疾病的抵抗力差，常感冒、肠胃不适、失眠等。

2. 认知症状

职业倦怠还会产生认知上的症状表现，如自我概念低落、失去理性以及采取悲观、否

定、愤世嫉俗的态度等。

3. 情绪症状

员工在产生职业倦怠之后，往往会感到沮丧、无助、无望、失去控制感、抑郁；会觉得工作无聊、易怒、神经质、缺乏耐性、冷漠、悲观等。

4. 行为症状

当员工感到职业倦怠之后，很多表现为疏远周围人群，人际关系差、易怒或脾气暴，与他人的摩擦增多，对工作不满意而经常迟到、请假甚至离职，组织承诺低、工作积极性降低等。

（三）职业倦怠的来源

1. 个体因素

（1）人口学因素。性别、年龄、婚姻状况、教育程度等人口统计学因素对职业倦怠有一定影响。根据有关学者对职业倦怠的研究，女性在情绪衰竭上得分高于男性，而男性在去人性化上得分高于女性。但是这些差异在某些岗位上却不一定显著，如生产线员工，他们的职业倦怠在性别因素上就不存在显著性差异。年龄越小的员工，就越容易感受职业倦怠，而工龄越长的员工，抗职业倦怠水平就越高。年龄越小的员工处理问题的能力越低，适应能力较差，情绪上更加不稳定，态度容易发生变化，因而更容易产生职业倦怠。而工龄长的员工情绪耗竭和去人性化程度更为严重，主要是他们工作很久之后，工作的新鲜感被重复机械劳动的枯燥乏味所代替，情绪耗竭和去人性化程度逐渐增强。在受教育程度方面，学历越高，去人性化倾向越高，情绪耗竭越强。婚姻满意度与情绪耗竭和去人性化维度负相关，未婚的生产线员工的情绪耗竭和去人性化程度都显著高于已婚员工。

（2）人格特征。某些人格特征与职业倦怠存在较为密切的联系。研究发现，外控型、A型人格、神经质、低自尊的人容易表现出较高的职业倦怠。

（3）应对方式。应对方式是个体为对付压力而采取的相应的认知活动和行为活动。可分为问题指向和情绪指向两种方式。前者着重针对压力源采取积极的行动，以改变个体与环境的关系；后者则着重于调节和控制个体面对压力时的情绪反应，使个体内部保持一种平衡状态。相对于情绪指向的应对方式而言，问题指向的应对方式更能有效地减轻个体的职业倦怠感。

2. 工作情境因素

（1）工作特征。研究表明，工作负荷过度与职业倦怠之间表现出显著的正相关关系，尤其是在情绪耗竭这一维度上。工作负荷经常被用来表示工作要求的数量、时间限制等。在工作时间方面，12小时工作制的生产线员工情绪耗竭、去人性化和低成就感的程度要比8小时工作制的员工更为严重。研究还发现，如果员工长时间从事同样的工作，就可能会厌烦、沉闷，工作表现也低于平常。因为长期重复同样的工作，首先失去的是新鲜感，然后是成就感，最后甚至会怀疑工作价值。这说明超负荷的工作特征会加剧员工职业倦怠的感受，使其更容易感受到压力和疲倦，更容易产生负面情绪。

（2）组织特征。工作控制感、工作的报酬、组织公平及对员工职业发展的重视程度等与员工职业倦怠存在紧密的联系。比如对于一线员工来说，产品质量和数量有着严格的要求,工作规范程度高,员工本人缺乏自主性,所以较其他群体更容易产生职业倦怠。生产员工长时间超负荷工作,工作环境比其他群体差,报酬却低于其他群体,起不到激励作用,自然难以感受到组织的公平。同时,由于工作特点,员工个人发展容易受到企业的忽视,当员工感觉自己遭遇不公平待遇,个人晋升受阻或缺乏学习机会时,产生职业倦怠就不可避免了。

(3) 社会支持。社会支持主要包括个体的婚姻状况,上级、同事及社会的认可等。国内有关研究表明,一线员工中,外地员工比本地员工体验到更多的职业倦怠。主要原因可能是本地员工能够更多地得到来自家庭、朋友等的社会支持,而外地员工得到的社会支持较少。社会支持力量中,婚姻满意度可以作为个体家庭支持程度的指标,与个体职业倦怠的水平显著负相关。有学者研究发现,员工的婚姻满意度与情绪耗竭和去人格化维度负相关,未婚员工的情绪耗竭和去人格化程度都显著地高于已婚员工。这主要是由于已婚的人得到的社会支持更多,所以其倦怠水平就较低。总之,员工感觉到的社会支持与其职业倦怠负相关,即感觉到的社会支持越高,其感受到的职业倦怠就越低。

(四) 职业倦怠的应对

在形成任何有效的应对策略之前,首先要正确认识并接受职业倦怠的存在。应认识到人在压力之下所做出的反应并不是个人能力差的表现,职业倦怠是一种正常的心理现象。不要过于责备自己,有时适度的压力反而是进步的原动力,正是有了压力才会使工作充满了刺激与干劲,压力是"毒药"还是"良药"都在一念之间,不妨将思想做一个大转变,化消极回避为积极运用,相信压力是走向成功的"特效药"。

1. 调整与工作有关的信念

要成为工作上的主人,必须从了解自己开始。花点时间静下来思考自己要什么,擅长哪个领域,性格倾向于从事哪类工作,这份工作是否可以发挥所长,是自己努力不够还是被摆错了位置,自己对工作究竟有哪些期望,想从工作中获得些什么。尽量摒除那些不切实际的想法,同时把关注的重心放到工作的积极方面上,不要总是纠缠于工作压力等消极方面。

2. 及时倾诉

当受到压力威胁时,不妨与家人或亲友、同事一起讨论目前压力的情境,把心里的症结说出,不要闷在心中,亲友出于关心会给出恳切的建议,在其帮助下确立更现实的目标,并对压力的情境进行重新审视。需要某些实际的帮助时,也可以求助于领导和同事。另外,一些消极情感如愤怒、恐惧、挫折等也应及时倾吐,以得到某种发泄,这对舒缓压力和紧张的情绪是非常必要的。

3. 锻炼和放松

注意劳逸结合,足够的睡眠,找理由休息,将闲暇和各种娱乐活动作为工作的必要补充。进行适度的、有节奏的锻炼,一般持续5~30分钟,就能够换来舒畅而平稳的心情,如果长期坚持下去,就能够有效地降低焦虑和抑郁感。当压力事件不断出现时,持续数分钟的放松,往往比一小时睡眠的效果还好。在职场上学习让自己喘口气也是一门学问,适时适当地休

【案例分析】
导游人员如何自我调适工作压力

假,让身心恢复,也可借此机会思考,然后重新出发。如果短期内没有休假的机会,一些日常的松弛方法,如游泳、做操、散步、洗热水澡、听音乐等也十分有效。

此外,还可以学习放松训练的应对压力技术,如深呼吸、肌肉放松等。"简单,就会快乐",最好的东西都是最简单的,例如,微笑是最好的生活态度;运动是身体最好的药。

第三节 旅游工作者心理健康与保健

一、心理健康概述

(一)心理健康的概念

对心理健康的概念历来有不同看法:第三届国际心理卫生大会(1946)曾为心理健康下过一个定义:"所谓心理健康是指在身体、智能以及情感上,在与他人的心理健康不相矛盾的范围内,将个人心境发展成最佳的状态。"这个定义过分地突出了个人经验和体验的重要性。大会也曾认定心理健康的标志是:①身体、智力、情绪十分协调;②适应环境,人际关系中彼此能谦让;③有幸福感;④在职业工作中,能充分发挥自己的能力,过着有效率的生活。这种标志的认定,要比上述定义更全面而具体。

马斯洛(Maslow)和米特尔曼(Mittelman)曾提出心理健康的十条标准:①有充分的自我安全感;②能充分了解自己,并能恰当估价自己的能力;③生活理想切合实际;④不脱离周围现实环境;⑤能保持人格的完整与和谐;⑥善于从经验中学习;⑦能保持良好的人际关系;⑧能适度地宣泄情绪和控制情绪;⑨在符合团体要求的前提下,能有限度地发挥个性;⑩在不违背社会规范的前提下,能适当地满足个人的基本需求。心理健康是指一种持续的心理状态,当事人在心理健康的情况下,能有良好的适应能力,具有生命的活力,并能充分发挥其身心潜能。这是一种积极的、丰富的心理健康表现。

本书认为,心理健康是指人的心理,即知、情、意活动的内在关系协调,心理的内容与客观世界保持统一,能促使人体内、外环境平衡和促使个体与社会环境相适应的状态,并由此不断地发展健全的人格,提高生活质量,保持旺盛的精力和愉快的情绪。

(二)心理健康的意义

1. 心理健康对于预防精神疾病、心身疾病和恶性事故的发生具有重要意义

精神疾病是一种严重的心理障碍,它的发生与人的心理健康状态密切相关。由于快节奏的生活和来自各方面纷繁复杂的压力,人们随时都面临着来自各方面的心理应激。重视心理健康问题,可以使人很好地处理各种矛盾,提高心理承受水平,在挫折面前有足够的心理准备,并采取有效的措施,积极预防精神疾病的发生;心身疾病是指心理因素在病症的起因中占据重要地位的病症,如冠心病、高血压、溃疡、某些肿瘤疾病等。情绪不稳

定,易大喜大怒,过于争强好胜,长时间的焦虑不安,不易满足等心理特点很容易导致疾病的产生。重视心理健康问题,可以使人有效地抵御各种不良诱因的作用,矫正不良的心理反应,有效地预防心身病症的发生;近年发生的恶性事故中,有许多与当事者的心理健康状况有关。心理健康水平较低的人,很容易产生无法控制的愤怒情绪,以至于控制不住自己,出现严重越轨行为。提高人们的心理健康水平有助于预防这类事件的发生。

2. 心理健康对于个体成才有着重要的意义

健康的心理是个体适应社会,胜任工作的重要前提。如果一个人经常地、过度地处于焦虑、郁闷、孤僻、自卑、犹豫、暴躁、怨恨、猜忌等不良心理状态,是不可能在学习、工作和生活中充分发挥个人潜能,取得成就,得到发展的。一个人在心理健康上多一分弱点,其成长和发展就多一分限制和损失,生活和事业就少一分成就和贡献。心理健康对个体的品德素质、思想素质、智能素质乃至身体素质的发展都有很大的影响。

3. 心理健康对于建设社会主义精神文明有着重要的意义

心理健康不仅对个体有意义,而且对群体也有不可忽视的意义。心理健康有助于克服人的消极心理状态,振奋民族精神;有助于缓解人际冲突,改善交往环境,增进社会稳定;有助于塑造良好的个性,发展健全的品格,提高社会道德水平;有助于人的积极性和创造力的提高,推动社会主义现代化建设的进程。可见,心理卫生工作是精神文明建设的重要组成部分。

(三)心理健康的标准

到目前为止,没有一个十全十美的、客观而又一致的标准能将"正常"和"异常"行为准确地区分开。各种标准均有可取与局限的地方。以下介绍两种常见的心理健康的标准。

1. 心理健康十标准论

郭念锋于1986年在《临床心理学概论》一书中提出心理健康十条标准。

(1)周期节律性。人的心理活动在形式和效率上都有自己内在的节律性。比如,人的注意力水平就有一种自然的起伏。不只是注意状态,人的所有心理过程都有节律性。一般可以用心理活动的效率做指标去探查这种客观节律的变化。有的人白天工作效率不太高,但一到晚上就很有效率,有的人则相反。如果一个人的心理活动的固有节律经常处在紊乱状态,不管是什么原因造成的,都可以表明其心理健康水平下降了。

(2)意识水平。意识水平的高低,往往以注意力水平为客观指标。如果一个人不能专注于某种工作,不能专注于思考问题,思想经常开小差或者因注意力分散而出现工作上的差错,就要警惕其心理健康问题了。因为注意水平的降低会影响到意识活动的有效水平。思想不能集中的程度越高,心理健康水平就越低,由此而造成的其他后果,如记忆水平下降等也就越严重。

(3)暗示性。易受暗示性的人,往往容易被周围环境的无关因素引起情绪的波动和思维的动摇,有时表现为意志力薄弱。他们的情绪和思维很容易随环境变化,给精神活动带来不太稳定的特点。当然,受暗示这种特点在每个人身上都多少存在着,但水平和程度差别是较大的,一般而言,女性比男性较易受暗示影响。

(4)心理活动强度。心理活动强度是指对于精神刺激的抵抗能力。面对强烈的精神

打击,不同的人会有不同的反应,这就能看出不同的人对于精神刺激的抵抗力。抵抗力低的人往往容易遗留下症状,可能因为一次精神刺激而导致反应性精神病或癔症;而抵抗力强的人虽有反应但不致病。这种抵抗力主要是和人的认知水平有关,一个人对外部事件有充分理智的认知时,就可以相对减弱刺激的强度。另外,人的生活经验以及固有的性格特征和先天神经系统的素质也都会影响到这种抵抗能力。

(5) 心理活动耐受力。现实生活可能出现这样的一种精神刺激,它长期反复地在生活中出现,久久不消失,使一个人痛苦很久。有的人在这种慢性精神折磨下出现心理异常、个性改变、精神不振,甚至产生严重躯体疾病。但是也有人虽然被这些不良刺激缠绕,最终不会在精神上出现严重问题,甚至把不断克服这种精神刺激当作生活斗争的乐趣,标志自己是一个强者,这样的人可以在别人无法忍受的逆境中做出光辉成绩。对长期精神刺激的抵抗能力可以看作一个人的心理健康水平的指标,称之为耐受力。

(6) 心理康复能力。在人的一生中,谁也不可避免遭受精神创伤,在精神创伤之后,情绪的极大波动,行为的暂时改变,甚至某些躯体症状都是可能出现的。但是,由于人的认知能力和经验不同,从一次打击中恢复过来所需要的时间也会有所不同,恢复的程度也有差别。这种从创伤刺激中恢复到往常水平的能力,称为心理康复能力。康复水平高的人恢复得较快,而且不留什么严重痕迹,每当再次回忆起这次创伤时,表现得较为平静。

(7) 心理自控力。情绪的强度、情感的表达、思维的方向和过程都是在人的自觉控制下实现的。所谓不随意的情绪、情感和思维,只是相对而言的,它们都有随意性,只是水平不高以致难以察觉罢了。精神活动和过程的随意性程度以及自觉控制的水平高低,是与自控能力有关的。当一个人身心十分健康时,其心理活动会十分自如,情感的表达恰如其分,辞令通畅、仪态大方,既不拘谨也不放肆,这就是说,观察一个人的心理健康水平时,可以从其自我控制能力得出某种印象,为此,精神活动的自控能力不失为一个健康指标。

(8) 自信心。当一个人面对某种生活事件或工作任务时,必然会首先估计一下自己的应付能力。这种自我评估有两种倾向,一种是估计过高,一种是估计过低。前者是盲目的自信,后者是盲目的不自信。这种自信心的偏差所导致的后果都是不好的。前者很可能由于自信心过高导致失败,从而产生失落感或抑郁情绪;后者可能因自觉力不从心,害怕失败而产生焦虑不安的情绪。为此,一个人是否有恰当的自信是精神健康的一种标准。自信心实质上是一种自我认知和思维的分析综合能力,这种能力可以在生活实践中逐步提高。

(9) 社会交往。人类的精神活动得以产生和维持,其重要的支柱是充分的社会交往。社会交往的剥夺,必然导致精神崩溃,出现种种异常心理。因此,一个人与社会中其他人的交往,也往往标志着一个人的精神健康水平。当一个人严重地、毫无理由地与亲友和社会中其他成员断绝来往,或者变得十分冷漠时,就构成了精神病症状,叫作接触不良。如果过分地进行社会交往,与素不相识的人也可以十分热情地倾谈并表现得十分兴奋,也可能处于一种躁狂状态。

(10) 环境适应能力。在某种意义上说,心理是适应环境的工具,人为了个体保存和种族延续,就必须适应环境。人不仅能适应环境,而且可以通过实践和认识去改造环境。

但是，人尽管有积极主动性，但终究是不能脱离自己的生存环境，包括工作环境、生活环境等。

在人的一生中，这些环境条件是变化着的，有时变动很大。人虽有主动性，但有时对生存环境的变化仍然无能为力，此时，消极适应也很重要，起码在某一时期或某一阶段上有现实意义。当生活环境条件突然变化时，一个人能否很快地适应并保持心理平衡，就是环境适应能力，这种能力往往标志着一个人的心理活动的健康水平。

2. 心理健康七标准论

浙江大学教授马建青从临床表现方面考察，提出了心理健康的七条基本标准。

（1）智力正常。智力是人的观察力、注意力、想象力、思维力和实践活动能力等的综合。智力正常是人正常生活最基本的心理条件，是心理健康的首要标准。无论是国际疾病分类体系，美国精神疾病诊断手册，还是中国精神疾病分类，都把智力发育不全或阻滞视为一种心理障碍和异常行为。事实上，智力的异常，常导致心理功能出现异常。

（2）情绪协调，心境良好。情绪在心理异常中起着核心的作用。心理健康者能经常保持愉快、开朗、自信、满足的心情、善于从生活中寻求乐趣，对生活充满希望。更重要的是情绪稳定性好，具有调节控制自己的情绪以与周围环境保持动态平衡的能力。

（3）具备一定的意志品质。意志是人类能动性的集中体现，是个体重要的精神支柱。健康的意志品质往往具有如下特点：目的明确合理，自觉性高；善于分析情况，意志果断；意志坚韧，有毅力，心理承受能力强；自制力好，既有实现目标的坚定性，又能克制外界干扰，不放纵任性。

（4）人际关系和谐。个体的心理健康状况主要是在与他人的交往中表现出来的。和谐的人际关系既是心理健康不可缺少的条件，也是获得心理健康的重要途径。其表现：一是乐于与人交往；二是在交往中保持独立而完整的人格；三是能客观评价别人，友好相处，乐于助人；四是交往中积极态度多于消极态度。

（5）能动地适应环境。不能有效处理与周围现实环境的关系，是导致心理障碍乃至心理疾病的重要原因。对现实环境的能动适应和改造，是很积极的处世态度，与社会广泛接触，对社会现状有较清晰正确的认识，其心理行为能顺应社会文化的进步趋势，勇于改造现实环境，以达到自我实现与对社会奉献的协调统一。

（6）保持人格完整。人格是个人比较稳定的心理特征的总和。心理健康的最终目标是使人保持人格的完整性，培养健全人格。

（7）符合年龄特征。与人生各阶段生理发展相对应的是心理行为表现，从而形成不同年龄阶段独特的心理行为模式。心理健康者应具有与同年龄多数人相符合的心理行为特征。如果一个人的心理行为经常严重偏离自己的年龄特征，就意味着心理发育有问题。

二、自我心理调节

员工的心理健康水平不仅影响其身体健康和生活质量，同时也直接影响其心理能量的发挥，决定其个性所能达到的发展水平。因此，如何维护和保持心理健康对每个人来讲都是十分重要的事情。进行自我心理调节，是保持心理健康的重要策略。

（一）挫折及应对

1. 挫折的含义

在心理学上，挫折是一种情绪状态，指个人在某种动机的推动下所要达到的目标遇到无法克服的障碍而产生的紧张状态与情绪反应。挫折既具有消极作用，又具有积极作用。从消极的方面来讲，挫折可以导致消极的情绪体验，这种消极的情绪体验影响受挫者的身心健康。从积极的方面来讲，挫折能给人以教训，给人启迪，也能磨炼人的意志，激发人奋发向上，使人更加成熟坚强。

2. 挫折产生的原因

引起挫折的原因是多种多样的，人们感受到挫折的程度也不一样。一般来说，挫折产生的原因主要有外部因素和内部因素两种。外部因素（客观因素）引起的挫折叫作环境起因的挫折，是由外界事物或情况阻碍人们达到目标而产生的挫折。例如人际关系紧张、无法胜任工作、管理方式不妥以及不良的物理环境（如噪声水平很高、照明条件很差）等，都可能成为挫折的原因。

内部因素（主观因素）引起的挫折称为个人起因引起的挫折，又可以分为个人生理因素和心理因素。个人生理因素是指个人的容貌、身材以及某些生理上的缺陷所带来的限制。这种缺陷导致不能胜任某种工作，工作中遭到失败等，就会引起个体的挫折感。心理上的因素通常指个人在日常生活中，经常产生两种或两种以上的需要，而又很难决定哪一种需要是最强烈的需要，因而产生难以抉择的心理状态，这些也会使人产生挫折感。

3. 受到挫折后的反应

人们受到挫折会产生各种反应，一般表现如下。

（1）攻击反应。耶鲁大学心理学家多拉德（John Dollard）提出了"挫折—攻击"理论，认为攻击乃是挫折的结果，任何挫折必然会导致攻击行为，攻击行为的产生可预测挫折的存在。攻击行为有直接与转向两类。

① 直接攻击。个人受到挫折后，会引起愤怒的情绪，并对构成挫折的人或物进行直接攻击。一个人如果受到同事无故的指责，还以拳头，这就是直接攻击。直接攻击的形式可以是口头的，表现为嘲笑谩骂、讽刺挖苦、埋怨指责；也可以是大打出手、棍棒相加。

② 转向攻击有三种形式：一是察觉引起挫折的对象不能直接攻击，将愤怒情结迁移到其他人或物上，例如有的人在单位受了领导的气，回家后把气撒在家人身上，或者故意产出废品、破坏机器设备等；二是有时人们并不能清晰地知道自己受挫折的原因，例如，可能是由于日常生活中许多小挫折的积累，也可能是由于内分泌失调或者生病等个人内在的因素，在这种情况下，受挫者将闷闷不乐的情绪发泄到与真正引起挫折不相干的人或物上；三是对自己的容貌、才能、权力及其他各方面缺乏自信，这种人易把攻击的对象转向自己，责备自己。

（2）退化反应。退化反应也叫"倒退反应"或"回归反应"，是指个人在遭到挫折时采取的一种与自己的年龄和身份很不相称的幼稚的反应形式，恢复了个人幼稚时期的习惯与行为方式，是一种退化现象。倒退有两种表现，一种是用童年时期的一些习惯与行为方式来应付挫折情境，如成人遇到挫折时，满地打滚、号啕大哭等；另一种表现是依赖性，把别人的帮助视作解除挫折的唯一途径，缺乏自信，盲目追随他人。

(3) 冷漠反应。受挫折后,将愤怒的情绪压抑下去,表现为沉默与冷漠。冷漠反应与受到挫折的程度、心理承受能力与自信心的强弱、周围环境压力的大小等都有关系。一般来讲,性格内向、心理承受力弱、自信心差的人往往以冷漠的方式对付挫折。

(4) 妥协反应。采取妥协性的措施来减轻自己心理上的紧张状态:①以种种理由原谅自己,为自己的失败辩护,进行合理化,"阿Q心理"就是这种情况;②把自己身上存在的不良品质强加在别人身上,从而在一定程度上减轻自己的不安与焦虑,这是表同作用;③当认识到所确定的目标与社会的要求相矛盾或受到主客观条件的限制而无法达到时,设置另一个目标取代原来的目标,这是替代反应;④受到挫折之后,用意志的力量压抑住愤怒、焦虑的情绪反应,表现出正常情况下的谈笑自若的情绪状态。

(5) 固执反应。固执反应是指个人受到挫折时,不愿意接受别人的意见,不肯变通,而是以一种一成不变的方式做出反应。

(二) 心理挫折的预防和克服

1. 心理挫折的预防

为了保持身心健康,提高工作效率,在日常的工作和学习中应尽量消除引起挫折的情境,避免受到不应有的挫折。一般来讲,预防挫折有以下几种方法。

(1) 消除产生挫折的原因。对于自然因素,有些虽然是不可避免的,但是可以采取措施加以预防,如准确地进行地震预测、暴风雨预报、台风警报等。对于社会因素,应尽量引导员工适应环境,加强法制观念、遵守法令,遵守社会秩序、公共道德和风俗习惯等。对于主观因素,应客观地评价自己,有自知之明,从自身的条件出发,制定合理的目标。

(2) 要正确分析主客观情况,既要看到有利条件,对前景充满信心,也要注意找到不利因素,对不利因素的处理要有备用方案。

(3) 在做计划时,要脚踏实地,一切从实际出发,计划要切实可靠,同时又留有余地;在执行计划时,要及时检查计划的执行和完成情况,如果具体情况发生了变化,就要根据情况适当调整计划。

(4) 建立良好的同事关系和上下级关系,能顺利沟通思想、交流想法、相互信任和尊重。

(5) 对于旅游工作者来说,适当改善组织结构,调整有碍发挥员工积极性的不合理的管理制度,改善管理制度和工资奖罚制度,实行参与制、授权制、建议制等,使员工在一个轻松、愉快、民主的氛围中工作。

2. 心理挫折的克服

挫折发生以后,一般可以采用以下几种方法来克服。

(1) 正确对待失败与逆境。挫折是不以人的意志为转移的客观现实。应该认识到,任何事物都有两重性,挫折固然会使人受到打击,给人带来损失和痛苦,但也可以磨炼人,让人学习到很多书本上学不到的东西,终身受益。

(2) 适时调整自己的期望值。一个人如果期望值过高,在未能如愿时就会失望,容易产生各种不良情绪,陷于烦恼之中。发现原来的目标难以实现时就要对自己的目标进行调整,使目标切实可行,同时把大目标分解成很多具体的、可以实现的小目标,一步一步向

大目标迈进,这样就能够不断地体验到成功的喜悦。

(3) 接受自己,接受别人。每个人的能力大小不同,并且既有优点,又有缺点,世界上没有一个十全十美的人。首先要对自己有一个正确的认识和全面的评价,既要肯定自己的优点和长处,同时也要认识到自己的不足之处,愉快地接受自己的一切。只是做到正确评价和愉快接受自己还不够,还要知道怎样避开自己的缺点,发挥自己的优势,争取最大限度地发展自己。同样,也要善于接受别人,多看别人好的一面,少一些误解,多一些相互间的支持和帮助。

(4) 精神宣泄法。精神宣泄法就是创造一种环境,使受挫折的人可以自由顺畅地表达受压抑的情结。人在受到挫折后心理活动往往会失去平衡,常常以紧张的情结反应代替理智行为,如果把这种紧张情绪发泄出来,心理活动就可以恢复到理智状态,达到心理平衡。精神宣泄法有多种形式,如找一两个好朋友,将心里的委屈和想法全部讲出来,对方给予心理上的抚慰,从而重新鼓起奋进的勇气。或者受挫者通过写信把内心的情感尽情地表达出来,然后把信寄给自己,过一段时间看自己的"宣泄信",可能会开怀大笑,将怨恨之情一扫而光。

(5) 改变环境。如果一个人在工作单位和居住环境中遭受到了挫折,其他人往往会对其产生刻板印象。刻板印象的改变往往需要比较长的时间,是一个逐渐淡化的过程,对其工作和发展极为不利。因此,可以通过转换环境的方法,以一个新的精神面貌和社会形象投入新的工作中,开始新的生活。

3. 基于态度、情绪的心理健康管理

员工的态度、情绪直接影响其对工作的满意度。因此,如何在复杂多变的管理环境中,对员工基于态度、情绪的心理健康进行有效管理,是现代旅游工作者必须面对的重要问题。

4. 基于情绪的心理健康管理

情绪不仅对一个人的心理成长和发展有着极大的影响,而且对劳动效率也起着重要作用。根据情绪理论,对员工的情绪管理可从以下几方面进行。

(1) 建设企业文化,理顺组织情绪。在现代企业管理中,企业文化已经逐渐成为新的组织规范。事实上,企业文化对员工不仅具有一种强有力的号召力和凝聚力,而且对员工的情绪调节也起着重要作用。一般而言,员工从进入企业起的那一刻便开始寻求对企业的认同感,如果企业文化中有一个员工愿意为之奋斗的愿景使命,一种被员工认同的价值观和企业精神,那么这个企业就能够激励员工超越个人情感,以高度一致的情绪去达成企业的目标愿景。

(2) 开放沟通渠道,引导员工情绪。积极的期望可以促使员工向好的方向发展,员工得到的信任与支持越多,也会将这种正向、良好的情绪带到工作中,并能将这种情绪传递给更多的人。企业必须要营造良好的交流沟通渠道,让员工的情绪得到及时地宣泄,在企业管理中,如果交流沟通渠道受阻,员工的情绪得不到及时地引导,这种情绪就会逐步蔓延,影响到整个团队的工作。

(3) 匹配工作条件,杜绝消极情绪。工作环境等条件因素对员工的情绪会产生很大影响,在实际的工作中,企业需要将工作条件与工作性质进行匹配,从而避免员工消极情绪的产生。如信息技术行业的工作具有很强的不确定性,非常需要员工的团队合作能力。

因此，工作环境应设计成开放式结构，在办公用具的摆放、员工工作空间等方面可相对宽松，以利于团队成员间的交流。

（4）培训情绪知识，增强员工理解。研究表明，情绪知识在决定人的行为结果时起到调节作用。情绪知识是员工适应企业的关键因素，企业可以通过针对性的情绪知识培训，增强员工对企业管理实践的理解能力，激发员工的工作动机以适应组织的需要。

（5）营造情绪氛围，提升个体感受。每个企业都有一定的氛围，表现为组织的情绪。这种组织情绪会影响员工的工作效率和心情，甚至会影响员工是否留在企业。研究表明，在企业管理当中，整个组织的情绪氛围会影响和改变员工情绪，尽管员工和组织的情绪是相互影响的，但组织对个体的影响力要比个体对整个组织的影响力大。因此，从企业发展角度看，企业必须要营造良好的情绪氛围。

三、建立良好的人际关系

为什么有些人拥有宽广的交际范围，而有些人则总是形单影只，与朋友和同事的关系都不是很融洽呢？主要是没有处理好沟通与人际关系。沟通与人际关系不仅对个人的情绪、生活、工作有很大的影响，而且对组织气氛、组织效率和员工的心理健康都有着极大的影响。

（一）人际关系的作用

1. 保持员工身心健康

在现代企业管理中，员工的身心健康问题引起越来越多的关注。员工的身心健康对于企业和员工都具有重要意义，而交往对于调节员工的身心健康具有独特的作用。良好的人际关系可以使人心情舒畅，而不良的人际关系则会导致心情压抑。现代医学研究表明，人类的许多疾病都与心情不良有关，如长期神经衰弱、偏头痛、高血压、溃疡等。员工在群体交往中，通过诉说自己的喜怒哀乐，宣泄各种不良情绪，消除心中的不满，驱除心理上的压抑，并建立良好的人际关系，保持身心健康。

2. 调节员工的工作行为

交往可以调节员工的工作节奏。研究表明，和谐的人际关系可以使人心情舒畅，产生积极的情绪体验。这种情绪体验可以提高人的活动能力，激发创造力，提高工作绩效。相反，紧张的人际关系则会使人心里感到压抑，产生消极的情绪体验。这种情绪体验会降低人的活动能力和工作效率。因此，旅游企业应重视创造良好的人际交往氛围，使员工在良好的人际交往中学到知识、增进感情、建立友谊，使整个组织成为一个和谐的统一体，从而提高员工的工作积极性和主动性，产生更高的工作效率。

3. 交流信息

交流信息是人力管理活动的重要组成部分。通过交流，管理者可以把企业人员招聘与选拔、培训、晋升、薪资福利等信息有效地传递给每一位员工。同时旅游企业也可以了解员工独特的生活方式、兴趣爱好和特长等。更重要的是，通过交流可以收集员工对管理方面的建议和意见，发现企业管理的缺点和不足，以便于改正。

【案例分析】
优质服务
来自真诚

(二) 良好人际关系的建立和改善

1. 旅游企业方面

（1）加强班子建设。领导班子作风正派，团结合作，办事公正，讲究实效，密切联系群众，整个企业就会具有凝聚力、向心力，有助于形成和谐的人际关系。

（2）完善组织结构。一个企业的组织结构合理，各个岗位责任明确，每个成员都能各尽其能、各展其才、各得其所，工作协调有序，就有助于提高工作效率，改善人际关系。否则，机构重叠，职责不明，人浮于事，遇事互相扯皮，办事效率低，内耗严重，人际关系自然也比较紧张。

（3）职工参与管理。职工参与管理可以采用职工代表大会的形式，也可以选派职工代表参与领导班子的决策性会议，还可以由领导班子提出一些方案，向职工公开征询意见，或者让职工投票表决。职工参与管理，能提高职工的主人翁意识，使其在参与管理的活动中体会到自己的价值，从而提高满足感、成就感。职工在参与管理的过程中对企业的整体面貌和外部环境有了进一步的了解，其不满情绪自然也就得以缓解，抱怨减少，人际关系得到改善。

（4）加强意见交流。意见交流的目的在于增进彼此间的了解，减少隔阂误解，加强团结，加深友谊。领导者要允许职工提意见，鼓励职工提意见，特别是鼓励职工提有利于企业生存和发展的建设性意见。企业可以设立"意见箱"，或者定期召开座谈会，为职工提意见提供方便。领导者要善于听取群众的意见，对于正确的意见要及时采纳，对于不正确的意见要给予适当的解释，对于一些平时无法实现的要求，要给予说明。领导者听取职工意见这个行为本身就能缓解职工的不满情绪，改善人际关系。

（5）培养集体意识。集体意识就是成员对集体的共同利益、共同目标和共同荣誉的观念。让职工持有企业的股票，将职工的个人利益与企业的整体利益挂钩，能提高职工对企业发展的关注程度。集体组织职工素质拓展、文化娱乐活动等方式都可以提高职工的集体意识。企业的职工具有集体意识，思想统一，感情融洽，对集体具有责任感、归属感，能够团结一致，齐心协力，这对工作效率的提高和人际关系的改善等，都具有很大的促进作用。

2. 旅游工作者个人方面

（1）注意良好的外观。初次交往时，人的仪表、言谈举止等外观因素起着重要作用。由初次交往形成的第一印象对人际关系的形成有重要影响。因此，在实际生活中，初次与人会面，要十分注重自己的仪表，穿戴要和自己的身份相应，举止言谈恰到好处，以增加自己的魅力，实现交往的继续深入和良好人际关系的建立。

（2）利用相似性。相似性是导致人际吸引、建立良好人际关系的直接因素。俗话说"物以类聚，人以群分"，人们在生活中的交往，并不是无目的地进行的，而是具有严格的选择性，只有当二者在某些方面具有相似点时，交往才有可能进行。这些相似点主要包括：年龄、社会经历、态度与价值观等。

（3）发挥情感的相悦性。情感是人进行活动的心理动力源泉，情感的相悦可以增进人际吸引。人和人之间若要建立良好的人际关系，就必须以情感作为媒介，在情感深化的基础上,建立比较稳定的良好的人际关系。

(4) 塑造自己的性格和气质。性格和气质这两种因素是属于个性中的成分,往往影响人际交往的数量和质量。在群体中,性情宽厚、能体谅他人的人,易受其他成员欢迎,成为众人结交的对象,因而也很容易同他人建立良好的人际关系;相反,一个性格孤傲、态度冷漠的人,很难形成和谐的人际关系。就气质而言,一个热情奔放、活泼好动、善言辞、乐社交的人,往往易与他人建立关系,而一个古板、迟钝、多愁善感、刁钻古怪的人,则会使人望而却步。

(5) 重视空间距离的作用。在社会生活中,人们在地理位置上越接近,彼此交往的机会就越多,越容易形成良好的人际关系。因此,同一个班的学生之间、同一个车间的工人之间,以及街坊、邻居之间,在一般情况下,都易于结成良好的人际关系。当然,空间距离对人际关系的形成并不起决定作用,但在其他条件相同的情况下,的确是一个有利条件。

(6) 利用群体的社会地位和社会影响。一个群体在整个社会中的地位和影响力如何,也是影响人际关系形成的客观因素。一个群体的成就大,在社会上影响大,就容易使成员在相互交往时产生心理相容和感情共鸣,结成良好的人际关系,产生集体荣誉感。相反,一个失败的群体,在社会上没有什么地位、名声又很差,群体中的成员就会分裂,形成各种非正式群体,使群体缺乏统一的气氛,这就很难建立良好的人际关系。

【案例分析】
旅游从业人员
的心理素质

知识归纳

心理健康是指人的心理,即知、情、意活动的内在关系协调,心理的内容与客观世界保持统一,并且促使人体内、外环境平衡和促使个体与社会环境相适应的状态。面对经济、科技的飞速发展,员工的生活节奏越来越快,压力加重,在日益激烈的市场竞争中,旅游工作者的心理健康问题不容乐观。影响旅游工作者心理健康的主要因素有组织管理因素、人际因素、工作因素、家庭因素等。旅游工作者常见的心理障碍问题有心理压力问题、沟通和人际关系问题、心理危机问题、职业倦怠问题及员工的个人问题等。

工作压力是指个体在环境中受到种种刺激因素的影响而产生的一种紧张情绪。造成工作压力的主要因素有:①个人因素,如生活压力、个体差异以及家庭问题等;②人际因素,如来自家庭、工作关系的压力、对他人负有职责所产生的压力以及缺少人际支持所产生的压力等;③来自组织管理的因素,如不好的领导作风、不当的强化方式、员工的不公平感、沟通不力以及工作过量、时间紧迫等。工作压力既有积极的作用,也有消极的作用。在工作过程中,应积极主动消除或者降低压力源,主要的方法有:①合理分权授权,加强员工参与管理;②明确工作职责,规范工作角色;③改善薪酬福利待遇和文化氛围;④做好职业生涯规划;⑤制订工作与家庭的平衡计划;⑥构建和谐的人际关系,建立畅通的沟通渠道等。

旅游工作者的心理健康水平不仅影响其身体健康和生活质量,同时也直接影响其心理能量的发挥,决定其个性所能达到的发展水平。因此,如何维护和保持心理健康对每个人来讲都十分重要。进行自我心理调节和建立良好的人际关系是保持心理健康的两个重要策略。在进行自我心理调节上,主要通过对于挫折的克服和预防、基于态度、情绪的心理健康管理和职业倦怠的对应三个方面来进行阐述。在建立良好的人际关系上,主要介

绍了人际关系的概念、种类和在管理中的作用。在改善员工人际关系上，主要通过组织管理者和员工个人两个角度进行介绍。从管理者角度来说，可以通过加强班子建设、完善组织结构、职工参与管理、加强意见交流，以及培养集体意识方面进行人际关系改善；从员工个人角度来说，主要通过注意个人外观、利用相似性、发挥情感的相悦性、塑造自己的性格和气质、重视空间距离的作用，以及利用群体的社会地位和社会影响来建立和改善人际关系。

通过学习旅游工作者的心理特点和心理健康，认识到旅游工作者的心理健康的重要性，如何维护旅游工作者的心理健康，如何提高员工心理健康水平，探究旅游工作者职业倦怠的原因，职业倦怠的表现，了解职业倦怠的生理学研究与心理学因素，掌握心理疲劳预防和消除的方法。

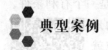 **典型案例**

员工压力大的8个原因及减压方法

一般企业领导认为向员工适度施压有助提高效率，但一项研究报告指出，3/4 的职场人认为来自上司的压力会使工作变成负担……

1. 造成员工心理压力的原因

（1）不及时表扬员工。对按时完成任务的员工，领导应及时给予表扬，以激发他们的积极性。关切的询问也很有必要，如询问"我能给你帮上什么忙吗？"

（2）下达指令不具体。工作职责不明确会增加员工的压力。因此，员工守则应清晰具体、分工明确、责任到人，才能让员工尽职尽责地投入工作。

（3）分派的工作超出员工的能力范围。如果在大部分人都满负荷工作的情况下，还给他们增加额外的工作，就很容易压垮员工。因此，分派任务不能超出员工的能力范围。

（4）员工没有发言权。在分配工作时，领导要给员工估算工作量的权利，否则员工只能硬着头皮去应付，不仅难以保质保量完成任务，还会降低工作满意度。因此，领导应营造家庭式工作氛围，给员工发言权。

（5）不懂得因材施用。领导应根据员工的天赋和兴趣分配任务，否则会导致他们产生挫败感和失落感。

（6）办公环境恶劣。噪声、拥挤和办公桌椅不舒适都会让员工有压力。领导应尽力为员工创造健康、便利、愉悦的工作环境，如安静、宽敞的开放式办公环境，有助于放松身心。

（7）对员工态度不好。有些员工在职场中有被领导欺负的感觉，不仅压力增加，还会导致失眠、焦虑和抑郁。严格要求是没错，但不能带着情绪责骂员工。因此，领导应时常反省自己的言行是否会让员工感受到敌意。

（8）领导不善于减压。如果领导本人不会减压，那么其消极情绪会在办公室互相传染，削弱员工士气。因此，领导不妨听听音乐、伸伸懒腰、看看轻松的笑话，表现出自己就是个善于解压的好上司。

2. 减轻员工心理压力的妙招

（1）理性反思——自我反省和记压力日记。理性反思，积极进行自我对话和反省。对于一个积极进取的人而言，面对压力时可以自问，"如果没做成又如何？"这样的想法并非找借口，而是一种有效疏解压力的方式。但如果本身个性较容易趋向于逃避，则应该要求自己以较积极的态度面对压力，告诉自己，适度的压力能够帮助自我成长。同时，记压力日记也是一种简单有效的理性反思方法。它可以帮助你确定是什么刺激引起了压力，通过检查你的日记，你可以发现自己是怎么应对压力的。

（2）心态调整——以积极乐观的心态拥抱压力。我们要认识到危机即是转机，遇到困难，产生压力，一方面可能是自己的能力不足，因此整个问题处理过程，就成为增强自己能力的机会；另外也可能是环境或他人的因素，这样的因素则可以理性沟通解决，如果无法解决，也可宽恕一切，尽量以正向乐观的态度去面对每一件事。如同有人研究所谓乐观系数，也就是说一个人常保持正向乐观的心，处理问题时，他就会比一般人多出 20% 的机会得到满意的结果。因此正向乐观的态度不仅会平息由压力带来的紊乱情绪，也较能使问题导向正面的结果。

（3）精神超越——树立正确的价值观和人生定位。自我的人生价值和角色定位、人生主要目标的设定、职业方向的选择等，简单地说就是：你准备做一个什么样的人，你的人生准备达成哪些目标。卡耐基说："我非常相信，这是获得心理平静的最大秘密之一——要有正确的价值观念。"

（4）日常减压——早睡早起。学会与别人分享情绪，多休息，多锻炼身体，不要急于求成，凡事不可追求尽善尽美，同时也要学会说"不"，少忧愁，常听音乐，对生活乐观豁达。

（5）生理调节——保持健康，学会放松。另外一个管理压力的方法集中在控制一些生理变化，如逐步肌肉放松、深呼吸、加强锻炼、充足的睡眠、保持健康的身体。保持健康，可以增强精力和耐力，帮助你与压力引起的疲劳做斗争。

（6）活在今天——集中你所有的智慧、热忱，把今天的工作做好。所有的压力，其实都有一个相同的特质，就是突出表现在对明天和将来的焦虑和担心。而要应对压力，我们首要做的事情不是去观望遥远的将来，而是去做手边的事情，因为为明日做好准备的最佳办法就是集中所有的智慧、热忱，把今天的工作做好。

（7）提升能力——疏解压力最直接有效的方法是设法提升自身的能力。既然压力的来源是自身对事物的不熟悉、不确定感，或是对于目标的达成感到力不从心，那么，疏解压力最直接有效的方法，便是去了解、掌握状况，并且设法提升自身的能力。通过自学、参加培训等途径，一旦"会了""熟了""清楚了"，压力自然就会减小或消除，可见压力并不是一件可怕的事。逃避之所以不能疏解压力，是因为本身的能力并未提升，使得既有的压力依旧存在，强度也未减弱。

（8）加强沟通——不要试图一个人就把所有压力承担下来。我们平时要积极改善人际关系，特别是要加强与上级、同事及下属的沟通，要随时切记，压力过大时要寻求主管的协助，不要试图一个人把所有压力承担下来。同时在压力到来时，还可采取主动寻求心理援助，如采用与家人朋友倾诉交流、进行心理咨询等方式来积极应对压力。

【讨论】　旅游工作者的压力主要来自哪些方面？应该如何应对？

知识测试

一、单项选择题

1. 工作压力是指个体在（　　）受到种种刺激因素的影响而产生的一种紧张情绪。
   A. 生活中　　　　B. 社会中　　　　C. 环境中　　　　D. 工作中
2. 提出心理健康的七条基本标准的人是（　　）。
   A. 冯特　　　　　B. 马斯洛　　　　C. 郭念锋　　　　D. 马建青
3. 造成工作压力的人际因素不包括（　　）。
   A. 来自工作关系的压力　　　　　　B. 来自家庭关系的压力
   C. 缺少人际支持的压力　　　　　　D. 对他人不管不顾所产生的压力
4. 造成旅游工作者工作任务本身压力的主要原因是权力集中于（　　）。
   A. 沉重的职责　B. 组织结构上层　C. 组织　　　　　D. 工作职责
5. 职业倦怠的来源包括个体因素和（　　）。
   A. 生理因素　　B. 心理因素　　　C. 工作情境因素　D. 认知因素
6. 人的心理活动在（　　）和效率上都具有自己内在的节律性。
   A. 形式　　　　B. 状态　　　　　C. 过程　　　　　D. 节奏
7. 情绪在心理异常中起着（　　）的作用。
   A. 充分　　　　B. 举足轻重　　　C. 重要　　　　　D. 核心
8. 意志是人类能动性的集中体现，是（　　）重要的精神支柱。
   A. 组织　　　　B. 团队　　　　　C. 个体　　　　　D. 集体
9. （　　）就是成员对集体的共同利益、共同目标和共同荣誉的观念。
   A. 个人意识　　B. 集体意识　　　C. 组织意识　　　D. 团队意识
10. （　　）被认为是职业倦怠最具代表性的指标。
    A. 情绪耗竭　　B. 心不在焉　　　C. 低成就感　　　D. 去个性化

二、多项选择题

1. 现阶段旅游工作者因人际关系和企业氛围问题产生的心理疲劳问题日益突出，主要表现为（　　）。
   A. 厌倦工作　　　　　　　　　　B. 上班迟到次数增多
   C. 心情烦躁　　　　　　　　　　D. 注意力涣散
   E. 思维迟钝　　　　　　　　　　F. 反应迟缓
2. 职业倦怠的表现有（　　）。
   A. 生理症状　　B. 认知症状　　　C. 情绪症状　　　D. 行为症状
3. 人们受到挫折会产生各种反应，一般表现为（　　）。
   A. 攻击反应　　B. 退化反应　　　C. 冷漠反应　　　D. 妥协反应
   E. 固执反应

三、简答题

1. 合格的旅游工作者应具备哪几个方面的心理素质?
2. 构建和谐的人际关系对降低管理人员的消极压力反应有哪两个方面的意义?
3. 简述对职业倦怠的应对方法有哪些?
4. 简述挫折产生的原因有什么?
5. 心理健康的含义是什么?

应对挫折素质测评表

本测试包括了一些情境问题,它将有助于对你个性特点的总体认识,绝非计较你在某个问题上的具体选择。因而你在回答问题时唯一明智的态度就是:实事求是。本测试有时间限制,因而你没有必要在某个具体问题上费时太久,这样将不利于你对全部问题的回答。一般来说,应凭第一感觉进行选择。也许测试表中的有些问题你从未遇到过,但你仍然必须做出选择。测验时间:15分钟。

问　　题	A. 很同意	B. 不全是	C. 不同意
1. 我的心情总是比较宁静,很难有什么事会使我特别激动			
2. 基本上,我是个幸运的人			
3. 白天工作不顺利,会影响我整晚的心情			
4. 一个连续两年都名列最后的球队,应该退出比赛			
5. 我喜欢冬天,因为严寒之后是明媚的春天			
6. 如果总机突然把我的电话挂断,会让我生气好长时间			
7. 如果汽车经过,溅了我一身水,我生气一会儿便算了			
8. 只要我继续努力,我便会得到应有的回报			
9. 如果有感冒流行,我总是会被感染上			
10. 如果不是因为几次霉运,我一定比现在更有成就			
11. 只要有空闲时间,我就想看小说和报纸			
12. 我相信明智比运气更加重要			
13. 落在最后,常叫人提不起竞争心			
14. 我常喜欢干些冒险的事情			
15. 如果由于去买股票而损失了一周的薪金,我肯定会很后悔的			
16. 当我想到某人可能会拒绝我的邀请时,我宁可不邀请他			
17. 我知道我的射击技术很差,但只要有机会哪怕出丑我也愿意表演一下			

续表

问　　题	A. 很同意	B. 不全是	C. 不同意
18. 我总觉得命运对我不公,否则我干的事情不会老失败			
19. 假期过后,我要散漫一天才能进入正常工作			
20. 我遭遇到的每一个"否定",都会使我更进一步接近"肯定"			
21. 工作单位里搞优化组合,如果把我"组合"下岗,这个事实很难接受			
22. 如果我向所爱的人求婚被拒,我将不会再有勇气尝试第二次			
23. 对于自己过去所犯的错误,我总是牵挂在心			
24. 昨天我刚受了领导严重批评,今天我见到他仍然笑嘻嘻的			
25. 在我的生活中,常有些令人沮丧气馁的日子			
26. 由于高考失败而自杀,这样的事情真难以想象			
27. 我收入虽不太高,但总觉得钱还是够用的			
28. 我步入社会后路途坎坷,总受人排挤			
29. 让我和性情不同的人在一起工作,简直是活受罪			
30. 如果我有一个愉快的周末,星期一便很难集中精神工作			
31. 在我生命中已有几次失败的经验			
32. 我对侮辱我的事很在意			
33. 如果竞选失败,我会愿意再做尝试			
34. 遗失了钥匙,会叫我整个星期不安			
35. 我现在对许多过去的事情已不介意			
36. 想到可能无法完成某项重要事情,会使我不寒而栗			
37. 上次的求职未遂,对我并不是什么特别的打击			
38. 在经济萧条时期,与其浪费时间去找工作,倒不如在家休养			
39. 我很少为昨天发生的事情烦心			
40. 我的朋友如果贸然带一个我讨厌的人来访,会使我很震惊			
41. 如果有两家银行相继把我当拒绝往来户,我便会暂时停止借贷			
42. 必须要有百分之五十以上的胜算,我才会冒险把时间投资在某件事上			
43. 我的上级连续否决了我的两个提案,我不应当再主动提建议			
44. 对没有完成的重要事情,我会吃不下饭,睡不好觉			
45. 新闻报道中的大灾难,使我无法专心工作			
46. 至少要花一年的时间,我才能忘掉宠物死亡时的悲痛			
47. 别人若对我不公正,我一定会找机会报复			
48. 人际关系很微妙,我没有什么特别知心的朋友			
49. 当我发现有人正在追求我所爱的人时,我会怒不可遏			
50. 我认为一些新规定、新制度的颁布和实施,都是顺理成章、势在必行的事			

172

得分统计表

题号	选项 A	选项 B	选项 C	得分	题号	选项 A	选项 B	选项 C	得分	题号	选项 A	选项 B	选项 C	得分
1	2	1	0		18	0	1	2		35	2	1	0	
2	2	1	0		19	0	1	2		36	0	1	2	
3	0	1	2		20	2	1	0		37	2	1	0	
4	0	1	2		21	0	1	2		38	0	1	2	
5	2	1	0		22	0	1	2		39	2	1	0	
6	0	1	2		23	0	1	2		40	0	1	2	
7	2	1	0		24	2	1	0		41	0	1	2	
8	2	1	0		25	0	1	2		42	0	1	2	
9	0	1	2		26	2	1	0		43	0	1	2	
10	0	1	2		27	2	1	0		44	0	1	2	
11	2	1	0		28	2	1	0		45	0	1	2	
12	2	1	0		29	0	1	2		46	0	1	2	
13	0	1	2		30	0	1	2		47	0	1	2	
14	2	1	0		31	0	1	2		48	0	1	2	
15	0	1	2		32	0	1	2		49	0	1	2	
16	0	1	2		33	2	1	0		50	2	1	0	
17	2	1	0		34	0	1	2						
小计					小计					小计				
总计:														

本测试得分越高经受挫折能力越强,但应注意分数超过90分,显示了应试者太不重视挫折,不善于从错误中吸取教训。

0～49分:受挫折性不佳,易被逆境、失望、挫折吓倒。

50～74分:受挫折性中等,通常情况下不会有什么问题,但在大的挫折、灾难打击面前就难以挺得住,想得开。

75～90分:受挫折性极佳,大多数有过不平凡的经历,能面对现实,对来自生活的冲击能应付自如,随遇而安。不管世事如何,能保持乐观精神,努力超越难关。在感情上相当成熟,经得起失败。

第九章 旅游企业管理心理

知识目标
1. 了解不同员工的个性差异与不同管理方式。
2. 了解旅游企业工作的特点。
3. 了解旅游企业客我交往特点、原则和类型。
4. 了解旅游企业职业心理素质及工作能力要求。
5. 掌握激励理论在旅游企业管理中的运用。

能力目标
1. 回顾和联系激励理论,掌握激励理论在旅游企业管理中的运用。
2. 能够分析旅游企业中不同类型员工的基本特征,掌握管理对策。

课程思政
1. 树立正确的"三观",塑造良好的人格,增强职业认同感,提高职业道德水平。
2. 明确影响服务对象的个体因素,爱岗敬业,提升旅游工作者的专业能力和个人修养,以服务对象的需要为中心,切实做到爱岗敬业、践行工匠精神。
3. 具备理论联系实际的能力。
4. 具有分析和解决问题的能力。
5. 具有团队协作能力。

思维导图

旅游企业管理心理	旅游工作与旅游企业管理概述	旅游工作的含义	旅游工作是人性化的服务
			旅游工作是主客双方的互动
		旅游工作中的客我交往与旅游企业管理	客我交往的特殊性
			客我交往的类型
		旅游企业经营管理	客我交往的心理策略及投诉处理

第九章 旅游企业管理心理

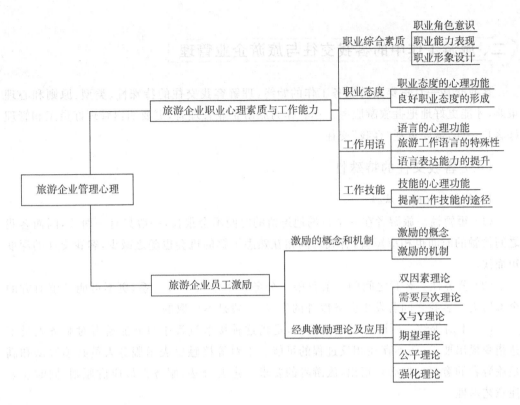

第一节 旅游工作与旅游企业管理概述

一、旅游工作的含义

（一）旅游工作是人性化的服务

旅游工作的基本含义是以直接的劳动形式，即活动本身，去满足旅游者的某种需求，是旅游业最重要的产品。旅游工作不同于一般的工作，服务的对象是众多形形色色有不同思想、不同偏好、不同旅游动机的旅游者，要想让旅游者对旅游服务满意，必须了解旅游者在旅游过程中的需要。

（二）旅游工作是主客双方的互动

旅游工作中的服务工作是"与人打交道"的工作。要做好服务工作，就必须研究与人打交道的学问。了解客我交往的特性、主客双方的心理特点，并对交往结果进行科学分析，才能确保客我交往获得"双赢"的良好结果。

二、旅游工作中的客我交往与旅游企业管理

客我交往一直贯穿旅游服务工作的始终,理解客我交往的特殊性、类型、原则和心理策略,才能更好地把握旅游服务工作。作为旅游企业管理者,更要明白管理好员工和管理好客户一样,需要重视"客我"交往。

(一)客我交往的特殊性

1. 客我交往的特殊性

(1)短暂性。旅游者在一个目的地逗留的时间不会很长,一般只有一两天,因而客我之间接触的时间也相应短暂,客我之间相互熟悉了解的机会也随之减少,客我交往的深度短而浅。

(2)公务性。客我之间的接触只限于公务而不涉及个人关系,更不可能了解对方的全部历史。客我之间若发生公务以外的往来,一般是不可取的。

(3)不对等性。所谓不对等的接触,是指这种接触过程中只有旅游者对服务人员下达指令提出要求,而不存在相反过程的可能。不对等接触也表示服务人员必须服从和满足旅游者的意愿。但必须指出,旅游者的要求一定要合法,服务人员应讲原则,同时还要注意艺术性。

(4)个体与群体的兼顾性。每一位旅游者的心理特征都有差异,因而他们有着不同的消费动机和消费行为,服务人员应尽量提供个性化服务。但由于旅游活动的复杂与特殊性,往往使得一些同一社会阶层、同一文化、相同或相似职业的人聚集在一起组成同质群体旅游团,在旅游消费过程中便出现从众、模仿、暗示、对比等群体消费特征,这就要求服务人员善于总结同质群体的共性。因此,旅游服务人员在客我交往中必须注意个体与群体的兼顾,让每位旅游者都满意。

2. 客我交往的"双胜"原则

"双胜"就是指客我双方都是胜利者,没有失败者。让旅游者得到最想得到和应该得到的东西,而服务的提供者也得到自己最想得到和应该得到的东西。今天,没有失败者已经成为商业行为的普遍原则。在客我之间制造失败者都意味着商家将成为最终失败者。

(二)客我交往的类型

在人际交往和人际关系中,交往主体主要呈现三种心理状态,即家长型、儿童型和成人型。将其运用到旅游服务中,客我交往的类型可以分为两个方面,即平行性交往和交叉性交往。

1. 人际交往中的三种心理状态

(1)家长型。一般以权威为特征,通常表现为两种行为模式。一是命令式,具体表现为给别人下命令、教训和指责别人或其他专制行为。二是慈爱式,具体表现为关怀和怜悯的行为,以宽容、谅解的态度待人。

(2)儿童型。以情感为特征,通常表现也有两种行为模式。一是服从式,具体表现为

按照某种规范,或顺从某种意愿,按他人提出的要求行动。二是自然式,具体表现为不受约束的、冲动的、天真的和反抗的行为。

(3) 成人型。以思考为特征。成人型心理状态者的行为大都经过深思熟虑,以平等态度待人,通过协商来解决问题。

2. 客我交往的两个方面

(1) 平行性交往。这是一种融洽性交往,也就是说,当一方发出交往信息后,另一方的反应符合对方的期待,顺从对方的意愿。这样的交往,一般双方都能情绪愉快,关系融洽而自然顺畅。平行性交往有三种具体表现类型:①成人型对成人型的交往;②家长型对幼儿型的交往;③幼儿型对家长型的交往。

(2) 交叉性交往。交叉性交往是指交往一方的行为并不符合另一方的期望或需要的交往。这种形式的交往必然导致双方关系紧张,甚至激化矛盾。交叉性交往有三种表现类型:①成人型与家长型的交叉性交往;②家长型与家长型的交叉性交往;③幼儿型与幼儿型的交叉性交往。

(三) 客我交往的心理策略及投诉处理

旅游企业管理中一线员工接到投诉一般会按程序进行初步处理,处理不了的则向上一级汇报,由上级部门进行处理。在旅游企业管理过程中,对客服务的一线工作人员和基层管理人员都应该具备客我交往心理知识和投诉处理的能力。处理策略主要是情感化服务、个性化服务和诱导旅游者理智行为。

1. 情感化服务

(1) 理解、尊重旅游者。首先要做到态度谦恭;其次要在任何细微之处都礼貌待客。最后,尊重客人,不能触犯旅游者的虚荣心。

(2) 发挥语言的魅力。语言是表达情感和思想的手段与工具。充满"人情味"的旅游服务是一门艺术。语言可以分为有声语言和无声语言两种形式。有声语言主要表现在恭敬和谦让、迎合和委婉、道歉和致谢、赞美和祝愿之时。无声语言主要是善意真诚的眼神、微笑、得体的其他肢体动作。旅游服务人员的目光应传达出热情、友好、尊重、诚恳的信息,并注视旅游者的眼睛,以便从中获知其真实的感受。微笑是人内心喜悦情感的自然外露。微笑是世界各国旅游者都能理解和欢迎的世界语言。在旅游服务中,规范、恰当、适度的手势,不仅有助于表情达意,还会给人一种优雅、含蓄、礼貌、有教养的感觉。

2. 个性化服务

个性化服务就是以旅游者为本,并根据旅游者层次及需求上的差异,对不同旅游者采取不同的服务方式。个性化服务的表现形式有以下几种。

(1) 一般性个性化服务。一般性个性化服务是只要旅游者提出要求,在不违背原则的前提下,尽可能去满足。

(2) 超常服务。旅游者的特殊需要有时是主动提出或者暗示性的,这是服务人员提供针对服务的好时机,满足了这些需求,就会赢得旅游者的满意。

(3) 超前服务。超前服务即主动服务,也就是服务于旅游者提出要求之前。

3. 诱导旅游者理智行为

情感化服务和个性化服务心理策略的出发点都是积极主动地去"迎合"旅游者的需

要。"诱导"是指在人际交往中,善于从别人可能采取的行为中诱导出自己所期待的行为。"诱导"非强制人们去做,而是意在促成人们自发选择,也就是"不留痕迹"地积极引导旅游者采取服务人员所期待的行为。首先用言行诱导旅游者;其次用良好的环境诱导旅游者。

三、旅游企业经营管理

旅游企业经营管理包括经营和管理两个方面,指的是管理者在了解市场的前提下,为了有效实现旅游企业的预定目标,应用各种方法,对旅游企业拥有的人力、物力、财力、信息和时间等要素进行的包含计划、组织、领导和控制在内的一系列活动的总称。这些内容对应地会在旅游企业人力资源管理、旅游企业财务管理、旅游企业信息管理等课程中进行学习,本章主要讨论从心理学出发的旅游企业管理职业心理素质、能力和员工激励。

第二节 旅游企业职业心理素质与工作能力

旅游企业在招聘和培训员工时,应该重视员工的职业心理素质与工作能力,其中工作技能可以通过规范的培训获得,职业心理素质需要通过反复的教育培训加以巩固。

一、职业综合素质

(一)职业角色意识

在旅游服务人际交往中,服务员所扮演的角色是主人,旅游者所扮演的角色是客人。服务人员与客人之间存在着"平等"和"不平等"的现象。"平等"的含义是互相尊重及人格平等。"不平等"的含义是角色不同。作为人际交往中的客我双方,都必须正确认识双方扮演着不同的社会角色,不要把"人"和人所扮演的"社会角色"混为一谈。

(二)职业能力表现

1. 敏锐的观察力

为了提高旅游服务人员的观察力,企业在培训员工时应该重点把握培训的要点:①仔细倾听;②仔细观察;③尽量少讲;④不要把旅游者留下的第一印象,当作信条加以肯定;⑤做好事先准备;⑥注意谨慎;⑦保持超然。

2. 良好的记忆能力

旅游行业从业人员需要具有良好的记忆力,大量的专业知识和服务技能要点需要依靠强大的记忆力牢记脑中,必须做到在对客服务时随时可"调用"。最常见的如导游的地理知识、民俗文化知识、景点的导游词等。从业人员应该从以下几点去提高记忆力:①要明确记忆的目标和目的;②要精力集中,力求理解记忆;③要反复运用,加深印象;④要讲究科学的记忆方法。

3. 稳定而灵活的注意力

注意力是指人的心理活动指向和集中在一定的事物上的能力。基于旅游对客服务的特殊性,旅游行业对从业人员的专注力有较高要求,具体包括:①要有强烈的事业心和责任感;②要有坚强的意志;③要有敏捷的思维能力。

4. 较强的交际能力

旅游行业对旅游服务人员交际能力的要求较高,企业在培训时应强调:①重视给旅游者的第一印象;②要有简捷、流畅的言语表达能力;③要有妥善处理各种矛盾的应变能力;④要有对旅游者的招徕能力。

(三)职业形象设计

旅游企业日常管理中应对员工的职业形象有严格要求,除常规的社交礼仪、服务礼仪外,还应结合企业的主要客群需求,对员工进行培训。总体来说,需要注意以下几点:①体形容貌要给旅客以健康、精神的感觉;②服饰穿着要给旅客以舒适、端庄的感觉;③行为风度能给旅客以稳重、文雅、亲切、潇洒的感觉。

二、职业态度

(一)职业态度的心理功能

态度是一种心理反应,无法直接测定和度量,但是通过旅游者的直接感受可以体察出它的优劣。良好的职业态度会对旅游者产生一种强烈的吸引力,使企业生意兴隆。良好的职业态度可以使同事间的关系和睦,使企业产生凝聚力。

(二)良好职业态度的形成

良好职业态度的形成不是一蹴而就的,需要企业在日常管理中通过各种渠道和方式对员工进行浸润式培养。重点注意以下方面:①培养员工正确认识客我关系;②鼓励员工自我提升,旅游服务人员自身不断提高文化修养、职业技能和心理素质;③促使员工完善服务行为;④培育良好的工作环境。

三、工作用语

(一)语言的心理功能

在旅游服务中,服务语言适当、得体、清晰、纯正、悦耳,就会使客人有柔和、愉快、亲切之感,对旅游企业和服务工作产生良好的反应。反之,服务语言生硬、唐突、刺耳,旅游者会难以接受。强烈的语言刺激,很可能会引起旅游者强烈的不满、排斥、冲突等行为,严重影响企业的信誉和旅游者对服务质量的评价。

(二)旅游工作语言的特殊性

旅游行业的工作语言既包括传统服务行业的典型要求,如礼貌用语、标准化用语,又

包括专业性较强的语言,如地质地理、生物、民俗等专业名词的表达;同时,旅游工作语言还有很强的灵活性,要随着服务对象和场景的变化而变化。旅游工作语言的要求主要包括以下几个方面:①言辞的礼貌性;②措辞的修饰性;③语言的生动性;④表达的灵活性。

(三)语言表达能力的提升

旅游工作语言的高要求决定旅游企业必须重视员工语言表达能力的提升,在制订培训方案时应重点从以下几个方面把握:①具备良好的心理素质;②注意语言知识的储备与把握;③注意语言的艺术性;④注意语言运用的具体环境。

四、工作技能

相对于职业心理素质,工作技能部分的提升显得更加直接。但日常工作中,旅游企业管理者容易重技能的提升而轻技能的心理作用。技能除发挥对应的服务功能外,还直接影响客人对服务的体验和评价。

(一)技能的心理功能

技能的心理功能包括:①影响旅游者的满意度;②影响旅游者对旅游企业的信任;③影响旅游者的心理预期。

(二)提高工作技能的途径

高超的工作技能是企业为旅游者提供优质服务的需要,如何提高工作技能涉及众多因素。首先,服务人员应努力提高自身的文化素质,端正对提高工作技能的态度。其次,服务人员应勤学苦练基本功。最后,企业应努力完善各种规章制度,创造良好的工作技能提升环境。

第三节 旅游企业员工激励

一、激励的概念和机制

(一)激励的概念

激励(motivation)的实质就是通过影响人的需要或动机达到引导人的行为的目的,在心理学上是一种对人的行为的强化过程。激励的简单定义是"调动人们积极性的过程。"激励的着力点是需要和动机,任何激励措施都是有时限的,这就决定了激励是个持续反复的过程。

(二) 激励的机制

行为主义对需要、动机和行为的关系用黑箱理论来描述,人们观察到的只是行为——黑箱的外表,而需要和动机则隐藏在黑箱的内部,因为人与人之间的差异较大,因此判断只是推测,这是造成企业内部管理困难的原因。

需要是内心体验到的匮乏或不足,是客观需求的主观反映,是在环境影响下形成的。需要在激起行为之前必须在诱因的作用下产生行为的动机。动机是行为的意图和驱动力,是与需要的满足相关的信念和期望。需要是行为的间接原因、动机的源泉和基础;动机是行为的直接原因。在需要和行为之间有诱因的介入,诱因是与具体目标和行为相关的一些条件(关系到行为可能性和重要性);在行为和目标之间还要考虑许多环境因素,这些因素与动机、行为的复杂关系造成了行为和结果的非线性联系(一因多果、一果多因),如图9-1所示。

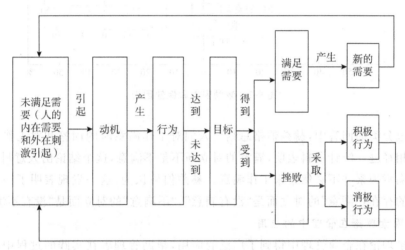

图9-1 激励的基本机制

二、经典激励理论及应用

(一) 双因素理论

1. 双因素理论的基本内涵

20世纪60年代弗雷德里克·赫兹伯格(Frederick Herzberg)进行了一项研究。他基于"个人与工作的关系是一种基本关系,个人对工作的态度在很大程度上将决定其成败",调查了这样一个问题:人们想从工作中得到什么。他让调查对象详细描述其感到工作异常好和异常坏时的情形。调查结果显示,影响工作态度的激励因素和保健因素如图9-2所示。

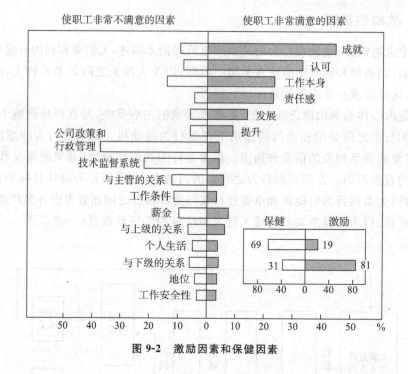

图 9-2 激励因素和保健因素

从经过分类的回答中,赫兹伯格总结出人们对工作满意时的回答和对工作不满意时的回答大相径庭。统计资料表明,满意的对立面不是不满意,这个结论出人意料。消除工作中的不满意因素并不必然带来工作满意。赫兹伯格认为,这一发现表明了一个二元连续统一体的存在:"满意"的对立面是"没有满意","不满意"的对立面是"没有不满意"。

2. 双因素理论在管理中的应用

双因素理论在企业管理中得到了广泛的应用,帮助管理者在实践的过程中积累了有益的管理经验,同时管理者们也发现了其存在一定的局限性:①采取了某项激励措施后不一定可以带来满意;②满足各种需要所引起的激励深度和效果是不一样的;③要调动人的积极性,不仅要注意物质利益和工作条件等外部因素,更重要的是注意工作的安排;④激励因素和保健因素是不能分开的,两者在实践中往往交织在一起,管理者只有把握好企业实际和充分了解员工的情况,才能制定出适合企业的激励策略。

(二)需要层次理论

马斯洛把五种需要分为高层次和低层次的需要。生理需要和安全需要是较低层次的需要(lower-order need);社会需要、尊重需要和自我实现需要是较高层次的需要(higher-order need)。区分这两个层次需要的前提是:较高层次的需要从内部使人得到满足,较低层次的需要从外部使人得到满足(如通过报酬、合同、任职期得到满足)。实际上,从马斯洛的分类中会自然而然地得出这样的结论:在经济繁荣时期,几乎所有长期被雇用的员工的较低层次的需要都基本上得到了满足。

马斯洛的需要层次理论暗含两个法则:人的需要可以按照重要性划分层次或等级;一

项需要一旦被满足,就不再是行为的主要激励因素。

(三) X 与 Y 理论

在马斯洛的需要层次理论的基础上,道格拉斯·麦格雷戈(Douglas McGregor)提出两种完全不同的人性假设:一种基本上是消极的,称为 X 理论(theory X);另一种基本上是积极的,称为 Y 理论(theory Y)。通过观察管理者对待员工的方式,麦格雷戈得出结论:一个管理者关于人性的观点是建立在一组特定的假设之上的,其倾向于根据这些假设塑造自己对待下级的行为。

1. X 理论

X 理论的四种假设包括:①员工天生讨厌工作,尽可能地逃避工作;②由于员工讨厌工作,必须对其进行强制、控制或惩罚,迫使他们实现目标;③员工逃避责任,并且尽可能地寻求正式的指导;④大多数员工认为安全感在与工作相关的因素中最为重要,并且没有什么进取心。

麦格雷戈描绘的 X 理论可能最清楚地说明了"人们工作是因为他们不得不工作"的观点。在 X 理论中,有两个重要的激励论据能够支持"人们工作是因为他们不得不工作"的假定:①惩罚的威胁和严密的监督是激励个人必不可少的条件;②正强化是一种强有力的激励因素。

因此,不管人们是否喜欢工作,在没有明显的惩罚或威胁的情况下,人们受到引诱才这样做。这两种激励论据都假定激励是"外加于"人的某些事情。

2. Y 理论

与这些关于人性的消极假设相反,麦格雷戈还提出了四个积极假设:①员工会把工作看成与休息或游戏一样自然的事情;②员工如果对工作做出承诺,就能够自我引导和自我控制;③普通人能学会接受甚至寻求责任;④人们普遍具有创造性决策能力,而不只是管理层次的核心人物才具有这种能力。

麦格雷戈的 Y 理论说明了"人们工作是因为他们喜欢工作"的观点。Y 理论也提出一个和激励有关的论据。麦格雷戈假定工作和休息、娱乐的"性质"一样,主张工作是能够受到内在激励的。换句话说,他假定,人在工作环境中能够运用自身的激励因素,这些因素和严厉监督或金钱一样有力,可以将其概括为自我控制或自我激励。

X 理论是悲观的、静态的和僵化的,控制主要来自外部,也就是由上级强制下级工作。相反,Y 理论是乐观的、动态的和灵活的,强调自我指导,并把个人需要与组织要求结合起来。无疑,每一组假设都会影响到管理人员履行其管理职能和进行管理活动时的做法。

需要注意的是,某些人工作仅仅是因为他们不得不工作,或者某些人工作是因为他们喜欢工作,这两种简单的解释是不完全的,从某种意义上说,甚至是不正确的。因此,需要有全面的激励理论指导对工作动机复杂性的理解。任何有效的激励理论都应该涉及将激励因素运用于激励对象的环境,也应该涉及激励对象自我激励的情况。另外,这种激励理论应该阐明哪一种激励形式可能更有效的条件等。

(四) 期望理论

维克多·弗鲁姆(Victor Vroom)的期望理论(expectancy theory)认为,一种行为倾

向的强度取决于个体对于这种行为可能带来的结果的期望强度以及这种结果对行为者的吸引力。人之所以能够从事某项工作并达成组织目标,是因为这些工作和组织目标会帮助其达成自己的目标,满足其某方面的需要。期望理论公式表达为

$$M = V \cdot E \tag{9-1}$$

式中,M 代表激发力量,指调动一个人的积极性,激发出人的内部潜力的强度;V 代表目标效价,指达到目标后对于满足个人需要其价值的大小;E 代表期望值,指根据以往经验进行主观判断,达到目标并能导致某种结果的概率。

当个体预期某一行为能为其带来某种既定结果,且这种结果对其具有吸引力时,个体将趋向于以此为基础采取这一行为。它包括以下三项变量。

(1) 努力—绩效的关联性:个体感觉到通过一定程度的努力而达到工作绩效的可能性。

(2) 绩效—报酬的关联性:个体对于达到一定工作绩效后即可获得理想的报酬结果的信任程度。

(3) 吸引力:个体对工作可能获得的潜在结果或报酬对个体的重要程度评估,评估的结果取决于个体目标和需求。

(五) 公平理论

1. 公平理论的基本内涵

美国心理学家亚当斯(J. Stacey Adams)因将公平(或不公平)理论以公式来表示而知名。公平理论的本质可以表示如下:

$$\frac{O_p}{I_p} = \frac{O_o}{I_o} \tag{9-2}$$

式中,O 代表 outcomes;I 代表 input;p 代表 personal;o 代表 others。

公式(9-2)用中文表示为:

$$\frac{\text{个人所得的报酬}}{\text{个人的投入}} = \frac{\text{(作为比较的)另一个人所得的报酬}}{\text{(作为比较的)另一个人的投入}}$$

一个人和用来同他比较的另一个人的报酬和投入之比应该是平衡的。人们如果觉得其所获的报酬不适当时,就可能产生不满,降低产出的数量或质量,或者离开这个组织。人们如果觉得报酬是公平的,就可能继续在同样的产出水平上工作。人们如果认为个人的报酬比应得的报酬多,就可能工作得更加努力。

基于公平理论,当员工感到不公平时,可能会采取以下六种行动中的一种:①改变自己的投入;②改变自己的产出;③改变自我认知;④改变对其他人的看法;⑤选择另一个不同的参照对象;⑥离开工作单位。

2. 公平理论在管理中的应用

(1) 公平奖励职工。要求公平是任何社会普遍存在的一种现象,公平理论第一次把激励和报酬的分配联系在一起,说明人是要追求公平的。

(2) 加强管理,建立公平竞争机制。人的工作动机不仅受绝对报酬的影响,而且更重要的是受相对报酬的影响。人们在主观上感到公平合理时,心情就会舒畅,人的潜力就会

充分发挥出来,从而使组织充满生机和活力。这就启示管理者必须坚持"各尽所能,按劳分配"的原则,把职工所做的贡献与其应得的报酬紧密挂钩。

(3) 教育职工正确选择比较对象和认识不公平现象。公平理论表明公平与否都源于个人感觉,个人判别报酬与付出的标准往往都会偏向于自己有利的一方,从而使职工产生不公平感,这对组织是不利的。因此,管理者应能以敏锐的目光觉察个人认识上可能存在的偏差,适时做好引导工作,确保个人工作积极性的发挥。

(六) 强化理论

1. 强化理论的基本内涵

强化理论(reinforcement theory)是一种行为主义观点,它认为强化塑造行为,亦即利用奖励或者惩罚来塑造个体的未来行为。很明显,二者在哲学上是矛盾的。强化理论家把行为看成是由环境引起的,认为不必关心内部认知活动,控制行为的因素是外部强化物(reinforcer),强化物是在行为结束之后马上跟随的一个反应,提高了该行为被重复的可能性。因此,强化理论家认为行为是其结果的函数。

按照强化理论,管理者可以通过强化其认为有利的行为来影响员工的活动。但是重点应该在于积极强化而不是惩罚,也就是说,管理者应当忽视,而不是惩罚其不赞同的行为。尽管惩罚措施对于消除不良行为的速度快于忽视手段,但是其效果经常只是暂时性的,并且可能会在之后产生不愉快的消极影响,如冲突行为、缺勤或辞职等。

2. 强化理论在管理中的应用

旅游企业管理人员在运用强化理论改造下属的行为时,应遵循以下原则。

(1) 因人制宜采取不同的强化模式。人们的年龄、性别、职业和文化不同,需要就不同,强化方式也应不一样。对一部分人有效的,对另一部分人不一定有效。要依照强化对象的不同需要采用不同的强化措施。

(2) 要设立一个目标体系,分步实现目标,不断强化。

(3) 要及时反馈、及时强化。所谓及时反馈就是通过某种形式和途径,及时将工作结果告诉行动者。无论结果好与坏,对行为都具有强化作用,好的结果能鼓舞信心,继续努力,坏的结果能促使其分析原因,及时纠正。

(4) 奖惩结合、以奖为主。

知识归纳

本章主要由三部分组成。第一部分介绍了旅游工作和企业管理的基本概念,通过分析旅游工作、客我交往的相关知识为旅游企业管理的进一步阐述做了铺垫;第二部分为职业心理素质与服务质量,从职业形象、素养、能力等方面阐述了职业心理素质,并论述了其与服务质量的关系,从客我交往及管理者与员工两个角度为旅游企业管理提供参考;第三部分为激励理论与应用,属于基于管理学课程的提高学习,通过复习和提高为旅游企业管理,尤其是人力资源管理提供参考。

典型案例

上午9时许,上班高峰已过,北京某饭店的职工通道门口已很少有人进出。这时一位西装革履的客人在门口停顿了一下,看了看门上一块牌子,上面用醒目的大字写着:"饭店职工专用通道"。他没有犹豫,径直走了进去。岂知,门下角处有一条半寸长的铁皮外翻,将他一双价值近千元的高档名牌皮鞋给划了道口子。客人十分恼火,退出职工通道门向大堂走去。

"你们是四星级酒店,通道门上竟有翻起的铁皮把我的皮鞋划破了,我要求赔偿。"客人向大堂副理投诉。

大堂副理安慰一番客人后便到实地去查看,果然发现铁皮外翻,走路时稍不小心就会把鞋子划破。他马上与有关部门联系,要求立即维修。接着便到客人房间,告诉他争取尽早给予答复。

第一次上门,客人不在,大堂副理请他女儿转达酒店的歉意。下午3点,大堂副理再次登门拜访,代表酒店总经理向客人表示歉意,同时对客人反映的酒店中存在的问题表示感谢。稍停后,他继续说道:"这个通道是酒店员工专用的,客人一般不在那儿出入。尽管如此,我们还是很重视您的意见,现在此门已经修好。"大堂副理在讲到员工专用时,故意加重语气,暗示酒店对他的损失不负有责任。

客人看到酒店的工作效率和对自己意见的重视,很是感动,自知没有理由走员工通道,所以不再提及赔偿皮鞋的需求了。

【讨论】

(1) 案例中大堂副理是如何运用服务心理处理该投诉的?

(2) 处理此类事件,应当注意哪些环节?

知识测试

一、单项选择题

1. 在客我交往中,(　　)型心理状态者的行为大都经过深思熟虑,以平等态度待人,通过共同协商来解决问题。

　　A. 儿童　　　　B. 家长　　　　C. 成人　　　　D. 教师

2. 旅游服务人员与游客之间有一种"不平等"的关系,这种关系基于(　　)。

　　A. 双方扮演的角色　　　　B. 双方的身份地位

　　C. 双方的收入　　　　　　D. 双方的外貌

3. 激励旅游企业员工工作的着力点是(　　)。

　　A. 工资和奖金　　　　　　B. 升职空间

　　C. 融洽的工作氛围　　　　D. 员工的需要和动机

4. 关于马斯洛需要层次理论,下列说法正确的是(　　)。
   A. 爱与归属是最高层次的需要
   B. 安全是最低层次的需要
   C. 较高层次的需要发展以后,低层次的需要就不存在了
   D. 低层次需要的基本满足是高层次需要产生的基础
5. 旅游企业在一定的时间内,对员工实施激励的次数称为(　　)。
   A. 激励时机　　　B. 激励程度　　　C. 激励频率　　　D. 激励机制

二、多项选择题

1. 旅游服务工作中客我交往的特殊性主要包括(　　)。
   A. 短暂性　　　　　　　　　　B. 公务性
   C. 不对等性　　　　　　　　　D. 个体与群体的兼顾性
2. 旅游企业文化的功能包括(　　)。
   A. 导向功能、团结功能　　　　B. 约束功能、激励功能
   C. 形象功能　　　　　　　　　D. 信息功能
3. 以下关于双因素理论的描述正确的是(　　)。
   A. "满意"的对立面是"没有满意"
   B. "不满意"的对立面是"没有不满意"
   C. 消除工作中的不满意因素并不必然带来工作满意
   D. 激励因素和保健因素是不能分开的

三、简答题

1. 客我交往的类型有哪几种?
2. 如何看待主客双方的互动过程?结合所学的专业知识谈谈今后如何工作。
3. 旅游工作用语的特点有哪些?
4. 如何提高旅游工作语言的表达能力?还有哪些好的方法。
5. 请论述对职业角色的看法。

实操拓展

一次,某酒店的王总经理在餐厅招待客人,客人一行六人都点了牛排。等六个人吃完主餐,王总经理让助理去请烹调牛排的主厨过来,他还特别强调:"不要找餐厅经理,要找主厨。"助理注意到在座一位上岁数的客人的牛排只吃了一半,心想一会儿的场面可能很尴尬。

主厨来时很紧张,因为他知道请自己来的客人来头很大。"是不是牛排有什么问题?"主厨紧张地问。"烹调牛排你已不成问题,牛排真的很好吃,你是位非常出色的厨师,但我这位客人已经70岁了,牙口和胃口大不如从前。"王总经理解释道。主厨与其他五位用餐者有点困惑,大家过了好一会儿才明白怎么回事。"我想当面和你谈,是因为我担心,当你看到只吃了一半的牛排被送回厨房时,心里会难过。"王总经理继续说。

通过以上案例分析旅游企业领导艺术。

第四篇

热点问题研讨

第四篇

然烟回想瓶女

旅游消费热点问题及服务要点

第十章
Dishizhang

知识目标

1. 理解互联网时代旅游发展特点、互联网时代旅游消费心理及服务要点。
2. 掌握自助旅游的含义、分类、特点。
3. 理解自助旅游消费心理。
4. 掌握自助旅游服务要点。
5. 理解亲子旅游的含义、家庭旅游与亲子旅游的区别。
6. 掌握亲子旅游消费心理、服务要点。
7. 理解自驾游的含义。
8. 掌握自驾游消费心理及服务要点。
9. 理解出入境旅游的含义、消费心理、服务要点。

能力目标

1. 能够正确分析互联网技术发展带给旅游业的变化。
2. 能够结合旅游业的热点:自助游、自驾游、亲子游、出入境旅游,对相应旅游者消费心理进行分析。
3. 能够把握自助游、自驾游、亲子游、出入境旅游的服务要点,为实际服务奠定基础。

课程思政

1. 树立终身学习的理念,学习行业新动态新发展,增强行业认同感和自豪感。
2. 树立与时俱进的服务意识和理念。
3. 学会用发展的眼光看待行业发展,理解技术、经济、社会文化对旅游行业的促进作用。
4. 具备理论联系实际的能力。
5. 具有分析和解决问题的能力。

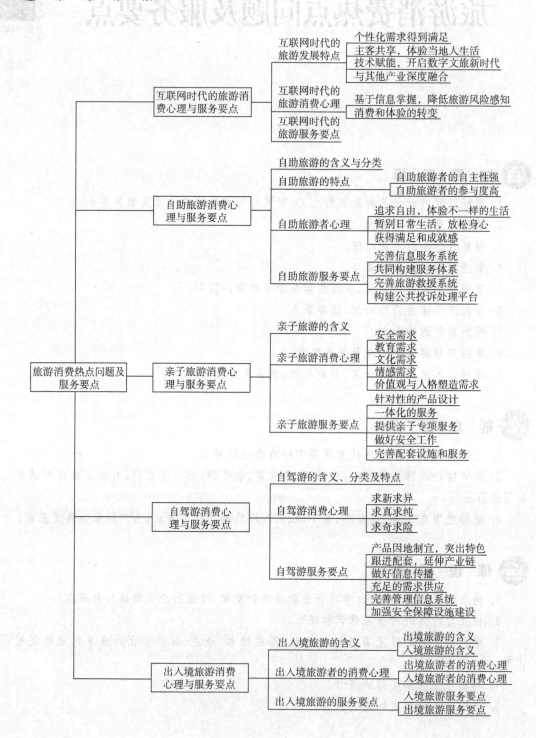

第一节　互联网时代的旅游消费心理与服务要点

互联网，尤其是移动互联网的快速发展，驱动人类的生产和生活方式不断变化。旅游产业在互联网时代下也发生了颠覆性的变化。互联网以实时传输、数据驱动、共享连接等优势，驱动着旅游产品的不断创新，定制化生产、个性化旅游、在线交易等对传统规模化和标准化旅游产品形成巨大的挑战，平台型旅游企业成为新的跨区域和跨市场的旅游产业主导者，促进了旅游产业与相关产业的融合与跨界发展，旅游产业以更加丰富和多元化的姿态在互联网时代发展和演进。

【案例分析】
熊猫邂逅埃菲尔铁塔

随着互联网时代的降临，各种信息铺天盖地，极大地丰富、拓展了人们的视野，人们对旅游业有了更深入的理解，已经不仅仅满足于传统旅游中的"走马观花""到此一游"，开始走向"观文品史""体验文化"的新阶段。互联网技术赋能旅游产业的同时也改变着人们的消费心理。

一、互联网时代的旅游发展特点

（一）个性化需求得到满足

工业化时代是旅游产业从无到有、从小到大的发展时代，旅游企业，尤其是旅行社，在对需求信息掌握不完全的情况下，会根据经验设计"标准化"的旅游产品，满足具有高度同质性的大众旅游者的需求。

进入互联网时代，借助大数据、云计算、区块链、数字孪生等多种技术，潜在旅游者的旅游需求可以被准确预知，旅游企业可以将原有旅行社"打包"的旅游产品包"拆解"，将标准化的大众旅游产品细分为旅游者可以自行"组装"和"搭配"的旅游产品要素，旅游者可以根据自己的诉求来设计组合自己需要的旅游产品，个性化特征相当显著。旅游产品个性化发展到一定程度就是自助旅游，自助旅游在工业化时代也已出现，但在互联网时代才得以飞速发展。

（二）主客共享，体验当地人生活

旅游作为包含"吃厕住行游购娱""文商养学闲情奇"多种元素的综合型服务行业，目的地端的服务是旅游者旅游体验的最终落脚点。旅游产业"互联网＋"正是从"订得爽"向"玩得爽"进一步深化的过程。随着移动互联网的发展，创新型应用层出不穷；同时，电商、团购平台对在线旅游领域加速渗透，这些都导致在线旅游同本地生活服务连通的趋势日益增强。

例如，传统的评弹场馆和现代沉浸式演出空间共同营造了深厚的公共文化和现代艺

术氛围,苏州的江南小剧场、南京的国民小剧场生动诠释了"从戏剧场到菜市场,重新发现旅行的美好"和主客共享美好生活新空间的当代旅游发展理念,为游客提供了"白天观景、晚上看戏"的全天候旅游体验。济南建设"曲山艺海"大码头,重点培育十余个非遗曲艺市场,为市民和游客带去轻松愉悦的文化享受。四季文旅的"四季艺术汇"秉承"艺术属于人民"的理念,通过免费陈列的方式让更多的公共空间成为主客共享的都市会客厅。

(三)技术赋能,开启数字文旅新时代

数字文旅是一种以文旅消费需求为中心,以互联网为载体,将数字技术和信息通信技术应用于文旅产业各个环节的新产业形态,其本质是将数字技术与文旅产业进行深度融合,实现新一代沉浸式、体验型文化旅游消费。文化和旅游部鼓励"文化旅游等传统文化产业进行数字化转型升级",标志着旅游业进入数字文旅新时代。"十四五"规划纲要中提出要重点建设数字化应用场景,再次明确了数字文旅创新发展的战略定位。

"旅游+互联网"不但把旅游者的要求提高了,旅游者的出行方式及目的地选择方式也已经在很大程度上被改变了,甚至可以说,"旅游+互联网"还可以"制造"(或打造)新的旅游目的地。近年来,黄金周的旅游者出行选择就已经出现了重大变化:小的乃至于无名的景区、农家、近郊、反传统大景区的地方火爆,传统的大景区旅游者数量反而有所下降。旅游呈现"无边界旅游""旅游目的地多元化"的新趋势。

如果说以前旅游产品是以旅游者需求为指挥棒,现在则不得不改变到以"旅游+互联网"造成的旅游者需求为指挥棒。旅游目的地的"吃厕住行游购娱""文商养学闲情奇"等任何一个要素及环节,如果在网络上得不到认可,旅游者就可能不会去。由于"旅游+互联网"时代大量旅游者首先是在网络中"被旅游"了后,才会选择到那里旅游,所以原来的旅游方式(包括旅游企业组织生产的方式)需要改变。一言以蔽之,在"旅游+互联网"时代,不能利用互联网组织生产的旅游企业极有可能是没有前途的。

随着新一轮科技革命和产业革命深入发展,互联网加速与产业融合,不断催生新产业、新模式、新业态,成为推动旅游业转型升级、高质量发展的重要驱动力,旅游业数字化转型发展趋势正在加速。人工智能、5G、大数据、区块链等新技术在文旅产业的应用进一步拓展,创造出一系列"云旅游""云赏艺""云文创"等新业态、新产品、新服务,成为推动文旅产业发展的重要突破口。

➡ 小 知 识

文旅行业开启数字文旅新时代

2020年7月,国家发展改革委等十三部门发布《关于支持新业态新模式健康发展 激活消费市场带动扩大就业的意见》,鼓励文旅产品智能化升级和商业模式创新。数字文旅企业勇立潮头,激发市场创新动力,引导居民线上文旅消费,积极探索新商业模式。

一是创新营销,依托直播、短视频的线上营销和线上消费成为常态。网络视听已经成为文旅行业发展的新渠道,文旅产品这一原来从未出现在电商线上的商品,如今已经全面开启短视频、网络直播带货模式,以机票、酒店、门票、旅游特产、文创产品为代表的文旅产品的在

线直播销售已经成为风向标。有别于其他行业的直播电商模式,内容生产是文旅行业跨入网络视听赛道的基石,文旅直播电商的本质并非完全带货,而是强调以线上种草内容的高效输出为核心,创造长效的造势引流和拔草消费闭环,从而实现对目的地的数字化赋能。

二是创新体验,虚拟技术创造的文旅体验和在地化真实体验双轨并行。虚拟世界是现实世界的镜像,虚拟数字化技术重塑了众多行业的产业链。对我国文旅产业发展而言,一系列"云旅游""云展览""云赏艺""云演出"等体验,大都由在线新文旅企业创造实现,AR、VR、MR、XR虚拟技术在文旅垂直赛道进一步深耕、拓展,打造线上虚拟景点、虚拟数字人、虚拟导游导览演播厅等,为企业闯出一条新的生存之道。

三是创新内容,正向价值引领下的数字文旅内容再生产和全球服务蓬勃发展。数字内容,建构了当下人与人的文化价值认同关联、社交关系关联和商业消费关联。目前,年轻人既是我国在线新文旅未来消费的主流增量用户,也是数字内容消费的主力军,新消费人群的不断扩大,催生了文旅新消费渠道和新场景,国漫、国风、国创、国乐、国艺等大批中国文化数字内容IP,培育文旅消费新需求,引领着创新文旅产品开发和旅游目的地业态打造,成为文旅行业的蓝海。未来,随着文化和旅游产业链和创新链的纵横联合,优质文旅数字内容创作、IP协同出海也将是新文旅时代资本布局的方向。

(资料来源:奇创旅游集团公众号.如何推动数字文旅高质量发展[EB/OL].[2021-08-11].https://mp.weixin.qq.com/s/ikTnWb9-ALsvJub_tysCIA.)

(四)与其他产业深度融合

互联网时代的旅游业,表现出前所未有的产业大融合态势,旅游业与交通运输业、房地产业、金融业、制造业、电子商务、信息产业等高度融合,促进了大旅游生态圈的形成。以共享单车为代表的共享经济在改变传统出租行业的同时,为短途旅游者出行创造了更加便利和舒适的环境,并为基于共享经济的长途旅游运输服务企业的运营提供了良好的参照;民宿也是共享经济的典型模式,在颠覆传统标准化酒店的同时,促进了房地产业与旅游产业的融合,也为更富个性化和定制化的住宿服务创造了条件;在线旅游交易使得金融业与旅游业密不可分,并在在线支付业务的基础上衍生了基金、投资等一系列金融业务;互联网驱动旅游业演化过程中促进了硬件的升级,围绕数据检测、传输以及智能化的一系列设备设计、制造也得到快速发展;旅游业伴随着各类产品与服务在线交易,电子商务与旅游业的融合度不断增强;互联网作为信息服务业的重要内容,在驱动旅游业演化过程中,自身也得到了快速发展。

2022年11月1日,工业和信息化部、教育部、文化和旅游部、国家广播电视总局、国家体育总局五部委联合印发的《虚拟现实与行业应用融合发展行动计划(2022—2026年)》中提到,包括"进一步完善产业生态,实现虚拟现实在经济社会重要行业领域实现规模化应用"的发展目标。进一步推动了虚拟现实与5G、人工智能、大数据、云计算、区块链、数字孪生等新一代信息技术的深度融合,在实际应用层面给予重要部署。有了这些务实的任务方向,让文旅产业在通向Web 3.0时代的道路上有了更清晰的方向。扩展现实技术、数字孪生技术、区块链技术三大核心技术的元宇宙,已成为数字经济发展的重要领域,能更好地赋能文旅产业,逐渐成为文旅项目的新入口、新工具以及新方法。

> 小 知 识

数字赋能,文旅元宇宙崛起

元宇宙数字化博物馆

随着"文化游"的大热,博物馆旅游已成为文化旅游的新热点。为更好地服务游客,博物馆也尝试采用互联网技术推出了博物馆官网、微信、微博、短视频、App 等交互媒体平台。全国已有多家博物馆推出线上 VR 展厅、"博物馆云春游"和"在家云游博物馆"活动,模拟实景参观,让游客足不出户就可以在线游览。同时,有的博物馆通过数字图像采集、云计算和人工智能等新技术,进行博物馆文物数字化扫描、归档和云端永久保存。2019 年故宫博物院和腾讯签署合作协议,通过利用"数字化+云化+AI"化完成文物的采集、存储、展示等活动,助力建设"数字故宫"。

元宇宙数字化文化演艺空间

元宇宙与文化演艺旅游深度融合将形成全方位、多立体、互动沉浸式体验旅游演出,将极大刺激观众的感官,成为文化演艺旅游的主要发展趋势。身临其境的内容呈现方式是利用元宇宙 3D 渲染技术和 VR、全息投影等技术,将表演的声音、3D 画面投放到观众跟前,利用情境、气氛、沉浸的体验让观众身临其境地融入故事中。角色互换是在演出表演中,观众可以以数字虚拟人物身份参加到表演当中,观众可以作为演员,而不只是观赏者,真正实现角色互换。

元宇宙能给文旅带来什么

(1)突破时空的局限。受限于季节、天气等原因,许多景点无法随时都能观赏到,像长白山天池,据相关数据统计,一年之中只有 50 天左右是可以完完全全欣赏到天池的,其余的时间基本上都是雾气弥漫,而元宇宙是一个空间维度上虚拟,而时间维度上真实的数字世界,游客可以突破时间、空间等因素的限制,随时都可以自由看到美丽的景点。此外,游乐园、动物园等的体验项目也可以突破时空的限制,例如广西平南雄森动物大世界推出了"元宇宙——云喂老虎"活动,游客可远程"给老虎点一个外卖云投喂",并与老虎在线"互动"。

(2)旅游体验感更强。现在的旅游项目大多数停留在味觉、视觉、听觉的体验上,而元宇宙可以让游客的旅游体验从维度上进一步扩大,甚至还包括情绪、情感上的交互,带给大家全新的、多感官、多维度的沉浸式体验感。这种"沉浸式体验"也契合数字化时代旅游行业所追求的新模式。不过,元宇宙技术在文旅行业真正做到大规模投放和应用,需要符合三个条件,即成熟的商业模式、能够落地的应用场景和盈利的实现。就目前技术而言,"元宇宙"在社交类文旅项目上赋能作用更明显,如沉浸式剧情娱乐,如果添加元宇宙技术,现场感会更强,体验效果也会更好。而旅游除了观看和欣赏,更重要的是一种亲身体验,像上述的无障碍地穿梭各个时空、景点,与"李白对饮"等这些元宇宙项目目前仍然停留于概念之中。因为元宇宙是多种高新技术的集成,而这些技术尚不成熟,从概念到落地,还需要时间。

从好的方面来看,虽然道阻且长,但众多文旅相关的企业目前也依托元宇宙为游客带来新的体验,例如清明上河图科技艺术沉浸式特展以《清明上河图》为主题,全馆运用业界领先的人工智能技术、虚拟现实技术、动作捕捉技术、CGI 技术、全息 AI 投影、VR 技术，通过沉浸化的体验，全面展现《清明上河图》传统文化遗产、传承表现以及文化价值，让参与体验的人更加了解中国优秀的传统文化。

（资料来源：文旅海淀公众号.数字赋能！"元宇宙＋文旅"的发展路径[EB/OL].[2023-02-28]. https://mp.weixin.qq.com/s/B2-XbYXR05Gvj5w2A3QmWw.）

二、互联网时代的旅游消费心理

（一）基于信息掌握，降低旅游风险感知

互联网，特别是移动互联网能够及时有效地提供旅游信息，让旅游者自助旅游意愿不断增强。旅游者在做出目的地选择时，会充分搜集信息以减少其感知风险。旅游业与其他服务行业一样具有无形性、不可储存性、服务与消费同时性、差异性等特征，在做出旅游决策时，旅游者必须考虑旅游过程中的自然环境（天气、气候、自然灾害、环境质量等）和社会环境（消费水平、交通状况、治安环境等）。

移动互联网的出现，使旅游者可以通过不同媒体对目的地的相关信息进行搜索，而各旅游平台对目的地信息的专业整合节省了旅游者的时间，同时也让旅游者对目的地环境可能出现的问题有了预知和准备，使其降低了风险感知，刺激了旅游动机的产生。

移动互联网也为信息发布者和接受者提供了一个及时交流的平台，旅游者不仅能够通过社交媒体发布信息与朋友进行及时的沟通交流，同时，细分专业化的旅游客户端能为有共同旅游偏好的旅游者提供一个良好的平台，更方便旅游者找到志同道合的同行者。

（二）消费和体验的转变

旅游消费从核心资源向外圈层拓展，经历从视觉到内心体验的转变。随着中国旅游者旅游消费能力提升和旅游经验的丰富，旅游需求逐渐从观光向休闲度假转变。旅游消费从 5A/4A 景区等核心旅游资源向一般景区、农家乐、度假村和娱乐、探险、民俗等拓展。旅游者渴望将旅游体验与季节特点、当地民俗、热门影视等结合，深度体验多元化的产品体系。

三、互联网时代的旅游服务要点

互联网驱动了旅游业从工业化时代向社会化时代的演进，为旅游产业的发展注入了新的生产要素和技术条件，这要求旅游企业和旅游管理部门创新发展模式，适应互联网时代背景下的旅游业转型和发展需要。

首先，依托互联网的大量信息，搭建"互联网＋旅游"渠道，尽快建立多种电子商务平台，尽量把传统的实体旅游商品转移至线上进行管理和交易，为更多的旅游者提供更方便、更快捷的服务。

其次，尽快建立"互联网＋旅游"平台，这些平台要涵盖旅游业的各个方面，包括电子商务平台、物流平台、社交平台、广告宣传平台，要以旅游者的需求和满意度为导向，建立一个

不以营利为目的综合性"互联网＋旅游"平台,切实落实互联网时代的旅游行业发展要求。

最后,互联网给旅游业带来最大的变化是让旅游信息更加便利有效地流通,但其实旅游的本质以及旅游者对旅游的期待心理并没有发生很大变化。期待更加具有体验感的旅游过程,期待冒险的经历一直是自助游旅游者每次出发的初心。旅游企业服务更应该注重个性化、私人化的服务。同时,OTA 网站或客户端给旅游者带来了广阔的交流平台,但网站的虚拟性和匿名性也使不实信息得以传播。政府相关部门和旅游企业应建立有效的评价发布机制、奖惩机制,给企业建立信用档案,对信息进行规范的搜集整合,形成企业的评价大数据,以此保障企业的公信力。

【案例分析】
互联网时代的旅游消费心理与服务要点

第二节 自助旅游消费心理与服务要点

随着我国经济的飞速发展及带薪休假制度的日渐完善,外出旅游已不再是人们心中的梦想。传统的团队旅游逐渐被新兴的自助旅游所取代,这种新颖、自由的旅游方式正在被不同年龄阶层的人群接受并实践着。

一、自助旅游的含义与分类

（一）自助旅游的含义

自助旅游是指在出游前自主搜寻旅游信息并规划旅游行程,旅游过程中没有全程导游陪同,按照自己的意愿选择游览景点、安排旅游线路和旅游活动的人群。

自助旅游强调体验性,自助旅游者深入了解民俗风情,出游时间一般较长。对自助旅游的说法目前还不完全一致,国际上通常用 FIT(full independent tourism)表示。自助旅游的魅力在于能够自主安排旅游活动,有充裕的旅游空间供旅游者自己发挥。

> 小 知 识

背 包 旅 游

背包旅游作为一种时尚的自助旅游形式,为有相当独立能力的旅游者所钟爱。现代背包旅游的概念从 20 世纪 70 年代人文科学视角提出。国际旅游者可分为制度化和非制度化两大类型。制度化旅游者是借助某些媒介办理旅游的全部或部分服务项目的大众旅游者,选择行程时,一般选择风险低、熟悉的环境。非制度化旅游者,追求新奇、冒险,喜欢特立独行,他们的旅游行程常常远离常规线路,这类旅游者被称为 explorer 或 drifter。20 世纪 90 年代开始,对于背包旅游者的描述更加客观。描述该群体特征的词汇开始增多,如 youth/young travel/tourist、budget travel、independent traveler、long term/haul traveler/tourist。

（二）自助旅游的分类

自助旅游分为完全自助和半自助两种形式，其中完全自助指"个人、家庭或亲朋好友一起，不使用旅行社的服务而自定行程、自主安排各项旅游事宜的旅游活动"，半自助指"个人、家庭或亲朋好友一起，自行安排旅游行程，但部分使用旅行社服务（如订房、交通购票等）的旅游活动"。

二、自助旅游的特点

（一）自助旅游者的自主性强

自助旅游的鲜明特点就是更具有旅游活动安排的自主性，包括目的地和行程的选择，还有以何种交通方式，以及餐饮住宿的安排和游览项目的选择等各方面都拥有个人自主权。在旅游过程中，可以按照个人当时的意愿转换旅游地点。除此之外，自助旅游者必须具备一定的素质和旅游经验，这样才能使自己的旅程变得更加有条理性和科学性，从而节省时间和金钱。

（二）自助旅游者的参与度高

自助旅游属于深度旅游，因为大多数自助旅游者在出行前都得对自己的安排做好规划，包括对旅游目的地的旅游资源、风土人情等相关信息的了解，还有就是路线的设计，交通工具的选定和出游航班或者车次的查询，以及相应的住宿设施预约等。自驾车或者自行车旅游者除了必要的装备，了解路况信息也是必不可少的。这种充分的前期工作能够让旅游者更充分地了解旅游目的地，而不仅仅是走马观花地了解一些表面情况。也能够更加了解当地人的生活，后期旅游中能够更加真实地接触到当地居民，更好地感受当地独特的风土人情以及社会风俗。

三、自助旅游者心理

（一）追求自由，体验不一样的生活

互联网使信息获取更加便利，人们因此更加渴望外出，热衷新鲜事物。自助旅游使旅游者旅途中实现了选择自由，得以体验不一样的生活。

1. 自由安排路线景点

常规的旅行团安排景点一般从大众经济化的原则出发，通常行程中会安排一些购物点，而且同一旅行团中各人欣赏角度不同，整个行程的所有景点不可能满足所有人的要求。相对而言，自助旅游就可以避免这些问题的发生，自助旅游只需根据自己的兴趣、费用等安排要去的景点路线，旅程中也会更加愉快。

2. 自由选择食宿类型

一般旅行团安排酒店都是追求经济化，很多时候远离景区或市区，酒店环境也往往没有特色，而且吃饭也一般是8~10人桌餐，各人口味不一，跟一群陌生人坐在一起吃饭难免会觉得尴尬。而自助旅游可以预订自己喜欢的家庭旅馆、客栈等特色住宿地点，还可以根据自己的口味吃当地特色美食，更轻松自在。

3. 自由选择交通方式

自助旅游者可以根据自己的心情、经济水平等因素选择适合自己的交通工具，如工作一族通常比较喜欢乘坐飞机，省时间，而学生则偏向于乘坐火车，更省钱。一般旅行团都是包车接送各个景点，而自助旅游者还可以尝试乘坐当地公交、地铁等交通工具，从另一种方式了解当地人文环境。

4. 旅程不受时间限制

自助旅游相对跟团旅游而言，更突出悠闲自由这一主题。自助旅游者完全根据自己的时间安排游玩行程，不需要严格遵守旅行团规定各个景点的游玩时间，也不需要浪费旅行团中各个景点、吃饭等待游客集合的时间，可以随心而玩，临时想多去几个景点、多玩几天也没问题。

（二）暂别日常生活，放松身心

现代社会所营造的快节奏生活方式，使得人们的生活压力很大，有太多的责任要去承担，太多的工作要去完成。在这种情况下，越来越多的人不仅仅想要通过旅游的方式去放松身心，他们更希望可以在旅游世界中找到"本我"，重新构建现实生活中的真我。自助旅游就是一个很好的旅游方式，在旅途中，有很多的未知、也充满了太多的变数，但是，旅游者本身却能够获得最大的释放。同时互联网的广泛应用使得人们很大程度上跨越了时间和空间上的界限，在一定程度上减少了旅游者对旅游目的地未知风险的恐惧。

旅游者在旅途中可以更真实、更深入地了解当地的文化习俗、特色美食等，还可以认识来自不同地方同样喜欢自助旅游的驴友，一起分享旅游经验，欣赏旅行团所忽略的美景。这时旅游者会发现，一次随心而行的自助旅游是充满惊喜和快乐的。

（三）获得满足和成就感

自助旅游出发前的行程路线规划、费用预算制定、车（机）票和酒店预订、各种景点门票预订等工作都是由自己完成的。整个自助旅游的顺利实现能让人学习到很多东西，也能提高独立自主的能力，在自助旅游中获得的满足和成就感是跟团游无法体会到的。

▶ 小 知 识

年龄与旅游目的的关系

研究显示，年龄与旅游目的之间显著相关，20岁及以下和20~30岁之间的调查者首要旅游目的均为"追求新鲜、奇特美好的感受，体验不一样的生活。"这是由于该年龄段的人正值青壮年，对外界充满了好奇心和探索欲，求异、求知是他们最大的特点。31~45岁之间的被调查者的首要旅游目的是"逃离日常生活,放松身心"。该年龄段的人在家庭中为中坚力量,他们要赡养老人、教育孩子,生活、工作压力较大。因此,他们旅游的首要目的就是逃避现实生活的压力,放松自我,获得短暂休整。46~60岁之间的被调查者,首要旅游目的为"满足文化需求,了解当地的文化、艺术、宗教等",他们的旅游动机主要是为满足自身精神文化需求。该年龄段的被调查者家庭、事业等趋于稳定,压力较小,对精神文化的需求成为出游的主要动机。

(资料来源:李淑娴.城市自助旅游者消费行为研究——以厦门市为例[D].福建:华侨大学,2014.)

四、自助旅游服务要点

(一)完善信息服务系统

旅游者要对旅游涉及的食、住、行、游、购、娱等要素进行安排,而旅游者对旅游信息掌握的充分性和有效性直接影响着其旅游决策及行程安排。自助旅游涉及的目的地、出行方式、景点、特色美食等信息的完善程度,以及传达方式都影响着旅游者的决策。随着移动互联网、自媒体平台的崛起,出现了一大批网红旅游打卡地,跟着主播去旅游、云旅游等新兴旅游方式,及与之匹配的住宿、交通、美食等旅游网站信息,有助于自助旅游者顺利地安排行程。

自助旅游者获取旅游信息的方式多样,但以旅游网站为主,如自由行服务平台马蜂窝网,用户可以通过旅游点评、旅游问答、撰写游记、晒旅游足迹获取信息。这要求目的地自助旅游信息服务系统必须足够完善、便捷。如果自助旅游网站提供的信息真实性不足,网友的推介和评价失真,就可能误导自助旅游者的旅游决策。例如,网上关于美食、特色小吃店的评价与现实中接受的服务不符。

(二)共同构建服务体系

(1)餐饮业要满足自助旅游者求新、求异需求,在保证食品卫生、质量的基础上,突出美食地方特色。

(2)自助旅游者在住宿方面较为关注的是环境、安全和设施,尤其是一些主题突出、特色鲜明的家庭旅馆和主题酒店,其经营者在经营和服务上应体现地方特色,重视口碑效应,提升服务质量。

(3)对于热门景点,景区应做好环境容量管理,确保游客量在景区环境承载能力范围之内,提升旅游体验;同时开发休闲度假、文化体验的自助或半自助旅游项目,满足自助旅游者的需求。

(三)完善旅游救援系统

完善的旅游救援系统是必不可少的。自助旅游者一般同行人员会比较少,安全系数比较低,所以具备完善的救援系统设备,让自助旅游者得到及时的帮助也是相关部门应该考虑的。因此,让更多的自助旅游者出游时得到更安全的旅行保障,提高和完善自助旅游救援方面的服务,才会有助于自助旅游的健康发展。

（四）构建公共投诉处理平台

自助旅游者在旅游过程的各个环节都会与旅游经营者直接接触，期间难免会产生摩擦，甚至引发纠纷。与传统的报价旅游相比，一旦产生纠纷，自助旅游者的纠纷对象有可能是食、住、行、游、购、娱各个环节的经营者。身为旅游者，独处异地，与纠纷对象相比，处于相对弱势的地位。相关部门应该加强对各个环节经营活动的监督，规范相关经营者的行为，同时构建方便、高效的公共投诉处理平台，及时处理纠纷，保障自助旅游者的合法权益。

【案例分析】
自助游消费者心理与服务要点

第三节 亲子旅游消费心理与服务要点

同时随着家庭可支配收入的增加、父母对孩子教育及培养意识的增强，中国亲子旅游市场正迅猛发展。

一、亲子旅游的含义

亲子旅游是指由家庭成员中的父母及未成年子女共同参与，集认知、体验、亲情、休闲等于一体的旅游形式。随着旅游业的发展、带薪假期的推行、家庭可支配收入的增加、父母对孩子教育及培养意识的增强，亲子旅游逐渐从传统的家庭旅游中细分出来，成为一种重要的旅游形式。

亲子旅游以关注"子"的旅游需求为出发点，谋求"亲""子"双方的协调。与其他旅游方式不同的是，亲子旅游不仅仅强调到户外进行休闲娱乐、放松度假等体验，更为重要的是亲子旅游关注孩子和家长的心理行为和需求，会依据亲子在户外的行为表现模式来设计针对其需求的旅游产品，从而达到促进亲子感情关系，融洽亲子家庭氛围，使亲子双方共同进步、共同成长的目的。

亲子旅游是主要针对未成年人而开展的旅游模式，它主要是对促进孩子健康成长发展有一定的作用。亲子旅游，主要是站在孩子的角度上而分化出来的一种旅游形式。家庭旅游是根据其现有的家庭关系而采取的多人参加的旅游方式。

亲子旅游是未成年和其父母共同参加的一种旅游模式，这种旅游模式旨在强化家庭的整体和睦。家庭旅游模式能够促进家长和孩子之间的交流，给家长陪伴孩子成长提供了相应的机会。

二、亲子旅游消费心理

（一）安全需求

作为为家长和孩子服务的景观，承载了众多的活动，其安全性显得尤为重要。亲子设备被频繁使用,发生事故的概率会大大增强,如果不注重安全性的问题,造成的后果是很严重的。在产品设计中,安全性问题可以较好地解决,比如避免硬质有棱角的景观形式;根据孩子的体形,考虑其所面临的一些潜在危险;对一些车行交通的隔离,细化人车分流的措施等等。只有在设计中避免了安全问题的产生,才能够从根源上杜绝事故的发生,为旅游者提供安全的亲子景观,满足亲子活动的需求。

由于有儿童的深度参与,家长与孩子在玩耍的时候,还要不时地照看孩子的安全问题,比如旅游项目中的烧烤区,考虑儿童的安全,用具尺寸上的设计应避免儿童直接接触到火源;还有游戏器械区中的大多数场地都应采用塑胶地坪,减少儿童摔倒受伤的情况出现。

(二) 教育需求

亲子旅游是一种具有教育功能的特殊旅游活动,其具有能促进孩子"德、智、体、美、劳"综合发展的功能。如今的家长较为重视对子女的教育和培养,而核心家庭特别重视旅游对孩子的教育价值,所以亲子游产品的开发不能忽视亲子家庭关注的"教育"因素。

(三) 文化需求

帮助孩子开阔眼界是家长对亲子旅游的普遍期待,通过这一旅游形式,孩子可以在游玩过程中挖掘旅游资源的文化内涵,有助于其树立科学的人生观、价值观、世界观。

(四) 情感需求

情感需求主要指旅游过程中,父母是否能够深度参与其中,能够通过亲子互动增加父母与孩子之间的感情。亲子旅游之所以受到广泛关注,源于亲子间的感情联结,人们越来越意识到孩子成长过程中父母陪伴的重要性。中国的父母普遍重视对孩子的成长进行投资,在选择亲子旅游产品和项目时重视其参与性,并且关注旅游项目能否锻炼孩子动手能力、逻辑思维,以及增长孩子见识。

增进父母与孩子间情感的连接也是亲子旅游所关注的核心要素,旅游者希望通过亲子互动增进父母子女感情。比如,亲子农庄可以开发父母和孩子合作完成的项目,如用石磨制作豆浆,在大灶台生火煮饭、采摘果蔬等,通过这些活动,不仅能让孩子体会父母日常的辛劳,还能有效地增进父母与孩子间的情感交流,实现亲子家庭的核心诉求。

(五) 价值观与人格塑造需求

儿童时期是人毕生发展中性格形成的阶段,良好的性格教育培养尤为重要,而对于成人来说,作为家长,也是一种不同的成长体验。人格和价值观的塑造可以通过外部环境的改变来进行。儿童时期是价值观和人格发展形成的关键时期,生理运动技能的发展也在此时期完善。在这个时期,对于儿童的性格,可以通过设计教育等手段来进行更好地塑造,通过亲子在户外的景观空间里活动,来传达给孩子什么是好的做法,建立孩子的世界观和价值观,改变弥补孩子性格发展上的不足。如性格内向,缺少社交性的孩子,在亲子景观空间的活动中,父母可以带着他们进行社会性的团体活动,以培养孩子在团队中的表现欲和交往欲;性格较为胆小,不爱体育活动的孩子则可以选择相对安全却具有挑战性的亲子景观空间,由父母牵头作为榜样,鼓励孩子参与一些相对刺激、充满冒险性的场所活动来培养其勇敢的品质。

三、亲子旅游服务要点

(一)针对性的产品设计

在考虑亲子的活动空间细节服务设施时,首先需满足以儿童为主的设计,再考虑成人对服务设施细节的要求。比如铺装上,过于光滑与凹凸不平的铺装材料都不太适宜儿童的使用,儿童对于色彩又有天生的热爱,应尽量使用色彩丰富的铺装材料。在利用场地的高低起伏造景时,应注意不应大量使用密度高的台阶而改为有坡度的起伏,会增加趣味性和安全性。在亲子的公共服务设施的外形设计上,考虑到儿童的年幼,应用造型的丰富来代替简单表达,例如,上海迪士尼的指示牌上的复杂文字改为涂鸦趣味表达。而亲子服务设施的设置也与传统基础设施不同,需考虑家长和孩子的需求来搭配专属于他们的设施服务,根据孩子年龄段的不同有其不同的设计要求,如表10-1所示。

表10-1 不同年龄儿童所需的设施高度

年 龄	设施高度/cm
婴幼儿期(1~3岁)	75~90
学龄前期(4~6岁)	95~105
学龄期(7~14岁)	110~145

在游乐器械的设置上,根据儿童的发育规律进行排布,如表10-2所示。

表10-2 不同年龄段的设计要求

阶段	孩子需求	家长需求	设施要求
0~3岁	户外活动能力较弱,儿童的活动区域范围较小,所需求的游乐设施一般存在于室内空间的游戏活动区	家长与儿童的亲子交往相对稳定,对于游戏设施家长的需求较小	以儿童爬行、玩泡泡球,钻"小隧道"等简单游戏活动为主,其设施设计颜色较为鲜亮,设施架构较为简单,以益智开发为主
3~6岁	游戏是这个阶段所主导的活动,孩童主要喜欢参与的游戏类型是建构型的、富有想象力和交往型的游戏,这些游戏大多都要配合游乐设施的设计来加以完成	家长在这个阶段对于亲子互动游乐设施的需求要高于婴儿期	需要设计出一些能够满足亲子共同使用,符合成人和小孩的身体尺寸的游乐设施来供亲子互动
6~12岁	孩子在体育锻炼方面发展迅速,对户外空间游乐设施的要求上也较为多元,以设施造型突出,充满主题吸引力为主,在游乐设施上能进行社会性交往活动的吸引力要大于设施本身的游乐吸引力	这个阶段孩子的家长更多地倾向于能够以健康锻炼的互动方式来与孩子交往	对游乐设施要求较为大型,充满探索冒险意味
青少年期	孩子的要求接近家长,亲子互动趋于平等化		游乐设施的要求集中于体育锻炼的器材或大型旅游景区的户外活动设施上

(二) 一体化的服务

在我国逐渐发展的亲子旅游中,亲子乐园已经不再是设计工作者与投资方建设的本源目的,设计师们逐步追求的是以核心亲子乐园为产业撬动点来带动周边酒店地产、商业购物,甚至是环境人居的亲子综合体服务。上海迪士尼乐园与长隆旅游度假区都通过这种方式来提高其旅游平台的能力,将单个亲子旅游乐园配套其他产业转化为片区亲子服务点。在出行上,一体化地为亲子带来旅游的便捷服务,这样的旅游方式,既增加了亲子旅游的便利体验,让更多的家长乐意带孩子出游,又给予家长多样化选择的权利,孩子可以玩,家长也可以满足自己的需求,增加了亲子在综合体中的停留互动时间,提高了重游率,也拉动了城市的消费增长。

(三) 提供亲子专项服务

针对亲子旅游消费者的特点需提供针对性的专项服务。

(1) 外出旅游体能消耗大,低龄儿童由于生理结构的限制不适合进行长时间的体力活动。因此,主打亲子旅游的景区可以针对这部分群体提供儿童游览工具或者代步工具的免费租赁服务。

(2) 由于全面二胎政策的落实,未来"二孩"家庭数量将会增加,因此在住宿方面,酒店方可以针对携带儿童数量不同的家庭,提供不同的家庭客房和客房服务。

(3) 亲子旅游家庭出游在人数上普遍多,婴幼儿和低龄儿童出行,全家陪同的现象比较普遍。调研结果显示,亲子旅游者对餐饮、住宿、景区门票等的价格因素比较重视,因此亲子旅游景区景点在产品设计和推广上可以从这一点进行考虑。

(4) 在亲子旅游过程中,低龄儿童对儿童特色的亲子旅游产品有一定的需求。在购物方面,要关注这部分需求,也要保证亲子旅游游客的利益,为其提供正规的购物场所和购物环境,也要重视产品的质量与售后服务,为亲子旅游者营造良好的购物环境。

(四) 做好安全工作

安全是亲子旅游产品的高压线,亲子旅游产品在设计开发环节需要特别重视安全问题。首先,旅游企业要树立安全意识,在服务过程中注意孩子安全,在安排亲子活动时尽可能回避危险性项目和场地。其次,安全环节是旅行社获得高满意度的重要保障,亲子旅游产品的开发要以安全保障为根本,细化安全保障要求,减少旅游过程中存在的安全隐患。最后,对亲子旅游参与主体进行安全教育,确保旅游期间相关安全设施万无一失,并完善相关事故认定等法律法规和保障措施。此外,出行安全是家长最关注的问题,所以在亲子活动过程中应关注细节,全力保障亲与子的安全。

(五) 完善配套设施和服务

(1) 需要对亲子旅游者的特殊需求提供针对性服务。例如,提供适合儿童更换衣服的空间,并保持适宜温度。针对亲子旅游家庭的住宿类产品,酒店的设计需要添加亲子元

素,并且完善儿童配套设施设备和服务,这不仅有利于提升旅游体验,还能有力地影响家长的旅游决策。

(2)为亲子旅游提供后勤服务的空间。这些空间作为配套而存在,却又是亲子旅游活动必不可少的一部分。亲子在旅游过程中会出现众多的问题,首先,孩子因为身体发育的不足在户外空间中常常需要众多的后勤设备以供孩子玩耍休憩,维护身体健康。其次,由于孩子的自制力不足,判断能力较弱,在卫生习惯、场所边界安全、生理需求等方面也需为孩子提供良好的后勤服务,这时一个旅游区中的服务型空间就显得尤为重要。后勤服务空间的布局分为两种模式,一种是在每个区里都配备一个小型的以供生理必要需求的服务空间,一种是拥有一个总体的大型服务空间。

【案例分析】
亲子旅游消费心理与服务要点

第四节 自驾游消费心理与服务要点

"自驾游"是一种旅游方式,更是一种生活态度,相比于参团旅游和背包客的旅游方式,自驾的旅游方式在游玩体验和地理范围的限制上都更加自由,具有自主性、小团体性、多样性的特点。"自驾游"一词最早出现于20世纪的美国,当时人们把周末出游称为"Sunday-drive",之后又被改称为"drive travel",即通过旅游者自己驾驶交通工具出游的一种方式。最初时自驾游仅指驾驶汽车(轿车、越野车及房车等)出游的方式,如今自驾游除了此类交通工具,还包括利用摩托车和自行车出游的方式。

1997年"自驾游"的概念被引入我国市场,发展迅速并形成潮流。首先,我国经济发展与人民生活水平的不断提高,居民可自由支配收入不断增加,为自驾游兴起提供了经济条件;其次,汽车价格的不断降低,私家车数量的快速增长,为自驾游提供了物质条件;最后,我国对交通基础设施(省道、高速及配套基础设施)的大力投入,为自驾游的发展提供了物质基础。

随着经济社会发展、生活方式转变和消费模式升级,在文旅融合、全域旅游的大背景下,顺应个性化和定制化的市场消费需求的自驾游,已然成为旅游市场新的消费增长点。

➡ 小知识

从政策和数据看自驾旅游

从基础设施来看,我国于2021年推出了《国家综合立体交通网规划纲要》,要求到2035年基本建成便捷顺畅、经济高效、绿色集约、智能先进、安全可靠的现代化高质量国家综合立体交通网,实现全国主要城市立体畅达、县级节点有效覆盖。

从政策方面来看,"十四五"文化和旅游发展规划也多次提及自驾。"规划"在旅游产品和服务提升这一专栏里强调了推进自驾游产业发展,提出要认定一批高等级自驾车旅居车营地,推广自驾游精品线路,支持营地合理设置与自驾车旅居车相配套的服务设施。

通过政策的助推带动,自驾游也不再只是前往目的地欣赏路途的美景,而是由交通廊道向消费空间、游憩空间转化。

从数据上看,2012—2020 年,全国自驾游出行人数占比总体呈上升状态,2020 年达到了 77.8%,增速达到 21.7%。根据 2021 年五一假期的数据来看,自驾游市场呈现出复苏的态势,但是游客的出行范围依然集中在省内为主,跨省游占比达到 30.7%。出游的安全性因此成为消费者重视的一个因素,私密性更强、安全度更高的自驾游成为中国游客出游的重要选择。

(资料来源:智言文旅公众号.火出圈的自驾游,如何打造?[EB/OL].[2022-06-09].https://mp.weixin.qq.com/s/4dwplZRSxOfp07wDcSXsVw.)

一、自驾游的含义、分类及特点

(一)自驾游的含义

自驾游是指以度假休闲为出游目标,利用自有或租借的汽车为交通载体工具,旅游者自发组织进行的,驱车接近旅游目的地的连续过程以及由此衍生出来的消费行为与关系的总和。

自驾游是旅游的一种,与传统的旅游方式相比,自驾游目的地的选择更为自由、行程计划更加自主,受到旅游者的大力追捧。自驾游通常游览多个目的地,且较少受到地点和活动选择的影响。旅游者具有自主性、独特性和炫耀性的特点,更注重情感和价值观的交流。

(二)自驾游的分类

根据不同的分类指标对自驾游进行分类,如表 10-3 所示。

表 10-3　自驾游的主要类型

分类指标	分类情况
出游动机	休闲娱乐型
	社会交往型
	购物型
游线特征	直达式
	定点中途泊车式
	旅行式
车辆类型	轿车自驾游
	房车自驾游
	越野车自驾游
行程耗时	短期出游(1~3 天)
	短期旅行(4~7 天)
	长期旅行(8~21 天)
	极期旅游(22 天及以上)

(三)自驾游的特点

1. 驾驶性

由自驾游的定义和出游方式可知,驾驶私有或租赁汽车出游是实现自驾游的必然手段,是自驾游的固有特性,因此自驾游具有驾驶性的特点。

2. 休闲性

自驾游是旅游的一种类型,同样以通过离开常住地前往旅游目的地进行观光、度假、休闲、娱乐等活动以获取满足感为目的,具有休闲性的特征。

3. 灵活性

自驾游以驾驶汽车为主要手段,因此具有驾驶汽车出行的特性,出行时间、路线、停泊自由度高,主观随意性较强,较其他交通工具受气候、基础设施等限制较小,具有灵活性的特点。

二、自驾游消费心理

具有私密性和安全性的自驾游成为许多旅游者的优先选择。

➡ 小 知 识

自驾游成为市场主力

《中国自驾车、旅居车与露营旅游发展报告(2020—2021)》显示,从人群年龄段来看,中青年群体是自驾游的主力军,多以家庭为单元。从性别构成来看,男女比例均衡,男性略多于女性。自驾游军团正"扩容",一部分增量由传统的观光旅游团队游客转换而来,包括一部分中老年群体。

小李是一名在广州的"上班族",经常趁着假期到不同的地方自驾出游。"可以自己安排行程,也能吃到自己想吃的地方特色菜,住到自己喜欢的酒店,而且,几个关系好的朋友在一辆车里一边欣赏风景一边聊天,是一种特别好的旅游体验。"小李的一番话,道出了许多人选择自驾游的心声。

追求旅游品质,希望有更多机会跟自然亲近,有许多人因为对大自然和户外旅游的热爱选择了自驾出游。

马蜂窝《2021年自驾游数据报告》显示,2021年"自驾游"搜索热度较上年同期增长137%,约有70%的用户选择"自驾"作为出行方式。

(一)求新求异

自驾旅游者对大众化的旅游地感到厌倦,希望发现新的鲜为人知的旅游地,因而在旅游线路的设计上往往避开旅游热线,而选择那些尚未开发的地区。在旅行过程中,往往走走停停,至于行驶里程、投宿地点等,全凭自己的心情,随心所欲而无详尽的计划。对这类旅游者而言,发现重于一切,因此,沿途住宿只要清洁、方便就可以,汽车旅馆受到青睐。

（二）求真求纯

随着休闲度假旅游时代的到来，旅游者个人支配的时间增加，旅游经验日渐丰富，旅游消费的层次和品位随之提升，旅游目的主要是休闲娱乐、陶冶情操，注重对度假地的人文、自然各类景观的深度体验。因而越来越多的休闲度假者开始寻找新的度假之地，以躲避"旅游大军"的侵扰，而此时自驾车旅游者就很有优势，他们可随时"撤退"，独辟蹊径，寻找"世外桃源"。由此可见，休闲类度假者对度假地的要求在于：人文、自然景观都要纯朴自然，无人工雕琢，尽量保持原汁原味。这一点很值得当前各地旅游管理部门、旅游开发商的深思，因为休闲类度假者往往是旅游市场上的领头羊，是旅游消费的引导者。

休闲类自驾车旅游度假者对旅游途中的住宿要求与观光类旅游者相似。而对度假地的住宿条件要求相对较高，除了清洁卫生，还讲究住宿地的民俗和地方特色。例如，海南岛文昌东郊椰林的木屋式度假村就极具特色，对休闲类旅游者极具吸引力。休闲度假者对于度假地的旅游活动项目往往是有选择地参加，决不一一体验，他们更喜欢自己去发现、发明新的活动项目。因此，度假地应给他们留有极大的发现空间，以使他们感到不虚此行。

（三）求奇求险

自驾旅游者最热衷于到人迹罕至的地方去旅游，其旅游的目的是了解自然、战胜自然、显示生命力量、挑战极限，因而往往避开高等级公路，专门选择条件恶劣、险象环生的道路行走，以显示自身的力量，充分体验战胜自然的乐趣。为适应险恶的路况，其坐骑必是越野性能好的吉普类旅行车。由于所经之处异常荒凉，人烟稀少，因而其装备较为齐全，一般是日出而行，日落而歇。荒原落日、帐篷篝火、皓月繁星令人心旷神怡，一天的疲乏烟消云散。这种生命极限挑战式的旅游非常人所能为，旅途中各种情况千变万化，未知因素不可预料，所以，行前准备极为充分，而旅途中最大的需求则是物品的补给，尤其是汽油、食物、药品的补给。这种补给最方便的是在距离较近的国道旁的综合加油站内。由于经常深入崇山峻岭、荒原戈壁，因而对通信设施的依赖较大，因此信号的畅通是确保这种旅游成功、求救顺利、援救方便的坚强后盾。

三、自驾游服务要点

（一）产品因地制宜，突出特色

自然景色或人文历史是一个自驾游项目能否吸引到旅游者的先决条件。川藏地区的多条自驾线路是很多国内外自驾旅行深度爱好者一生中必走一次的路线，且屡被网友评为国内十佳自驾线路的前几位，其依靠的就是极具地理特色和地域标志的自然风光。自驾在成都至拉萨2142千米的公路上，沿线可以欣赏到峡谷、草原、森林、冰川、海子、湖泊、民居等迥然不同的景象。文旅融合时代，文化游成为最受欢迎的出游主题，而西安至喀什的自驾线路就是依靠着古丝绸之路的辉煌历史，是一段人文自然相融合的经典线路，能让

旅游者充分感受西域的文明。

依托自身的自然资源或人文资源，在加强环境保护的前提下挖掘文化内涵和独特地理标志开发自驾游项目。转变认识，加强对自驾产品的理解，要明白自驾游与传统团队旅游产品出行方式的不同，且核心差别在于自驾的本质是线路本身及自驾体验，而不是走马观花式地行驶过多个景区的形式化自驾。将"途中"的内容做好、利用好才能真正满足成为精品自驾游项目的条件。

同时，自驾游项目要关注和满足多元化客群需求，创新开发个性化、主题化的自驾线路产品。研学自驾游就是一种新型自驾游主题，作为以家庭为单位的自驾出游选择，跟着课本去旅行、跟着中国传统文化去旅行这样的产品和路线因此会成为研学自驾的重心。公路文化带动了自驾游，多元化的需求也加速了品质化自驾游产品开发，尤其是境外出游市场的回流，助推品质休闲游的快速发展。

（二）跟进配套，延伸产业链

自驾旅游者消费随机性大，线下服务链条长，没有标准的服务流程，因此可以采取多样的、灵活的服务方式。通过学习旅游产业先进地区的经验，依托数字化，建立一套线上定制化自驾游服务系统，推动自驾旅游规划布局，加速自驾目的地和服务网络向网状结构演化。

自驾旅游者的需求发生了向健康游、放心游的改变。健康出行逐渐成为自驾游离不开的要素，这就要求自驾游项目在制定产品供给、技术配套、服务标准时，要把重心放在出行健康等方面。

旅游行业本身就是一个综合性产业，囊括了食、住、行、游、购、娱、体等，产业链包括上游交通、住宿、景点，中游传统线上、新兴线上渠道端和下游多种旅游消费者类型组成的消费。尤其对于自驾旅游者来说，低质量的旅游配套服务设施成为很多旅游者驾车出行的障碍，比如停车场不足、缺少加油站、缺少车辆维修设施、食宿设施不足等。较长途的自驾往往会行驶至欠发达地区，偏远地区的医疗落后，援助迟缓，紧急情况下无法解决自驾者的迫切需求。这就需要政府与相关部门共同努力，为自驾游市场的健康发展提供政策、技术服务设施等多方面的支持，在发展自驾游的同时，进一步带动相关产业发展，增加经济效益。

（三）做好信息传播

1. 自媒体技术的融合

自驾游的自主性要求自驾旅游者出游前必须掌握充足的旅游信息，而随着网络和通信技术的发展，"互联网＋"和大数据时代的来临，旅游者获取旅游信息的方式不再仅限于报纸、杂志、电视、收音机等传统媒体，一些新兴的媒体凭借其海量的信息，互动的形式以及极速的传播方式赢得了旅游者越来越多的关注。自媒体作为一种全新的媒体形态，以其简单的操作、超强的互动、极速的传播、平民化的参与、实时的信息和娱乐的态度受到世人的瞩目，引领着旅游者获取旅游信息的潮流。自媒体的互动形式缩短了人与人之间的距离，而海量的旅游信息与"圈子"之间的交互实现了真正的信息"爆炸"，同时自媒体的简单易用性与实时的推送与更新旅游信息更是自驾旅游者最为需要的。

2. 有效沟通平台的应用

自驾游发展过程中,不仅要建设好的产品,还要进行有效沟通,要将好的产品介绍给消费者。要重视信息服务、丰富信息内容、进行信息合作和保持信息更新。为促进信息传播,可酌情发展网站、卫星技术或是综合的智能化系统,逐步推进相应设施落地。举例来说,调查自驾游路线时发现,网络软件对自驾游线路设计仍存在较大不足。百度地图最多就显示五个路线点的情况,谷歌可以提供更多的路线点的情况,但与谷歌地图相关的服务会自动跳转为百度地图的服务。

目前,对于自驾游信息的获取,人们倾向于搜寻车友会、民间组织及旅游网站等信息,这为自驾游俱乐部组织自驾游提供了有利条件。说明接地气的沟通方式更能得到信任。车友会组织也容易展现专业的形象,提供一个交流和分享的平台。

(四) 充足的需求供应

有关调查显示,人们认为"景区自驾游服务与保障"是自驾游发展中最不便的因素。自驾旅游者群体对体验的质量要求较高,景区为了吸引这部分旅游者,应该提高设施质量和服务水平,把握好旅游"食住"两大主要因素,适应旅游者品位。此外,出于尝鲜和好奇的念头,自驾旅游者常去的是刚开发的景区,这给了初期发展的景区加快发展的机会,经营者应及时添设合适的"食住"设备,保证旅游者供应。各个景区的发展要多借鉴国内外的经验,形成交流氛围,竞争之余,行业内部的交流是重要的。另外景区应注意与租车、停车场等部门的合作,进行自驾旅游者数据共享,以此达到优化管理,提升旅游品质的效果。

(五) 完善管理信息系统

自驾车旅游多数是由游客自己通过驾驶车辆以自助旅游的形式开展旅游活动,因此自驾游自主性更强,管理难度更大,同时游客对旅游信息的需求更加广泛、专业、个性化和碎片化。应基于大数据及人工智能技术,进一步完善驾车旅游管理信息系统,打造自驾游旅游信息数据库,为自驾游游客提供及时专业的气象、交通、车辆维修、餐饮、住宿和游览等信息;基于大数据实时分析总体游客分布特征,为自驾游游客提供科学的旅游导览、交通引导、游线规划等服务;打造移动交互平台,在线及时响应游客需求,发布景区、道路、天气实时现状,供游客实时信息查询。提供完备、便捷自驾游游客管理信息系统,提高目标客源市场识别、管理和服务能力。

(六) 加强安全保障设施建设

人们的担忧最多来自自驾游的安全和目的地基础设施问题,据调查,自驾游发展的障碍是"自驾游风险太大,不安全"和"道路等硬件不完善,担心走错路或者找不到目的地",可见,人们将自驾游发展阻碍较多归因在客观因素,这说明需要加强建设自驾游的安全保障基础设施,以促进自驾游的发展。

【案例分析】
自驾游消费心理与服务要点

第五节 出入境旅游消费心理与服务要点

作为文化旅游业的重要组成部分,出入境旅游的发展状况是衡量一个国家文化旅游产业国际化水平和产业成熟程度的重要标志。在文化和旅游融合发展的背景下,出入境旅游承载的时代使命更加丰富,不仅要致力于满足人民美好生活的需要,还要为传播中华文明、讲好中国故事贡献力量。

随着世界各国,特别是发达国家对旅游业重视程度的逐渐增强,国际旅游客源竞争日趋激烈,我国出入境旅游市场的发展面临着众多困难和挑战。在"文旅融合"的发展背景下,出入境旅游应该将文化传播内容和旅游营销进行深度结合,把中华优秀传统文化精神标识展示好,把当代中国发展进步和中国人民精彩生活表达好,持续提升国际开放程度,加强国家旅游形象宣传,为提高国家文化软实力和中华文化影响力做出贡献。

一、出入境旅游的含义

(一)出境旅游的含义

出境旅游(outbound tourism)是旅游的一种,通常指到其他境外国家或地区旅游度假,是领略异域风情文明的最直接的方式,涵盖的内容可以细分到各目的地。

(二)入境旅游的含义

入境旅游(inbound tourism)是指外国人、港澳台同胞等旅游者来中国内地(大陆)从事观光、度假、探亲访友、就医疗养、购物、参加会议或从事经济、文化、体育、宗教的活动。

二、出入境旅游者的消费心理

(一)出境旅游者的消费心理

近年来,中国旅游者的消费心态趋于理性,爆买情况持续缓和,购物和旅游观光呈多样化趋势。旅游者更倾向于体验当地生活特色,注重享受和文化体验,从过去的"走马观花"发展为更加注重休闲和度假等旅游体验。这虽然减少了购物支出,但增加了酒店住宿和娱乐方面的消费。同时,随着国民素质的普遍提高,以博物馆为代表的文化遗产旅游成为出境游的热点,这归功于中国旅游者在文化上的需求不断增加。博物馆可以定义为收藏文物并保护其历史、艺术和科学价值的机构,其可以是大规模的、全球认可的机构,也可以是一个村庄里的最小村社。

（二）入境旅游者的消费心理

中国一直是海外旅游者热衷的旅游目的地之一。我国入境市场早期的大规模增长主要源于国际旅游者了解"传统中国""神秘中国"的朴素愿望。随着我国现代化建设步伐的加快以及 2020 年全面建成小康社会目标的实现，认知"现代中国"和"崛起中国"的愿望成为国际旅游者入境旅游的原生动力。除了古老的历史、悠久的文化、美丽的山水和好客的人民，中国改革开放以来，日新月异的社会发展成就同样吸引着越来越多的海外旅游者前来参观游览。

三、出入境旅游的服务要点

（一）入境旅游服务要点

1. 政府

（1）签证便利化。在签证便利化方面，2019 年 5 月，国家移民管理局针对港澳同胞和广大侨民发布《关于推动出入境证件便利化应用的工作方案》的通知，统筹推进出入境证件便利化工作。今后要继续推进签证便利化，尽快补齐签证申请与管理在电子化和信息化方面的不足，有效提升出入境证件使用的便利性。

（2）放开出入境免税购物限制。2020 年 3 月 13 日，国家发展改革委等二十三部门联合印发了《关于促进消费扩容提质 加快形成强大国内市场的实施意见》，提出要加强对免税业发展的统筹规划，健全免税业政策体系；完善市内免税店政策，建设一批中国特色市内免税店等。国内一些省市将推动免税业发展作为促进消费的重要抓手，如海南实施离岛免税购物政策，为优化购物体验，三亚凤凰国际机场 2020 年启用了新增离岛免税提货点；北京提出要开发专供免税渠道的优质特色产品，支持企业开展离境退税即买即退试点，优化离境退税服务流程；上海提出支持免税品经营企业增设市内免税店，并在免税店设立一定面积的国产商品销售区。今后应积极发展免税市场，进一步放开出入境免税购物限制，优化国内免税店购物体验，引导境外消费回流。

（3）完善旅游服务设施建设。要深入推进旅游业新基建，构建丰富的应用场景，将 5G、大数据、人工智能等技术融入旅游业各业态中，为旅游者提供更具创新性、沉浸感和参与感的服务与产品，更充分地发挥新型基础设施的产业发展促进功能，改善客户体验、提升服务效率、降低运营成本。与此同时，要加大国际旅游宣传推广的力度，积极申办、承办各类国际会议和会展，利用 2022 年北京冬奥会和冬残奥会等大型国际赛事和国际活动，宣传和推广中国旅游，提升中国旅游的国际形象。

2. 旅游企业

针对我国旅游业供给侧产品质量与入境旅游者需求不匹配的突出问题，促进旅游结构优化与品质升级，让入境旅游者获得更加便利、更加专业化和精细化的旅游服务。

（1）打造品牌名片。旅游企业要深入挖掘我国旅游优质资源，将中国传统文化与新时代发展特色结合起来，培育入境旅游的"旅游＋文化""旅游＋科技""旅游＋生态""旅游+康养"等新模式,发展文化旅游、亲子旅游、冰雪旅游、夜间旅游等旅游业态,配套建设入境旅游完备的餐饮、住宿、娱乐、购物、交通等度假设施,提升入境旅游的综合服务水平,打造中国入境旅游的"品牌名片"。

(2)发挥导游、翻译等文化中介的文化融通作用。导游、翻译在旅游者旅游的过程中,发挥着文化中介的作用。具备专业素质的导游和翻译可以帮助旅游者更快、更好地了解不同的文化,减少文化差异带来的冲突,提高旅游者的满意度。导游、翻译作为信息的过滤者和把关者,对国家形象的传播起着不可替代的作用,他们的文化道德素质与服务质量直接影响着外国旅游者对中国的感知。

(3)深挖旅游产品的文化创意水平。增强中国旅游产品与服务的独特性,使外国旅游者切身感受具有代表性的中华文化旅游发展的成功,关键在于将抽象的文化符号、模糊的文化记忆、残缺的文化遗址等资源转化为旅游者可以直接感知的文化创意产品。入境文化旅游的未来发展离不开文创产品的支撑。高质量、高品位、高关联度的文创产品以及为旅游者提供的高雅、舒适的购物体验,可以最大限度地激发入境旅游者对旅游目的地及其蕴含的历史文化知识的了解和学习的兴趣,维系旅游目的地与旅游者的关系。

▶ 小知识

旅游文创产业,早已超越了传统旅游纪念品的简单功能,它是融合了文化、历史、创意和商业的综合性产业。如果说旅游纪念品注重满足旅游者的情感纪念需求,那么文创旅游产品则以承载文化和传递历史为己任,是一个国家、一个城市的旅游名片。旅游文创产业不仅能够带给旅游者深刻的美好回忆,更能将当地的历史、文化传扬四海,让旅游者成为文化的传播者和传承者。

要发展旅游文创产业,需要更多的人才支持。从业人员需要对景区地域文化、旅游市场、创意设计等领域有深刻的认知,他们必须能够挖掘本地最具特色的文化元素,深入挖掘其历史、科学、文化、艺术价值,并将这些元素娓娓道来,让文创产品背后的故事能够触动人心。这需要各地有针对性地吸纳文化创意人才,或者与社会机构合作,共同挖掘和培养这些人才。只有通过智力资源的不断涌入,才能够推动旅游文创产业的发展,让它不断焕发出新的活力。

与此同时,旅游文创产品也需要更多的关注和投入。它们不仅仅是艺术品或装饰品,更是实用性的商品。因此,在开发过程中,必须考虑各个阶层消费者的需求和喜好,打造适合不同人群审美的产品。这要求旅游文创产业必须建立多元化的销售渠道,以满足消费者线上线下的购买需求。只有当文创产品能够融入人们的日常生活,成为他们生活中的一部分,才能够实现更广泛的市场覆盖和持续的销售增长。

在开发旅游文创产品时,需要注重艺术性和实用性的有机统一。产品设计师必须不断研究市场需求和消费者的喜好,借鉴国际先进的设计理念,使产品的外观和功能都能够与时俱进。同时,还要注重产品的质量和工艺,保证产品的可持续发展和竞争力。

除了产品本身的创意和市场适应性,旅游文创产业还需要加强与旅游景区的合作。景区应该主动参与到文创产品的开发过程中,提供专业的指导和支持,从而更好地推动旅游文创产业的发展。景区的历史文化和特色景点可以作为产品设计的灵感来源,也可以借助景区的品牌影响力和宣传渠道,提高文创产品的知名度和销售额。

另外,旅游文创产业还需要注重建立品牌意识和品牌推广。品牌是一个企业或产品的形象和声誉,是产品的核心竞争力。在旅游文创产业中,不仅要有优秀的产品设计和质量,还要注重品牌的宣传和推广。通过有效的品牌策划和营销手段,将产品的独特性和品质优势传递给消费者,树立品牌的良好形象,从而提升产品在市场上的竞争力。

总之,旅游文创产业是一个融合了文化、艺术、创意和商业的综合性产业,具有广阔的发展空间和潜力。政府和企业应该加大对旅游文创产业的支持和投入,加强顶层设计和政策引导,引进和培养更多的文化创意人才,激发创新活力。同时,还要注重产品的差异化和市场适应性,加强与旅游景区的合作,建立品牌意识和推广,努力将旅游文创产品打造成具有国际竞争力的"文化使者",为提升旅游业的核心竞争力和国际形象贡献力量。

(资料来源:文创路线公众号.旅游文创发展的未来[EB/OL].[2023-09-21].https://mp.weixin.qq.com/s/9xZiPfGF6HzLnwHIdQacCw.)

(4)积极发展"互联网+旅游"。旅游方式的改变和数字化应用的不断深入,对旅游产品和服务提出了更高的要求,旅游产品和服务需要更加智能化、便捷化和沉浸化,为旅游者在吃、住、行、游、购、娱各个环节带来高质量体验。"互联网+旅游"的深度融合发展已经成为旅游服务贸易释放新动能的重要渠道。

顺应"互联网+旅游"发展趋势,创造良好的政策环境,引导和支持中国在线旅游企业发展,如表10-4所示,为旅游业提供线上交易、数字转型、智能升级、融合创新等方面的服务。鼓励在线旅游企业面向外国旅游者提供多语种服务,创新境外旅游营销模式,以外国旅游者易于理解的话语体系和表达方式来讲好中国故事,为外国旅游者选择中国旅游产品提供便利。强化智慧景区建设,完善国际旅游者智慧化服务体系,通过在线旅游平台加强对旅游产品质量的评价和监测,根据外国旅游者的评价及时推动中国旅游企业改进服务质量。

表10-4 我国在线旅游企业主要的商业模式

模 式	含 义	典型代表
综合超市模式	在线旅游企业提供较为全面的商旅服务,包括酒店和机票预订、旅游度假、旅游资讯等,涉及国内外、长短途等多种旅游服务	携程网、美团网
搜索引擎模式	在线旅游企业通过垂直搜索,提供机票、酒店等方面的供应信息,这类企业的主要优势体现在旅游信息的集成与比较上,为消费者减少了搜寻成本	去哪儿网
专业化模式	在线旅游企业提供专注于某一领域的旅游产品与服务	马蜂窝网

(二)出境旅游服务要点

出境旅游服务要点体现在旅游安全领域建立正式的、契约化的合作机制,健全国际旅游安全合作的法律法规,全面保障出境旅游者的安全。

随着我国旅游者出境旅游地的扩增和出境旅游人次规模的高速增长,受社会治安、地区形势、全球气候变化等因素的影响,出境旅游者面临的风险因素不断增加,旅游者的旅游安全保障需求不断攀升。目前,我国境外旅游安全保障过分依赖政府投入和扶持,紧急情况下的大规模撤离都是政府"买单"。客观来看,由于缺乏足够的商业动因,旅游安全保障的市场化解决方案在世界范围内悬而未决,全球旅游者都面临市场化安全保障资源供给不足的困境。

在未来的发展中,亟待在旅游安全领域建立正式的、契约化的合作机制,健全国际旅游安全合作的法律法规,对国家间的旅游安全合作进行顶层设计;强化中国与沿线国家的双边或多边合作机制,借助既有的区域合作平台应对旅游安全问题;建立政府组织、非政府组织、企业和个人间的旅游安全保障架构体系。此外,还应当建立旅游安全信息共享机制,定期监测风险隐患,设立专门的机构对旅游风险进行分析和预警。

【案例分析】
出入境游消费心理及服务要点

知识归纳

随着互联网时代的到来,人们对旅游业有了更深入的理解,已经不仅仅满足于传统旅游中的"走马观花,到此一游",开始走向"观文品史,体验文化"的新阶段。互联网技术赋能旅游产业的同时也改变着人们的消费心理。互联网时代旅游市场特点有:自助旅游发展迅速,个性化需求得到满足;本地生活服务与自助旅游形成互补,主客共享的旅游业态已经呈现;技术赋能,开启数字文旅新时代;旅游业与其他产业融合更显著。人们出游前倾向于搜集目的地相关信息来降低感知风险。

自助旅游是指在出游前自主搜寻旅游信息并规划旅游行程,旅行过程中没有全程导游陪同,按照自己的意愿选择游览景点、安排旅游线路和旅游活动的人群。自助旅游的自主性强、参与度高。服务要点有:完善的自助旅游信息服务系统、旅游企业共同构建自助旅游服务体系、完善的旅游救援系统、加强行业监督,构建公共投诉处理平台。

亲子旅游是指由家庭成员中的父母及未成年子女共同参与,集认知、体验、亲情、休闲等于一体的旅游形式。亲子旅游的消费需求有:安全、教育、文化、情感以及价值观和人格塑造。亲子旅游的服务要点:针对性的产品设计、一体化的服务、提供亲子专项服务、做好安全工作、完善亲子旅游配套设施和服务。

自驾游是指以度假休闲为出游目标,利用自有或租借的汽车为交通工具,旅游者自发组织进行的,驱车接近旅游目的地的连续过程以及由此衍生出来的消费行为与关系的总和。自驾游的消费心理有求新求异、求纯求真、求奇求险。服务应围绕自驾游产品设计、信息传播等方面。

出入境旅游的发展状况是衡量一个国家文化旅游产业国际化水平和产业成熟程度的重要标志。在文化和旅游融合发展的背景下,出入境旅游承载的时代使命更加丰富,不仅要致力于满足人民美好生活的需要,还要为传播中华文明、讲好中国故事贡献力量。

典型案例

自驾游已然成为旅游业复苏的先遣队和风向标

近年来,我国经济的发展速度世界有目共睹,国际地位日益提升,人们的生活质量发生了翻天覆地的变化。与以往不同,私家车已不是财富和地位的象征,也不再只是占据市场的小份额,而是已经衍生出以汽车为核心,以自主、灵活性为基础的"自驾"旅游形式。自驾游不仅彰显了我国经济实力的强大发展态势,更体现了人们对极致生活方式的向往和追求。

境内自驾游持续升温

2020年5月1日至5日,全国出游旅客达1.15亿人次,其中选择航空、高铁等公共交通出行工具的达2 800万人次,占总出行人数的25%,其余75%则选择自驾游;同时选择公共交通工具出行的2 800万人,落地之后绝大多数人仍选择租车到达景区或目的地。据不完全统计,2020年"五一"选择自驾游的旅客占总出行人数的90%以上。端午节三天假期,选择火车和飞机出游的游客占比仅为5.6%,游客平均出游半径约为111.5公里,目的地游憩平均半径13.5公里,绝大多数旅客将国内中长线旅游变为省内游或近程游。可见,自驾游的旅行方式正以"飞奔"的速度改变着人们的出行方式。

在文旅融合、全域旅游的大背景下,全国自驾车、旅居车和露营旅游领域,既有数量、速度、结构等方面的发展和延续,也呈现出新的特点和亮点。自驾游作为依托汽车技术和移动互联技术的新兴消费方式,顺应了汽车时代和互联网时代的个性化、定制化、亲密化的消费特征,是国内旅游新的消费增长点,是旅游业提质增效、产业升级的重要方向,在当前经济发展中,对于促进产业良性、稳定、持续发展,优化产业结构和消费结构都具有重要意义。

出行方式的改变实质是旅游内容的变化

凡是遥远的地方,对人们都有一种诱惑,诱惑于美丽、诱惑于传说、诱惑于远方的风景。但随着经济的发展、人们生活方式的改变和消费升级的递进,大家对"远方的诱惑"要求越来越高,传统参团式的景区打卡、拍照已远远不能满足大家对"远方"的期待,而多样化、个性化、品质化、体验化的产品和服务,更能满足旅游者不断丰富的出游需求。自驾游的出行方式与传统团队游相比,不仅仅是交通工具的区别,其本质是旅游内容的变化。

中国游客越来越注重旅游体验,休闲度假、深度参与体验式的旅行方式逐渐取代了观光游,成为市场主流。人们开始放慢步伐,欣赏旅途中的风景,解读风景中的文化,体验"远方"的生活。而自驾游的出行方式,恰恰满足了人们走走停停、慢下来深度体验的诉求。

自驾游市场的探索与发展

飞机、高铁等基础设施的完善带动了全域旅游的发展,自驾游在打破传统旅游边界的同时,所涉及的多样化消费场景对生态环境、基础设施、公共服务、商业化建设、汽车生产和服务行业、信息系统等提出了更高的要求,向吃、住、行、游、购、娱等综合化体系全面发展。2019年,文化和旅游部发布了《自驾游目的地等级划分》《自驾车旅居车营地质量等级划分》两项行业标准,以推动自驾游发展。据了解,两项行业标准将自驾游目的地划分为国家级自驾游目的地、省级自驾游目的地两个等级;将自驾车旅居车营地划分为5C、4C和3C三个质量等级。标准还对自驾游规划、政策支持、基础设施、公共服务、安全引导、应急管理和数据统计等方面提出了要求。

随着标准和等级体系的建立,自驾游目的地、自驾游路线以及露营地进入分等级阶段,这也意味着自驾游和露营进入了品质化、品牌化的发展阶段,并呈现出细分化的特征。文化和旅游部带领地方文旅部门、自驾游协会等机构,通过抓标准实施和落地工作,积极推动自驾游的新发展,努力推出更多优质自驾游产品供给,让自驾游更便捷、更安全,让自

驾游客更有幸福感和获得感。各省、市文旅部门也在文化和旅游部的领导下,大力推动和发展自驾游产业,如吉林省积极打造一批具有"网红""爆款"气质的自驾游、生态游、健康游路线,新推出"致敬国门""最美公路"等自驾游系列活动;河南省大别山露营公园正在积极升级,全力塑造全国"第一个青少年露营学院";山东各大景区盛夏纷纷推出夜游线路,"白+黑"的旅游模式备受自驾车爱好者的青睐;广东省自驾游协会与各市地方旅游局联合推出广东人自驾车游"广东各驿站"系列活动,助力复工复产;重庆市启动"重庆市自驾旅游消费扶贫暨直播带货专项行动",带动旅游消费,精准扶贫;安徽省合肥市首届环巢湖自驾文化旅游节启动;黑龙江省伊春市的五营汽车营地、汤旺河汽车营地等,满足自驾游群体对体验式旅游的需求……

未来自驾游产业的发展趋势

自驾游市场蓬勃发展,但我国自驾游相关产业主体还相对分散,缺乏规模较大、影响范围广、产品市场占有率高的龙头企业。从政府层面来看,不断完善行业标准与规范,是提升自驾游产业管理水平的必然途径。在国家"一带一路""长江经济带""京津冀协同发展"等倡议区域发展战略下,要鼓励和扶持自驾游产业成为联通重点区域、主要城市和乡村的排头兵,向更多老少边穷地区流动,这对打通区域旅游微循环,实现城乡一体化发展大有裨益。同时,要支持乡村、古镇旅游地公共设施和停车场的改造、城市郊野公园、城市公园、博物馆、观光林地等休闲观光体系的发展。大力促进区域合作,基础设施和公共服务建设也需要进一步加强,在线路、加油站、食宿、紧急救援、维修等方面保证自驾游出行的安全。

从行业层面来看,旅游产品从来都是多产业产品与服务的组合,需要互补式合作。加快布局自驾车营地和公园;不断丰富旅游产品,如优化路线,并附加特色元素,形成多样化品牌,例如"草原天路""茶叶之路";针对不同用户需求挖掘休闲、养生、生态、文化等融合发展的旅游产品,因地制宜,做有内容、有内涵、此时此地此景相融合的项目,如民俗活动、美食节、花果节等新奇度高的项目,通过附加特色活动、文化IP等内容,开发更多样化、品质化、体验化的产品和服务,同时不断完善相关配套设施,改善服务与商业环境体验,加快景区数字化建设的步伐……只有不断适应自驾游用户丰富的出游需求,才能促进整个自驾游产业的高速发展。

公民文明旅游理念仍需内化于心,外化于行。总体来看,我国进入自驾游时代的时间尚短,自驾游文化正在形成中,自驾游的文明理念还需进一步践行。在自驾游消费中,我们应当呼吁广大游客摒弃求新、求大、求豪的消费,摒弃野蛮、违规驾驶,提倡文明出游、文明驾驶,放眼于未来自驾游领域的长远发展。

(资料来源:学习强国.自由而不受约束的自驾游,已然成为旅游业复苏的先遣队和风向标[EB/OL].[2021-01-21].https://article.xuexi.cn/articles/index.html?art_id=10736351806963319001&item_id=10736351806963319001&reedit_timestamp=1611717590000&to_audit_timestamp=2021-01-27%2011%3A19%3A50&study_style_id=feeds_default&t=1611718235621&showmenu=false&ref_read_id=227deea2-21ad-4362-b7c2-7dafc202eaf0_1695520866414&pid=&ptype=-1&source=share&share_to=wx_single.)

【讨论】

(1)你有过自驾游的经历吗?

(2)你是否认同自驾游已然成为旅游业复苏的先遣队和风向标?为什么?

知识测试

一、单项选择题

1. （　　）孩子的要求接近家长，亲子互动趋于平等化，游乐设施的要求集中于体育锻炼的器材或大型旅游景区的户外活动设施上。
   A. 0~3岁　　　　B. 3~6岁　　　　C. 6~12岁　　　　D. 青少年时期

2. 关于自助旅游，描述不正确的是（　　）。
   A. 旅行过程中没有全程导游陪同，按照自己的意愿选择游览景点、安排旅游线路和旅游活动的人群
   B. 自助旅游强调体验性，旅游者深入了解民俗风情，出游时间一般较长
   C. 对自助旅游的说法目前还不完全一致，国际上通常用"FIT"表示
   D. 自助旅游完全不使用旅行社服务

3. "自驾游"最早出现于20世纪的（　　）。
   A. 中国　　　　B. 美国　　　　C. 英国　　　　D. 法国

4. 关于亲子旅游不正确的是（　　）。
   A. 是站在孩子的角度上而分化出来的一种旅游形式
   B. 是根据其现有的家庭关系而采取的多人参加的旅游方式
   C. 是未成年和其父母共同参加的一种旅游模式
   D. 对促进孩子健康成长发展有一定的作用

5. 在线旅游企业提供较为全面的商旅服务，包括酒店和机票预订、旅游度假、旅游资讯等，涉及国内外、长短途等多种旅游服务，这种商业模式是（　　）。
   A. 综合超市模式　　　　　　　　B. 搜索引擎模式
   C. 专业化模式　　　　　　　　　D. 网络化模式

6. 在线旅游企业提供专注于某一领域的旅游产品与服务，这种商业模式是（　　）。
   A. 综合超市模式　　　　　　　　B. 搜索引擎模式
   C. 专业化模式　　　　　　　　　D. 网络化模式

7. 港澳台同胞等游客来中国内地（大陆）从事旅游活动，属于（　　）。
   A. 出境游　　　　B. 入境游　　　　C. 国内游　　　　D. 边境游

8. （　　）年"自驾车旅游"的概念被引入我国市场，发展迅速并形成潮流。
   A. 1997　　　　B. 1999　　　　C. 2002　　　　D. 1995

9. 亲子游所关注的核心要素是（　　）。
   A. 是否增进父母与孩子间的情感　　B. 娱乐性
   C. 安全性　　　　　　　　　　　　D. 知识学习的多少

二、多项选择题

1. 互联网时代旅游的特点有（　　）。

A. 旅游需求逐渐从观光向休闲度假转变
B. 自助旅游发展迅速
C. 团体旅游发展迅速
D. 个性化需求得到满足
E. 多元化的体验成为消费者关注重点

2. 我国在线旅游企业主要的商业模式有（　　）。
   A. 综合超市模式　　　　　　　　B. 搜索引擎模式
   C. 专业化模式　　　　　　　　　D. 网络化模式

3. 世界知名的博物馆（　　）。
   A. 法国巴黎的卢浮宫
   B. 英国伦敦的大英博物馆
   C. 美国纽约的大都会艺术博物馆
   D. 俄罗斯莫斯科的埃尔米塔日博物馆

三、简答题

1. 简述互联时代旅游发展特点。
2. 亲子旅游服务要点有哪些？
3. 简述文化因素在出入境旅游中的作用。
4. 自驾游的特点有哪些？
5. 自助旅游的服务要点有哪些？

实操拓展

1. 讨论：上海迪士尼乐园在亲子旅游中有哪些项目是根据儿童年龄进行设计的？这样设计的优势有哪些？

2. 讨论：扫码查看"元宇宙＋旅游业"的三大典型案例和四种发展路径，谈谈"元宇宙＋旅游业"和传统的旅游业相比，有哪些优势？

3. 分析：结合自己的一次自助旅游或自驾游或出入境旅游谈谈互联网在这次旅游中的作用。

"元宇宙＋旅游业"
的三大典型案例
和四种发展路径

参 考 文 献

[1] 李天元. 旅游学概论[M]. 7版. 天津:南开大学出版社,2014.
[2] 林向枝. 旅游市场学[M]. 天津:南开大学出版社,2000.
[3] 李灿佳. 旅游心理学[M]. 北京:高等教育出版社,2011.
[4] 张志毅,李灿佳. 旅游心理学[M]. 5版. 北京:高等教育出版社,2019.
[5] 刘纯. 旅游心理学[M]. 北京:高等教育出版社,2011.
[6] 孙九霞,陈钢华. 旅游消费者行为学[M]. 大连:东北财经大学出版社,2015.
[7] 沈蕾. 消费者行为学[M]. 北京:中国人民大学出版社,2013.
[8] John C. Mowen, Michael S. Minor. 消费者行为学[M]. 黄格非,束珏婷,译. 北京:清华大学出版社,2003.
[9] 亚伯拉罕·匹赞姆,优尔·曼斯菲尔德. 旅游消费者行为研究[M]. 舒伯阳,冯玮主,译. 大连:东北财经大学出版社,2005.
[10] 王永贵. 服务营销[M]. 北京:清华大学出版社,2019.
[11] 林德荣,郭晓琳. 旅游消费者行为学[M]. 重庆:重庆大学出版社,2019.
[12] 叶伯平. 旅游心理学[M]. 北京:清华大学出版社,2013.
[13] 德尔 I. 霍金斯,戴维 L. 马瑟斯博. 消费者行为学[M]. 符国群,等译注. 12版. 北京:机械工业出版社,2018.
[14] 李志飞. 旅游消费者行为[M]. 2版. 武汉:华中科技大学出版社,2019.
[15] 李渊,郑伟民,王德. 景区旅游者空间行为研究综述[J]. 旅游学刊,2018(4):103-112.
[16] 丁美琴. 文献综述视角下的国内自助旅游研究[J]. 市场论坛,2016(3):76-78.
[17] 郭亚军,曹卓,杜跃平. 国外旅游者行为研究述评[J]. 旅游科学,2009(2):38-43.
[18] 费菲. 浅谈旅游心理学对旅游服务行业的影响[J]. 知识经济,2013(19):114.
[19] 王红霞,陈炜. 近年来学术界关于旅游偏好的研究综述[J]. 中南林业科技大学学报(社会科学版),2012(2):48-50.
[20] 胡潇. 国内亲子旅游研究述评[J]. 商场现代化,2015(25):244-246.
[21] 崔丹丹. "旅游心理学"课程中体验式教学法的运用研究[J]. 改革与开放,2020(22):93-96.
[22] 刘燕,蒲波,官振中. 沉浸理论视角下旅游消费者在线体验对再预订的影响[J]. 旅游学刊,2016(11):85-95.
[23] 马晓龙,张晓宇,ChrisRyan. 影视旅游者动机细分及其形成机制——新西兰霍比特村案例[J]. 旅游学刊,2013(1):111-117.
[24] 张宏梅,陆林. 近10年国外旅游动机研究综述[J]. 地域研究与开发,2005,24(2):60-64.
[25] 张晓燕,张善芹,马勋. 我国自驾车旅游者行为研究——以华北地区为例[J]. 旅游学刊,2006(9):31-35.
[26] 张海燕,邹蔚菲,王应霞. 导游人员离职影响因素分析及对策研究——以广东南湖国际旅行社为例[J]. 哈尔滨商业大学学报(社会科学版),2011(6):115-120.
[27] 王立贵. 工作不安全感对导游人员的影响分析[J]. 西部旅游,2020(12):57-59.

[28] 张翠娟,白凯.面子需要对旅游者不当行为的影响研究[J].旅游学刊,2015(12):55-65.

[29] 曾国明.论新媒体对文化传播力的影响与提升[J].传播力研究,2019(5):14-16.

[30] 刘文丽.工作不安全感在企业人力资源管理中的影响因素分析[J].人才资源开发,2019(15):61-63.

[31] 温碧燕,周小曼,李晓红.差别对待能激励酒店员工吗?——心理资本、领导成员交换与敬业度的跨层次研究[J].旅游学刊,2023,38(4):88-100.

[32] 杨锐,张攀,牛永革.旅游口号信息诉求对口号态度和旅游意愿的影响研究——基于心理意象加工的视角[J].旅游学刊,2018,33(6):73-86.

[33] 杨东红,吴邦安,陈天鹏,薛红燕.基于京东商城评价数据的在线商品好评、中评、差评比较研究[J].情报科学,2019,37(2),125-132.

[34] Andrew Holden. Understanding Skiers' Motivation Using Pearce's "Travel Career" Construct[J]. Annals of Tourism Research,1999,26(2):435-457.

[35] Cees Goossens. Tourism Information and Pleasure Motivation[J]. Annals of Tourism Research,2000,27(2):301-321.

[36] Deboah Crick-Furman Richard Prentice. Modeling Tourist's Mutiple Values[J]. Annals of Tourism Research,2000,27(1):69-92.

[37] 国务院.国家职业教育改革实施方案[EB/OL].[2019-2-13].https://www.gov.cn/zhengce/content/2019-02/13/content_5365341.htm.

[38] 国务院.国务院关于加快发展旅游业意见[EB/OL].[2009-12-3].https://www.gov.cn/zwgk/2009-12/03/content_1479523.htm.

[39] 国家统计局.中华人民共和国2022年国民经济和社会发展统计公报[EB/OL].[2023-02-28].https://www.gov.cn/xinwen/2023-02/28/content_5743623.htm.

[40] 中华人民共和国文化和旅游部.文化和旅游融合发展总的思路是坚持"宜融则融、能融尽融"[EB/OL].[2019-01-08].https://www.mct.gov.cn/whzx/whyw/201901/t20190108_836856.htm.